2019金融街论坛年会文集

金融街论坛组委会　北京金融街研究院　编

世界知识出版社

金融街论坛年会组织机构

主办单位：
北京市人民政府

支持单位：
中国人民银行　新华通讯社　中国银保监会　中国证监会

承办单位：
北京市地方金融监督管理局　北京市西城区人民政府
北京金融街服务局

特别支持单位：
北京金融街研究院

前 言

2019金融街论坛年会于2019年5月29日至30日在京举行。本届论坛年会由北京市人民政府主办，中国人民银行、新华通讯社、中国银保监会、中国证监会为支持单位。论坛汇聚了众多国内外著名学者，与北京市领导、国家金融监管机构领导和国内外金融机构负责人共同分析世界经济发展格局，研究中国经济发展形势，探讨新时期中国特色社会主义金融业改革与发展面临的问题与前景；成为汇聚各方观点，发布权威信息，把握行业最新动态的一流对话交流平台。

2019金融街论坛年会以"深化金融供给侧结构性改革，推动经济高质量发展"为主题，围绕"金融业全球治理与金融开放""优化货币政策调控，维护金融稳定，推动经济高质量发展""调整优化金融体系结构，为实体经济提供高质量、有效率的金融服务""在开放和法制环境下建设有活力、有韧性的资本市场""中国金融创新发展与国家金融管理中心监管沙盒""扩大金融高水平双向开放，提升金融全球竞争能力""金融业的'科技革命'""培育集聚优秀杰出金融人才，推动金融业高水平开放、高质量发展""金融供给侧改革与中国金融全方位开放"等议题进行了深入的讨论。十二届全国政协副主席、原国家开发银行董事长陈元，北京市市长陈吉宁，北京市副市长殷勇，中国人民银行行长易纲、新华通讯社副社长刘正荣，中国银保监会副主席王兆星，中国证监会副主席阎庆民，北京市地方金融监督管理局局长霍学文，中共北京市西城区委书记卢映川，北京西城区政府代区长孙硕，全国政协经济委员会副主任、中国发展研究基金会副理事长刘世锦，国家金融与发展实验室理事长李扬，清华大学国家金融研究院院长朱民，中国社会科学院学部委员余永定，清华大学教授李稻葵，北京大学国家发展研究院副院长黄益平，国家开发银行首席经济学家兼研究院院长刘勇，中国人民银行货币政策司司长孙国峰，中国银保监会首席风险官、办公室主任肖远企，中国财政科学研究院金融研究中心主任、研究员赵全厚，国家开发银行行长郑之杰，中国工商银行行长谷澍，中国银行行长刘连舸，中国建设银行行长刘桂平，全国中小企业股份转让系统总经理徐明，英中贸易协会总裁马修·劳斯，渣打集团全球首席经济学家大卫·曼，北美信托银行执行副总裁兼首席经济学家坦南鲍姆，法国外贸银行亚太区首席经济学家阿西亚·埃雷罗，三井住友金融集团常务执行委员兼东亚地区总裁吉冈成充等政府和金融监管机构领导以及国内外专家学者和金融机构负责人在论坛发表了精彩的演讲。

据统计，出席本届金融街论坛年会的北京市和外省市政府及有关部委领导、国际金融组织负责人、国内外金融机构和大型企业集团负责人、驻华使馆商务参赞、经济学家以及高校相关专业教师等专业人士共计1200余人次。新华社、中新社、中央电视台、中央人民广播电台、人民日报、中国日报、人民网、新华网、彭博新闻等近120家国内外各类媒体对金融街论坛年会进行了现场采访和追踪报道。为期两天的论坛年会通过网络视频直播在线听会人数达300万人次，各大媒体新闻客户端传播的各类论坛年会新闻阅读量已经超过4577万人次。

各位演讲嘉宾对当前中国及世界经济形势的分析与探讨，对近年来经济及金融工作经验的总结与判断，对未来国内外金融发展趋势的预测与展望，引起了社会各界的热切关注，同时也引起了有关决策部门和理论研究机构的高度重视，必将对我国经济、金融等相关政策法规的制定与调整产生深远的影响。为广泛传播各位演讲嘉宾的重要思想和学术观点，并将其作为珍贵资料予以保存，同时满足社会各界对论坛资料的需要，我们将论坛的演讲记录汇编成书。

目 录

第一章　深化金融供给侧结构性改革，推动经济高质量发展

我国投融资来源已从财政为主转向金融为主 2
　　陈　元　十二届全国政协副主席、原国家开发银行董事长

促进科技与金融深度融合，加快金融科技发展 5
　　陈吉宁　北京市市长

支持高端金融要素资源在金融街聚集 8
　　易　纲　中国人民银行行长

新华社将进一步提升国家金融信息平台的服务能力 12
　　刘正荣　新华通讯社副社长

中国是经济全球化的受益者，同时更是贡献者 14
　　王兆星　中国银保监会副主席

创新金融产品，丰富服务经济高质量发展新工具 19
　　阎庆民　中国证监会副主席

推动绿色金融产品创新，适应绿色经济体系发展 23
　　刘世锦　全国政协经济委员会副主任

第二章　重塑改革新动力——金融业全球治理与金融开放

中国经济走向高收入阶段：供给侧改革——产业结构调整和
　　劳动生产率提高 28
　　朱　民　清华大学国家金融研究院院长

目录

开发性金融的逆周期调节作用日益凸显 34
  郑之杰 国家开发银行行长

金融服务实体经济应成为金融治理的核心价值观 37
  谷 澍 中国工商银行行长

优化特别提款权货币篮子的标准和发行规则 40
  刘连舸 中国银行行长

要以二次入世姿态推动金融高水平开放 42
  刘桂平 中国建设银行行长

金融供给侧结构性改革必须依托实体经济进行 45
  李 扬 国家金融与发展实验室理事长

"一带一路"对英国金融机构是个重要机会 50
  马修·劳斯 英中贸易协会总裁

中国将超过日本成为世界第二大债券市场 53
  大卫·曼 渣打集团全球首席经济学家

第三章 优化货币政策调控，维护金融稳定，推动经济高质量发展

相对慢一点的货币增速可满足经济发展的需要 58
  孙国峰 中国人民银行货币政策司司长

经济高质量增长需要一定速度，但不追求高速度 64
  赵全厚 中国财政科学研究院金融研究中心主任

需平衡经济发展与短期金融稳定的关系 68
  坦南鲍姆 北美信托银行执行副总裁兼首席经济学家

财政政策将在稳增长中扮演主要角色 70
  邢自强 摩根士丹利中国首席经济学家

第四章 调整优化金融体系结构，为实体经济提供高质量、有效率的金融服务

只有适合本国国情的金融体系才是最优的结构 78
  肖远企 中国银保监会首席风险官、办公厅主任

需重视小银行市场蕴含的金融风险 83
  阿西亚·埃雷罗 法国外贸银行亚太区首席经济学家

国家和城市的竞争力取决于核心金融基础设施的完善程度 88
  范文仲 北京金控集团董事长

与中国金融机构进一步加强合作是很重要的 94
  吉冈成充 三井住友金融集团常务执行委员兼东亚地区总裁

第五章 在开放和法制环境下建设有活力、有韧性的资本市场

能力不足成为制约证券行业高质量发展的重要因素 100
  孟宥慈 中国证券业协会副会长

新三板将出台中止挂牌规则，开放优先股转股限制 105
  徐 明 全国中小企业股份转让系统有限责任公司总经理

大力发展专业机构投资者，倡导理性投资的理念 111
  詹余引 易方达基金管理有限公司董事长

积极服务金融供给侧结构性改革，增强银行间市场服务实体经济的能力 115
  王乃祥 北京金融资产交易所董事长

引导中长期资金入市推动市场的机构化和国际化 118
  楚 钢 中国国际金融股份有限公司首席运营官

建议监管层面推广资本市场负面清单概念 123
  钱于军 瑞银证券总经理，瑞银集团亚太执行委员会委员

应逐渐降低法人持股比例　促进股权结构多元化 126
 姚余栋　大成基金副总经理兼首席经济学家

对话交流 130
 主　持　人：中证金融研究院院长刘青松
 对话嘉宾：全国中小企业股份转让系统有限责任公司副总经理隋强；瑞银证券总经理、瑞银集团亚太区执行委员会委员钱于军；易方达基金董事长詹余引

第六章　中国金融创新发展与国家金融管理中心监管沙盒

金融监管必须建立在金融科技的基础上 144
 霍学文　北京市地方金融监管局局长

金融监管沙盒是建设国家金融管理中心重要举措 147
 孙　硕　北京市西城区人民政府代区长

金融科技的本质是金融，是业务，不是技术 150
 金磐石　中国建设银行信息总监

建议A股实施同股不同权制度 153
 李稻葵　清华大学中国经济思想与实践研究院院长

在中国我们讲的金融科技，更多是普惠金融服务 158
 黄益平　北京大学国家发展研究院副院长

对话交流 169
 主　持　人：中国社会科学院金融政策研究中心主任何海峰
 对话嘉宾：中国证监会信息中心副主任蒋东兴；西城区政府区长助理宋李健；中国建设银行信息总监金磐石；瑞银证券总经理、瑞银集团亚太执行委员会委员钱于军；亚太未来金融研究院执行院长杜艳；清华大学阳光互联网金融创新研究中心副主任张伟强

第七章　扩大金融高水平双向开放，提升金融全球竞争能力

西城区将正式启动国家级金融科技示范区建设 188
　　孙　硕　北京市西城区人民政府代区长

强化对金融机构成立初期的扶持 192
　　李　妍　北京市地方金融监管局副局长

金融业开放也需加强监管，金融牌照必须有国界 196
　　孙天琦　国家外汇管理局总会计师

加强资本管制安全正确，但汇率需要多一点弹性 200
　　余永定　中国社会科学院学部委员

金融业开放要注重加强补短板和民生领域问题 204
　　刘　勇　国家开发银行首席经济学家、研究院院长

中阿两国应该推进金融科技发展和监管合作 206
　　邓伟政　阿布扎比国际金融中心金融服务监管局CEO

中国市场应进一步扩展外资保险公司的作用 209
　　莫恒勇　美国国际集团（AIG）首席经济学家

改革势在必行，应建立国家金融战略 213
　　万　喆　中国黄金集团首席经济学家

对话交流 216

　　议　　题：金融供给侧改革与中国金融全方位开放

　　主 持 人：中国人民大学重阳金融研究院执行院长王文

　　对话嘉宾：中国社会科学院学部委员余永定；美国国际集团AIG首席经济学家莫恒勇；中国黄金集团首席经济学家万喆；香港上海汇丰银行有限公司中国股票研究主管、董事总经理孙瑜

第八章　未来金融——金融业的科技革命

金融科技是运用现代科技成果为金融发展增效 224

　　杨富玉　中国人民银行科技司巡视员

互联网金融是市场与效率有机地结合的最佳实践 228

　　钱　斌　中国工商银行网络金融部总经理

金融科技发展趋势 232

　　雷　鸣　建信金融科技有限责任公司总裁

数字化转型不能用一套模板，也不能"一蹴而就" 238

　　谢锦生　京东数字科技副总裁、金融科技事业部总经理

金融科技可以提高传统银行运作效率 242

　　牛新庄　民生银行总行信息科技部总经理、民生科技有限公司总经理

科技创新成为保险业竞争的焦点 247

　　谷　伟　人保金融服务有限公司总裁

金融行业每次重大创新背后都是重构科技的过程 253

　　李　镭　华为EBG中国区金融业务部首席架构师

金融创新能影响整个经济的增长 257

　　余剑锋　清华大学五道口金融学院教授、清华大学金融科技研究院副院长

对话交流 261

　　主 持 人：国家金融与发展实验室副主任杨涛

　　对话嘉宾：广发证券股份有限公司副总裁杨龙；民生银行总行信息科技部
　　　　　　　总经理、民生科技有限公司总经理牛新庄；Plug and Play 中国区
　　　　　　　合伙人、高级副总裁陈志新

第九章　培育集聚优秀杰出金融人才，推动金融业高水平开放、高质量发展

努力营造国际一流的人才发展环境，培育集聚世界优秀杰出金融人才 280
  程昌宏　西城区委常委、组织部部长

抓住用好首都金融新形势新机遇，推动首都金融人才队伍跨越发展 284
  王　颖　北京市地方金融监督管理局局长助理

以战略思维推动金融人才高质量发展 294
  刘敏华　北京市人才工作局副局长

创新经济与创新型人才 298
  张车伟　中国社会科学院人口与劳动经济研究所所长

金融全球化背景下国际化人才的培养与开发 305
  甄逸秋　中国银行国际金融研修院院长

银行向金融科技转型中的人才培养和转化
  ——人力资源赋能金融产业高质量发展 309
  边亚宁　平安银行总行人力资源部副总经理

金融汇聚人才，人才助推金融，形成海纳百川、开放多元的金融人才
  新格局 319
  刘　鹏　银保监会公司治理监管部治理处处长

对话交流 323
  主　持　人：中央财经大学经济学院副教授徐翔
  对话嘉宾：北京市地方金融监督管理局党组成员、副局长张幼林；中国证
      券业协会秘书长张冀华；深圳前海金融管理学院副院长兼猎头
      事业部总经理桂穗湘；清科集团创始人、董事长倪正东

第一章
深化金融供给侧结构性改革，推动经济高质量发展

我国投融资来源已从财政为主转向金融为主

陈 元

十二届全国政协副主席、原国家开发银行董事长

今天很高兴同来自金融管理部门、金融机构以及各界的新老朋友见面，共同出席2019金融街论坛年会，共同探讨金融改革发展大局。

在这个金融业的盛会上，北京金融街合作发展理事会正式成立，这是金融街在建设高水平国家金融管理中心征程上的又一件大事、喜事。很荣幸，北京市政府邀请我担任理事会首任主席，感谢大家的信任！在此，向参加和支持北京金融街合作发展理事会筹建的全体理事单位和各位同志，向长期以来关心、支持金融街发展的各位领导、各界朋友以及广大驻区机构表示衷心感谢！

我和在座的诸位同仁有幸成为金融街建设、金融改革发展的亲历者、推动者和见证者。我于1982年在西城区和北京市工作，1988年到人民银行、国开行等单位工作，完整见证了金融街从80年代一片年久失修的平房区，经过规划、建设和发展到今天高楼林立、环境优美、机构齐聚、人才汇集、充满国际化气息的国家金融管理中心，亲身经历了在金融街发生许多金融改革重大事件和决策，包括应对1988—1989年、1992—1993年两次严重的通货膨胀，以及1997年亚洲金融危机、2008年国际金融危机，为推动国有专业银行向商业银行转型、政策性银行的设立、开发性金融机构探索发展、金融管理体制完善等，做了很多工作。尤其是实现我国外汇储备迅速积累，最多时候有近四万亿美元，现在仍有三万多亿美元，使我国经济金融和世界彻底接轨，这

对中国和世界经济具有极其重要的根本性意义。

筚路蓝缕，春华秋实，金融街建设发展的巨大成功是几代建设者汗水与智慧的结晶，也是广大驻区机构共同努力的成果，更是中国金融发展的伟大成就。当前，中国金融已经站立在新的发展起点上，处在由高速增长向高质量发展转化的新阶段，面临许多新机遇、新任务；从国内看，我国经济发展的投融资来源已经实现从财政融资为主向金融融资为主转变，商业金融、开发性金融等金融力量已成为经济高质量发展的重要推动力。

2018年年底，我国全部金融机构本外币各项贷款余额141.8万亿元，财政一般预算支出22.1万亿元，前者是后者的6倍多，企业日常经营的流动资金主要靠金融体系提供。从国际看，随着我国金融开放和人民币国际化推进、金融国际竞争与合作不断深化，特别是当前中美贸易摩擦爆发，科技和金融成为美国压制我发展的主要利器。美国已在科技上对华为科技企业进行打压，恐怕对我国金融压制也不可避免。根据有关资料分析，美国正利用在全球数字货币交易体系的市场主导和美元计价优势，谋划基于数字货币的金融交易信息系统，以期把中国等国家排除在外，进一步巩固美国全球流通货币的霸权地位，对此，我们要提高警惕，积极应对。当前，北京正在建设国家级金融科技示范区，希望能加强金融科技发展，助力我国金融更好服务经济实体，增强国际竞争力。

金融街集中了国家金融政策、货币政策的管理部门和监管部门，集聚了大量金融机构总部，在服务国家金融改革发展中具有独特的重要地位，承担着尤其重要的使命。

奋击新时代，聚力再出发。金融街发展理事会的成立就是要进一步发挥金融街的优势作用，发扬团结协作精神，以共商、共建、共治、共享的跨界模式汇聚各方治理，形成推进金融街高质量发展的共识和合力。下一步理事会将根据章程规定，认真履行职责，加强与国家金融管理部门和驻区机构沟通、深化交流合作，发挥好桥梁纽带作用，共建美好家园。

同时，将适时组建战略规划、产业促进、国际交往、营商环境、金融风险防范、金融监管沙盒等若干专业委员会，服务国家金融改革发展和战略性新兴金融产业培育，请大家积极参与和支持理事会的工作。

金融是现代经济的核心，是国家重要的核心竞争力，习近平总书记高度重视经济金融工作，对新时代金融改革发展提出了更高要求，金融街在服务金融改革发展中大有优势，大有潜力，大有可为。我们要紧密团结在以习近平同志为核心的党中央周围，以习近平新时代中国特色社会主义思想为指导，以理事会成立为契机，共同携手，齐心协力，建设好国家金融管理中心，以服务国家金融改革发展的优异成绩迎接新中国成立70周年，为推进我国经济高质量发展，实现中华民族伟大复兴的中国梦做出新的、更大的贡献。

促进科技与金融深度融合，加快金融科技发展

陈吉宁
北京市市长

非常高兴与各位新老朋友相聚在金融街论坛年会，我谨代表北京市人民政府向莅临2019论坛年会的各位领导和嘉宾表示热烈的欢迎，向长期以来关心支持北京工作和首都金融业发展的各位领导，各界人士，表示衷心的感谢。

金融是国家重要的核心竞争力，是推动高质量发展的重要支撑，作为北京第一大产业，金融业不仅推动了北京经济持续平稳健康发展，也有力促进了北京的城市规划、建设和高质量管理。去年北京市在常住人口、城乡建设用地、建筑规模均减量的条件下，全员劳动生产率达到24万元每人，在全国31个省份中位居第一，GDP也跃升至3万多亿元。金融业在推动城市转型发展中发挥了不可替代的重要作用。

金融街论坛创建于2012年，至今已成功举办七届，成为汇聚各方观点，发布权威信息，把握行业最新动态的一流对话交流平台，本届论坛年会以"深化金融供给侧结构性改革，推动经济高质量发展"为主题，紧扣当前各界关注，促进思想交流互鉴，希望为金融业创新与发展提供新的思路、新的路径。

今年2月，习近平总书记在中央政治局第十三次集体学习时强调，要深化对国际国内金融形势的认识，正确把握金融本质，深化金融供给侧结构性改革，抓住完善金融服务、防范金融风险这个重点，推动金融业高质量发展。我们将深入贯彻落实习近平总书记对北京重要讲话精神和关于金融发展的重要论述，始终把金融业高质量发展放在重要位置，坚持以首善标准做好首都

的金融工作。

第一，以更高的站位服务好国家金融管理中心。

党中央国务院批复的新版北京城市总体规划，明确了金融街是国家金融管理中心。为国家金融管理部门做好服务，是落实首都城市战略定位，做好四个服务的应有之义。即将揭牌的金融街合作发展理事会，它的成立既是落实金融监管要求，也是推动金融业高质量发展的重要举措，将与金融街服务局、金融街服务中心、金融街论坛一起构成四位一体，形成有机协同的服务支持体系。同时，北京作为首都，也必须把维护金融安全作为重大政治责任，抓实抓紧，我们将在一行两会指导支持下，切实落实地方金融监管和风险处置责任，坚决打好防范金融风险在内的攻坚战，坚决守住系统性金融风险的底线。

第二，以更大的力度扩大金融业高水平开放。

2019年4月，习近平总书记在第二届"一带一路"国际合作高峰论坛开幕式主旨演讲中，对于下一步促进更高水平对外开放作出五个方面的重要部署，为我们推动高水平开放指明了方向。2018年，我们以国家放宽金融业市场准入为契机，以优化服务为抓手，大力推动外资机构在京落户，北京已成为外资金融机构进入中国的首选地。2019年1月底，国务院批复同意北京继续开展和全面推进服务业扩大开放综合试点，我们把金融业开放作为新一轮服务业高水平开放的重点，正在实施的177项开放举措中，涉及金融业的有47项，占比超过1/4，涵盖资本账户开放、人民币国际化、外汇管理等方面。我们希望通过对标国际的先进规则，提升开放型经济体制，积累一批可复制、可推广的经验，在全国金融业更高水平开放中立标杆，作示范。

第三，以更优的营商环境推动首都金融创新发展。

近年来，我们按照习近平总书记的指示要求，率先加大营商环境改革的力度，取得了明显的成效，在2018年国内22个城市营商环境评价中综合排名第一，为我国营商环境排名大幅提升做出了北京应有的贡献。2019年我们以企业办事需求为导向，深入研究优化政务服务流程，对标国际规则和最佳实践，采取了更大力度的改革举措，着力解决营商环境的重点和难点问题。目前在北京新开办企业手续所需时间已经压缩到了一个工作日。市政、水、电气实现了"三零"的服务，零审批、零投资、零上门，简易低风险工程项目施工许可已经压缩到了21个工作日，我们将以满足企业需求为目标，更加积极主动地做好对企业的服务工作，支持在京金融机构开辟新的领域，拓展新的业务。特别要说明的是，促进科技与金融深度融合，是首都金融业发展最突出的优势，我们依托北京作为全国科技创新中心的定位，充分运用科技人才的资源优势和AI等先进技术。中国AI的人才大概有6.6万到6.7万人，其中将近4万人是在北京工作的，AI的企业全球一百强，中国有6家，其中5家在北京。我们希望利用北京的科技人才优势，加快金融的科技发展，大力推进中关村国家科技创新金融中心建设，努力打造国家级的金融科技示范区。

新时代首都金融业要有新的作为，离不开一行两会、国家部委、在京金融机构以及中外各界朋友的大力支持和帮助，我们高度重视金融街论坛这一交流平台，期待大家畅所欲言，发表真知灼见，共同为首都和国家的金融业高质量发展出谋划策，贡献力量。

支持高端金融要素资源在金融街聚集

易 纲
中国人民银行行长

习近平总书记非常重视深化金融供给侧结构性改革和高质量发展,这就是咱们今天论坛的主题。今天我在这儿想就深化金融供给侧改革,缓解民营和小微企业融资难题,发表一点看法,这是第一个问题。第二个问题,我想就支持北京高质量发展金融产业发表一点看法,供大家参考。

第一个问题,深化金融供给侧结构性改革,有效解决民营和小微企业融资的难题。民营和小微企业的融资难、融资贵的问题,从根本上说是金融的供给不适合经济转型和高质量发展的需要,是金融供给和需求矛盾的具体体现。解决好民营企业和小微企业信贷支持和直接融资问题,是我们现在最重要的任务。

近年来,人民银行高度重视支持民营和小微企业的发展,以"几家抬"的方式形成政策合力,通过设计、信贷、债券和股票融资"三支箭"的政策,千方百计的加大对民营企业和小微企业的金融支持,推动民营企业和小微企业解决融资难、融资贵的问题,降低融资成本。

一是运用普惠金融定向降准,支持民营和小微企业。我们2019年1月份又降低了准备金1%,同时在5月15日开始对县域的金融机构实行比较低的准备金框架。我们在5月15日将一千多家农村商业银行的准备金从11%降到了8%,法定存款准备金率一下降了3%。我们准备通过5月15日第一次,6月17日第二次,7月15日第三次,分三次把钱落实到位,这样释放出3000亿元人民币，三个月每次释放1000亿元，可以使1000多家县域的农商行均匀地运用到这批增量的钱，主要用于发放小微和民营企业的贷款。

二是我们通过定向的中期借贷便利，让小微企业融资也享受比较低的利率。2019年以来，我们已经做了两次定向的中期借贷便利，余额是5200多亿元，同时我们再贷款、再贴现都是力度比较大的。

同时，在民营企业发债方面，我们从去年以来也做了非常大的努力，2018年10月，我们创建了民营企业债券融资支持工具，实际上相当于一个信用违约互换（CDS），就是对民营企业发债的信用进行担保。到现在为止，我们发债的工具已经发出去87支，金额将近400亿元。这是我们直接做的，由于政策带动的间接发行的民营企业的信用债数量是我刚才说的400亿元的几倍，所以带动作用还是很大的。

总得来看，前期一系列支持民营企业和小微企业发展的政策取得了积极成效，截至2019年4月，普惠小微企业贷款的余额大数是10万亿元，同比增长了20%，增速比上年末高了5%，支持小微企业2300多万户，支持力度还是比较大的。

从北京的情况看，2019年普惠小微企业贷款余额是3300亿元，同比增长40%，比各项贷款的平均增速高了29%，小微企业的户数是13.6万户，比年初增加了14.1%。下一步，人民银行将和相关部门一起积极配合，共同努力，确保实现今年国有大型银行小微企业贷款余额同比增长30%以上，小微企业信贷综合的融资成本降低1%的目标。在这个过程中，我们将深化与北京市委市政府的合作，共同为民营和小微企业的健康发展创造良好的金融环境。

第二个问题，支持北京加快金融改革开放，发展高质量的金融产业。2018年以来，人民银行等金融机构积极落实2018年4月习近平总书记在海南博鳌论坛上宣布的金融开放措施。截至目前，除了个别项目外这些措施已经基本落实到位。此外，人民银行先后推出了开放征信、评级、支付等领域的准入条件，给予外资国民待遇，外资机构进入中国的市场取得了实质性的、突破性的进展。债券市场双向开放，稳步推进，国际资本持续流入中国。

近年来，北京金融业的发展环境不断完善，金融的国际影响力、吸引力和竞争力明显提升，下一步人民银行将一如既往支持北京发展高质量的金融产业，支持国家金融业改革开放政策在北京落地，支持金融街加强国家金融管理中心功能的建设。

第一，继续支持北京发展高质量的金融产业。

近年来，北京在绿色金融和科技金融发展的速度是非常快的。首先，在绿色金融方面，2018年北京的绿色信贷余额是6700多亿元，占全部信贷的比重为9.5%。北京还发出了84支绿色的债券，发行金额是1225亿元，在全国处于领先地位。

在金融科技方面，北京有得天独厚的优势，我们所说的金融科技的最热门的几个领域，比如说人工智能，比如说大数据，比如说云计算，比如说区块链，比如说监管科技，有金融科技，还有监管科技，这些北京都是领先的。北京的企业、中关村的企业在全国，甚至在全世界在这方面都走在前面。我们也相信，北京在金融科技方面会继续领先，处于一个第一方阵的位置。

第二，我们继续支持国家金融业改革开放的政策在北京落地。

过去几年，我们积极支持一些评级公司，还有一些国际上先进的金融机构在北京落地。有会议评级，英资的易博瑞征信，外资的征信、清算评级机构在北京发展，取消了北京市企业银行账户的许可。优化北京金融环境，在中关村开展资本项目收入结汇支付便利化和外债便利化的政策试点，积极支持北京市试点跨境人民币业务。北京在全国率先实现动产担保统一登记和统一查询，提升了企业获得信贷的便利度。下一步人民银行将不断深化金融业的改革开放，支持资本项目便利化的政策试点，使跨境人民币支付清算等政策在北京落地。

第三，加大对金融街国家金融管理中心功能建设的支持。

金融街集中了我们国家金融政策货币政策的管理部门和监管部门，聚集了大量的金融机构的总部。近年来，金融街国家金融管理中心功能日益完善，已经成为集决策、监管、标准制定、资产管理、支付清算、信息交流、国际合作等为一体的国家金融管理中心。在金融管理方面，发挥了积极、主动作用，在国际交流方面也成为全国乃至全世界非常热门的地点，国际交流的重要场所。

北京金融街在金融管理的能级，金融机构资产的规模等方面，处于国际的第一梯队；下一步人民银行将支持金融街论坛发挥品牌优势，不断向世界发出大国金融管理中心的声音，支持高端金融要素资源在金融街聚集。推动支持金融业发展和试点，在金融街落地，推动外资、外汇政策在金融街先行先试，不断地吸引国际化的元素，支持外资金融机构拓展业务，指导开展专业性的国际合作，支持北京金融科技创新示范园区的建设。

总之，北京聚集了大量的金融机构和金融人才，有条件落实国家在金融方面对内对外开放的重大措施，从而加强与国际金融中心的合作和交流。感谢北京市长期以来对人民银行工作的大力支持，人民银行也将一如既往支持北京的金融工作。

新华社将进一步提升国家金融信息平台的服务能力

刘正荣

新华通讯社副社长

这些年金融街的发展有目共睹，国家金融管理中心的作用日益凸显。北京市委市政府对于金融工作的高度重视也有目共睹，对于金融街的发展，支持的力度非常大。新华社包括我本人，在与西城区包括金融街服务局的工作接触当中，深切感受到他们这种良好的精神状态。被他们务实的工作作风和雷厉风行的工作态度感动。

新华社作为论坛的支持单位，在过去一年，深化与北京市有关方面的合作，配合举办论坛系列活动，参与发起金融街合作发展理事会，编辑发布金融街观察月刊，编制金融产业报告和指数，为驻区单位提供金融信息、信用建设、海外传播、以及智库咨询等服务。我们认为，金融街论坛为金融市场监管者、参与者、研究者搭建了一个很好的平台。

新华社将履行好国家通讯社和国家高端智库的职责，充分发挥自身优势，积极参与和大力支持金融街的建设。新华社旗下的中国经济信息社，是专业从事经济信息服务的机构，已成为国内规模最大，服务领域最广的经济信息服务机构之一，形成了以新华财经金融信息平台为核心，以新华思路、新华信用、新华指数为特色的产品服务体系。新华财经是国家金融信息平台，最近三年的发展比较快，其基本功能在不断完善，欢迎大家使用。我们愿意加强与各类金融机构的合作，进一步提升国家金融信息平台的服务能力，共同为推进金融业关键信息基础设施的国产化贡献力量。

新华财经的建设离不开金融街，也离不开各方面的支持，借此机会，感谢北京市政府、中国人民银行、中国银保监会，中国证监会，以及各金融机构对新华社经济信息事业的支持和帮助，并请继续关心新华财经国家金融信息平台的建设发展。

中国是经济全球化的受益者，同时更是贡献者

王兆星

中国银保监会副主席

当前正值在北京举办服务业博览会，前不久，国务院批准北京作为服务业改革开放综合的实验区，金融业在整个服务业当中举足轻重。所以，金融保险业的进一步改革开放对于整个北京乃至全国的服务业的发展，也将发挥非常重要的作用，做出重要的贡献。

今天我想借此机会，主要就银行业、保险业的开放跟大家分享几点看法。

首先，我认为贸易保护主义不符合历史大势，世界经济的发展需要进一步开放合作。当前，贸易保护主义、单边主义进一步抬头，全球经济贸易体系受到了严重的干扰和挑战。但我们坚定地认为，经济全球化是社会生产力发展的客观要求和科技进步的必然结果，是不可逆转的历史大势。只有坚定地维护世界贸易规则，坚持开放合作，才能进一步促进世界经济的共同繁荣。

实践证明，经济全球化促进了生产要素在全世界的自由流动和合理配置，也促进了新技术的交流、合作与发展，形成了更加合理的产业链，有利于全球合作竞争的国际制度体系的建立。经济全球化不仅为发展中国家带来了利用外资发展自身产业的机会，更为发达国家创造了通过全球布局实现更高资本利益，不断向附加值更高产业升级的条件。

经济全球化降低了生产成本，扩大了全球的总产出，普遍提升了各国人民的福利。我们现在使用的很多产品服务都是来自于全球劳动力资本和技术

共同作用的结果。今天,我们已经很难想象,如果没有全球的经济合作,我们是否还能享受到如此高质量的、便捷的产品和服务?

中国是经济全球化的受益者,同时更是贡献者。自1978年改革开放以来,中国积极参与全球经济分工,通过开放促改革、促发展,中国经济取得了令人瞩目的变化,而中国自身的经济发展也为全球经济增长注入了强大动力。

中国改革开放40年的实践告诉我们,开放带来进步,封闭必然落后,经济发展必须在开放条件下进行。不可否认,当前经济全球化确实遇到了一些新的问题、新的挑战,但解决的办法绝不是退回到保护主义和单边主义,绝不能再搞闭关锁国,关税壁垒,而要通过更加公平、合理、透明的国际经贸体系规则,建设更加开放、更加包容的世界经济体系,来共同促进人类命运共同体的可持续发展。

其次,我想跟大家分享的看法是,我国银行业、保险业对外开放的实践,进一步坚定了以开放促改革、促发展的信心。

自1978年改革开放以来,中国的银行业、保险业对外开放不断扩大,从严格限制外资机构的经营地域和经营范围到给予外资全面的国民待遇,对外开放的步伐从未停止。尤其是中国银行业、保险业在全面履行加入世界贸易组织的承诺的基础上,不断自主扩大开放,不断向世界打开大门。银保监会持续放宽外资机构准入的条件,允许境外金融机构投资入股中资银行、保险机构;以开放促进中国金融业的改革,允许外资投资和设立各类的非银行金融机构,丰富外资银行的经营业务和经营业态,持续推进行政审批的改革,来不断地改进外资的营商环境。

随着开放程度的不断加深,外国银行业、保险机构在华机构的数量不断增长,截至2019年4月,共有来自54个国家和地区的215家外国银行在华设立了41家外国银行法人,115家外国银行的分行和153家代表处,外资银行的营业机构已经达到982家。同时,共有来自16个国家和地区的境外保险机构在华设立了59家外资保险机构和14家外资保险中介机构，下设分支机构达到1800多家。共有来自22个国家和地区的境外保险机构在华设立了132家代表处，外资银行和外资保险机构充分发挥了跨境经营的优势，不断加大在华的资源投入，不断丰富产品服务体系，其参与中国经济发展和提供的服务已远远超出其资产份额所反映的价值。

对外开放全面提升了中国金融业的发展水平和金融机构的竞争力，优化了资金、技术、人才等市场要素的配置，促进了科技创新的进步，更好地满足了经济发展和城乡居民的金融服务需求。中国金融业对外开放带来的成果不仅使在华外资金融机构获益，也为国际金融业携手抗击全球金融危机、维护世界经济稳定做出了重要的贡献。

习近平总书记最近强调，要把金融改革开放任务落实到位，同时根据国际经济金融发展的形势变化和我国的发展战略要求，研究推进新的改革开放措施。近年来，中国银保监会近年来进一步贯彻落实党中央、国务院的有关形成全面开放格局的决策部署，推动银行保险业对外开放不断取得新的突破。中国银保监会继2018年宣布15条银行保险业开放措施之后，又在2019年5月1日，再次宣布了12条新的对外开放措施，包括在内外资一致的原则的基础之上进一步放开外资银行、外资保险公司持有中国银行、中国银行业金融机构以及保险机构的持股比例的水平。大幅削减对外资设立机构、对外资保险和银行机构设立的数量限制，扩大了外资银行和保险机构的业务经营范围。同时，也进一步放宽了外资银行、外资资本进入非银行金融的范围和领域。我国银行保险业这一轮新的开放措施覆盖范围之广，力度之大，将进一步显著提升中国银行保险业的开放度和国际化程度，彰显了中国通过对外开放来促进金融业和实体经济高质量发展的信心和决心，也彰显了中国愿与世界各国加强合作，共同维护全球经济稳定发展的信心和决心。

目前，各项开放措施正在陆续落地，市场、国际反应非常积极，多个国家和地区的金融机构已向我们表达了在华进一步发展和扩大投资的意愿,并已有多家外资金融机构提出了准入的申请。我们欢迎有意愿来华投资的各国金融机构与我们新的开放政策相对接,我们将继续坚定地履行承诺,创造益于中外资公平竞争、共同发展的监管环境。

第三个方面,我认为应不断提高我国开放和监管水平,在开放中维护金融的安全稳定。在金融业不断扩大对外开放的同时,银保监会继续加强监管的制度建设、能力建设,不仅要确保把门开得开,开得大,而且也确保金融的安全稳定。

我们要进一步优化外资金融机构的市场准入条件,按照国民待遇加负面清单的原则,进行有效防范。在有效防范风险的前提下持续优化外资银行和保险机构的准入条件,不断地扩大外资银行和保险机构的经营范围和空间。吸引更多的具有专业特色和专业资质、专业竞争优势的外资银行进入,进一步丰富我国的金融市场主体,不断改善我们的金融供给。我们要进一步简政放权,最大限度减少行政审批,在审慎监管的前提下,进一步减少外资机构的行政许可事项,将更多事前审批转变为事中事后的监管。进一步优化行政许可程序,提升审批效率,提高透明度,不断提高外资金融机构经商的便利条件。我们将进一步优化监管的规则,提高监管的有效性,坚持风险为本的监管理念,充分考虑包括外资机构在内的不同类型的机构在业务特点和风险的特征,不断建设更具有兼容性、针对性和有效性的监管规则体系,促进外资银行保险公司在华的健康发展。

我们要不断完善与开放水平相适应的监管方式和方法,确保开放稳妥有序。金融业对外开放的过程,也是金融监管从数量非审慎限制向质量和审慎的制度的转变;从注重事前审批向注重事中、事后监管的转变。开放对监管提出了新的要求,在对外开放过程中,必须加强监管的制度建设。在减少机构准入数量限制的同时,进一步完善相关的审慎性的监管。确保引入机构具有优秀的专业能力，良好的风险控制能力和充足的资本实力。我们将结合我国的实际情况，同时学习借鉴国际上成熟的监管实践，补齐监管制度的短板，更好地完善资本监管、行为监管和功能监管，确保监管能力与对外开放水平的相适应。

改革开放只有进行时，没有完成时。在不断完善审慎监管制度和提升监管水平的基础上，银保监会将继续坚定不移地推进金融业的改革开放。在此，我再次呼吁世界各国加强改革开放，坚持开放共赢，实现共同的繁荣。

创新金融产品，丰富服务经济高质量发展新工具

阎庆民

中国证监会副主席

2019年2月，习近平总书记在主持中央政治局第十三次集体学习讨论时，对金融供给侧结构性改革进行了深刻的阐述，北京市委市政府正按照"四个中心"的战略定位，积极完善国家金融管理中心的功能，营造良好的金融发展环境，金融业已经成为贡献全市经济增长的第一支柱产业。下面结合这次大会的主题，我谈四点体会和建议。

第一，创新金融产品和金融服务，丰富服务经济高质量发展的新工具。

1. 作为资本市场的监管，要增强工具的有效性，坚持以市场需求为导向，提供高质量、易获得的金融产品和金融服务。2018年，中国在上市公司的市值、融资规模、并购重组的数量在全球都是居于前列的。北京的上市公司已经形成了主板的北京板块和创业板的中关村板块。近三年的首次公开募股（IPO）和公司债等融资已经达到了近3万亿元，这在全国的占比也是非常高的。直接融资已经成为重要的融资渠道。下一步我们还是要继续充分发挥好资本市场的功能作用，鼓励金融机构在京津冀协同发展、生态环保、产业升级等方面创新投融资一体化和综合性金融服务；在副中心的建设、冬奥会等首都城市建设的重点领域设计个性化、差异化、定制化的金融产品和金融服务，精准、高效地支持北京首都发展。

2. 增强工具的灵活性。在当前变革的时代，科技创新日新月异，从资本市场供给侧结构性改革来看，多项政策为新企业提供了灵活和包容的环境，多样化工具支持了科技性创新企业直接融资。近年来，北京依托首都的资源，着力打造全国科技创新中心和文化中心，构筑了适应科创和文化类企业成长的环境。截至2019年4月底，科创板的辅导备案企业居全国首位，上市公司龙头的高精尖产业链完整。数据显示，170家准备上市公司当中，有51%以上都是来自于中关村科技园区的企业，1343家的新三板挂牌企业当中，130多家是创新型公司。下一步，我们还要支持产业投资基金，天使投资，创业投资，股权投资，为文化产业和科创企业提供资本的支撑。

第二，优化证券金融服务结构体系，拓宽服务业对外开放的新渠道。

1. 推动证券金融服务机构的高质量发展，实现经济高质量发展离不开高质量的金融机构体系。作为北京地区的证券金融服务机构，数量众多，对外开放程度高，形成了围绕资本市场完整的服务产业链，证券金融服务机构的数量和合资公司的占比位居全国前三；从事证券期货业的会计事务所，律师事务所、资产评估机构的数量和执业人员居全国一半以上，业务占比达到70%。在北京注册和开展业务的私募基金管理人员数量占全行业的1/4，管理基金的规模占全行业的1/3，这都是北京经济发展的软实力。我们将进一步引导行业机构完善公司治理，强化内部控制，专注主业经营，提升运营效率，扩大金融的有效供给，助力首都经济转型升级和经济高质量发展。

2. 提升证券期货行业的对外开放和创新融合水平，证监会积极支持和配合北京市服务业扩大开放综合试点，推动证券期货行业的双向开放战略在北京落地，除了核准瑞银证券作为全国首家外资控股证券公司之外，推进大和证券等国际知名金融机构在京新设投资机构，支持符合条件的证券基金金融机构"走出去"，逐步提高跨境金融服务的能力和国际竞争力。支持北京优化营商环境，提升保护中小投资者指标排名，通过打造证券业对外开放的新高地，充分激发首都金融发展的内生动力，更有力地支持、支撑北京服务业更高水平的扩大开放。

第三，完善多层次资本市场体系，构建支持科技创新发展的新平台。

1. 充分发挥好科技创新，发挥科创板对科技型创新企业的支撑功能。近年来，北京围绕"四个中心"的战略定位，积极支持多层次资本市场的建设，充分发挥好资本市场的资源配置功能，立足区位优势，依托主板、中小板、创业板、新三板和区域性股权市场，我们叫四板，承载新技术、新产业、新业态、新模式，助力科技创新和文化产业的发展。当前，推动科创板并试点注册制平稳起步，落实以信息披露为核心的证券发行注册制是证监会的首要工作，我们也将助力北京科技创新中心的建设，加大企业上市的培育力度，支持符合条件的科技型创新企业，利用科创板的机遇做强做大。

2. 统筹推进新三板市场改革。北京市委市政府一直非常关心支持新三板的发展，希望新三板在促进北京经济社会建设中发挥重要的作用。证监会也高度重视新三板的发展，积极支持北京中小微企业利用新三板的融资壮大。目前，我们正在统筹推进新三板和其他板块的改革，研究优化新三板的发行、交易等制度安排，改善市场的流动性，提升市场融资，交易功能，增强市场活力和吸引力，更好地服务中小微企业和实体经济，更好地支持北京文化中心、科创中心的建设。

3. 协调规范区域性股权市场发展。从服务实体经济的需要出发，研究区域性股权市场的改革，将区域性股权市场作为扶持中小微企业产业政策措施的应用平台，形成和主板、中小板、创业板、新三板联动发展的格局，更好地发挥好多层次资本市场服务供给侧结构性改革的重要作用。

第四，凝聚各方面的合力，营造资本市场良好发展的新生态。

1. 营造良好的资本市场生态。资本市场本身就是一个内涵丰富，机理复杂，自调节，自反馈的生态系统，上市公司、中介机构、投资者、监管者以及市场各参与主体众多。截至2019年3月底，北京市上市公司的市值达到了13.6万亿元，监管的对象9500多家。下一步，我们要形成与北京市政府，中央相关部委和市场各方面的合力，共同优化市场发展合力，促进资本市场的高质量发展。

2. 合力加强监管系统。推进金融供给侧结构性改革要提升监管的效率，在国务院金融委的领导和支持下，各方面协调联动，平衡掌握好促发展和防风险的关系，形成稳定的市场预期，实现充分的市场治理。我们要落实好北京市金融管理协调、防范风险两个机制；增强监管的一致性、协调性，促进监管提质增效，为首都金融供给侧结构性改革提供重要的保障。

3. 合力防范金融风险。首都金融安全无小事，金融监管安全是一个重要的标志。牢牢守住防范系统性风险的底线，必须坚决贯彻落实党中央的战略部署，按照看得清、可穿透、管得住的要求，加强风险的分析研判，利用资本市场的自反馈性，有序实现股票质押，债券违约等重点领域的风险防范化解工作。

推动绿色金融产品创新，适应绿色经济体系发展

刘世锦

全国政协经济委员会副主任

我想从一个研究者的角度非常简要地讲这个题目，加快与新增长动能相配套的金融改革与创新。

过去9年，中国经济大多数时间是个回调的态势，逐步由高速增长逐步转入中速增长，今明两年保持6%的增速，今后会转到6%、5%的增速，进入中速而又高质量发展的平台。

我们过去的房地产投资、基建投资、出口，这是我们过去高增长的三大来源，但近来相继出现了历史需求峰值明显减速。这些领域对我们经济存量的稳定很重要，但是对增量的作用已经不大了。所以，我们即使保持5%的增长，每年新增量仍然是全世界最大的。所以新的增长动能非常重要，还有没有？大不大？有，而且相当大！主要有以下五个方面：

第一个增长来源，低效率部门的改进。其实我们看看，我们现在的经济经过近40年的高增长以后，我们这种低效率的领域还有没有？比如说，像我们五大基础性成本：能源、物流、通信、土地、融资。这五大基础性成本比有些发达国家还要高。除了资源禀赋的原因之外，主要是因为我们相关行业不同程度存在着行政性的垄断。再一个领域就是城乡之间生产要素受阻。我们这几年有两个概念：一个是大都市圈的发展，再一个就是乡村振兴战略。这实际上很大程度上是一回事。大都市圈，我以为今后若干年，我们大概70%以上新的增长动能是在这些领域。大都市圈将来可能有大量的农村，包

括村镇会变成一些小的镇或者是市，城乡居民，我们现在讲他们对美好生活的需求，农民是想进城，城里面人也想下乡，城乡要素需要打通。

第二个增长来源，低收入阶层的收入增长和人力资本的提升。现在我们有一个说法，就是10亿人尚未坐过飞机，5亿人没有坐过马桶。怎么把这部分将近10亿人的增长潜能释放出来，最重要的还是要提升他们的人力资本。

第三个增长来源，消费结构和产业结构的升级。我们现在商品的消费实际上已经趋于平缓，增长速度都在放缓。但是，包括医疗、教育、文化、娱乐、养老、旅游在内的服务业的消费正在进入快速增长期。另外从服务业本身来讲，就是生产性的服务业其实也是一个重点，所以是生产性服务业加上服务性的消费，共同构成一个知识密集型的服务业，将会成为拉动消费结构和产业结构升级的新的主导产业。

第四个增长来源，中国过去在历次产业革命中，我们距离先行者还是比较远的，这次我们已经在有些领域进入了无人区，已经进入了全球科学技术前沿地带，由过去的主要的跟跑转为部分的并跑和少数领域的领跑。特别在前沿领域，前沿性创业创新多集中于互联网、大数据、人工智能等数字技术领域，中国的优势最重要的就是我们的市场优势。我们通过人多、市场大，能够形成商业模式的优势，然后通过商业模式的创新带动技术创新。当然，我们还有短板，主要的短板就是我们的基础研究，特别是我们的大学教育的基础研究方面还是比较差的，怎么能够形成一个有利于新的思想脱颖而出的环境和制度？这个问题如果不解决好，我们下一步的创新到了一定程度后，有可能后劲不足。

第五个增长来源，绿色发展。这里我想传达一些新的理念。过去我们讲绿色发展主要讲环境保护和污染治理，但是这个面比较窄，除此之外，更多的是绿色消费到绿色制造，绿色流通，绿色融资，再到绿色创新，是一个完整的绿色产业体系。绿色发展也不是对传统工业化模式的一个简单地修补，而是与之相竞争，并可能获胜，根据优越性的一种新的发展方式。不能把绿色发展和增长对立起来，绿色发展将会带来消费的新动能、创新的新动能、增长的新动能。它不仅是做减法，更重要是在做加法和乘法。

我刚才所讲五个方面的增长来源对我们制度质量要求相当高。如果我们目前金融体系在若干方面还是不能适应，如果我们不深化金融领域供给侧的结构性改革，新的动能很可能是看得见抓不住。我具体讲几个方面：

第一，放宽准入。发展出一大批为民营、中小企业提供专业化服务的金融机构和金融产品。

刚才易纲行长讲到对民营企业，特别是小微企业提供服务的问题，我认为除了我们的理念、政策、法制方面的问题之外，我们的机制和能力还不相适应。这个方面怎么能够发挥好本地化、网络化的优势，实际上已经有一些成功的经验。

第二，有效利用国家信用。我们现在的地方政府、国企杠杆率比较高，背后其实有国家信用的支撑。但是，对国家信用的利用效率其实不高，有些地方是滥用。怎么能够更好的利用国家信用，有一些更好的制度安排和产品设计，比如说，可以考虑发行低成本的长期建设国债，为政府公共产品和服务提供资金支持，另外这方面有助于化解地方的隐型债务。

第三，为企业兼并重组提供有效的金融支持，推动产业转型升级，提高产业和区域的产业集中度。

第四，进一步完善部分环节创新创业成长所需要的金融服务。这个方面我们下一步要考虑，怎么加快探索为市场化方式解决"卡脖子"和"备胎"技术提供金融支持的机制和产品。

最后，我们要积极推动绿色金融产品创新。中国在绿色金融这个方面，在全球范围内是走在前面的，下一步应该说潜力很大，绿色信贷、绿色债券、绿色基金、碳金融，等等，我们可以有更多的探索，以适应绿色经济体系形成和发展的需要。

第二章
重塑改革新动力
——金融业全球治理与金融开放

中国经济走向高收入阶段：供给侧改革——产业结构调整和劳动生产率提高

朱 民

清华大学国家金融研究院院长

我把最近对于中国经济增长的观察给在座的各位做一个报告，我的题目是"中国经济走向高收入阶段：供给侧改革—产业结构调整和劳动生产率提高"。中国经济正在走向高收入阶段，在这个过程当中，最大的变化是产业结构的转型，而最关键的动力是提高劳动生产率，所以我们把这个主题给大家做一个报告。

中国经济经过40年的改革与发展，目前我们的人均GDP已经走到了一万美元左右，正好是所谓中等收入陷阱的时候。在这个过程当中，经济增长速度也是慢慢的，缓缓的下降，这是非常典型的国际经验。在这个阶段，下一步怎么走，就变得特别关键和重要。中国从3000美元走到10000美元的过程，从历史的比较看，未来如果往上走，我们会进入高收入国家阶段，那是韩国和我们的台湾省的案例，如果跨不过去，我们就会停留在中等收入阶段，那就是马来西亚、墨西哥和巴西的案例。所以，未来的五年决定了中国经济未来的50年，当然，也会决定世界经济的未来50年，因为中国是世界上第二大经济体，如果跨越，那一定是第一大经济体。这个阶段，确实是一个特别关键的节点。

赶超之路从来不容易，从经济增长的速度，到人均GDP对美国人均GDP的比重，是整体发展中国家的赶超，在20世纪60年代的时候，增长速度开始上升，增长速度达到了4%—5%以上，然后开始赶超，从15%开始赶超到20%—25%，但是在整个20世纪70年代，特别是80年代开始往回走，然后反复，垂直有增长，没有赶超，一直经过了20年的来回波动。从进入新世纪以来，经济增长再一次上升，同时再一次开始赶超，一直到今天，20年，整个新兴经济国家GDP占美国GDP的28%左右，这是一个很不容易的过程。我们举一个拉美的案例，大家可以看到，拉美1962年到1966年，已经占美国GDP的30%左右了，但是70年代波动，80年代危机，增长速度下降，赶超变成倒退，以后增长速度上升，这是一个动态的概念，因为美国也在增长。一直到进入本世纪开始，经济增长开始回复，增长速度下降，又开始赶超，但是我觉得这是特别令人印象深刻的。1962年到1966年和今天，2007年到2011年，2012年到2016年的指标，大家可以看这个指标，50年，拉美国家整体几乎没有赶超，这是世界经济史上最为教训深刻的案例；50年，不是没有增长，他有增长，人民生活水平有提高，但是和世界比，没有赶超，这确实是一个悲剧。

所以我们就特别关注在这个阶段怎么走，所以从这个时候我们可以看到，走过一万美元以后，典型的案例是农业的比重和就业不断上升，工业的比重上升再下降，服务业的比重直线上升，就是产业结构都在进行根本的调整，这是国际的案例，很清楚。中国也正在走这个过程，服务业在2014年超过了工业，占据50%以上，2012年就开始，到了2014年占据50%，工业占GDP的比重在缓缓的下降，但是挑战在这里，我们把工业的劳动生产率除以服务业的劳动生产率，大家可以看到，工业和服务业劳动生产率比，最初服务业劳动生产率是高的，工业只有0.6%，但是进入高科技制造以后，工业的劳动生产率不断提高，今天工业劳动生产率是服务业劳动生产率的120%，这就是挑战。也就是说，我们每进入一个百分点的服务业，这是必然的趋势，全世界都是这么走的，中国也越来越多地走向服务业，我们会损失0.2个百分点的劳动生产率。如果这个趋势改不了，中国的经济增长一定会下滑，这就是我们今天面临的最大的一个挑战。

在整个的走向一万美元跨越以后，产业结构的调整是必然的，走向服务业是必然的，提高服务业的劳动生产率，成为我们进入高收入经济增长，高收入阶段最为关键的变量，提高服务业的劳动生产率成为重中之重，比如：我们把服务业分为市场化和非市场化的，市场化包括金融业，包括酒店、旅馆，等等，这是市场化的。非市场化的，大部分是医疗、教育，也包括政府部门。大家可以看到，市场化的服务业劳动生产率上升得很快，非市场的劳动生产率一直停留在低位。这既表明现状，也表明未来的潜力，这是我们用投入产出表，用大量的数据做的分析。我们做国际比较的话，中国的市场化服务业在中国人均一万美元左右的水平，和整个世界的趋势是一致的。我们的金融业，大家可以看到，金融业的曲线还高于市场，我们的商业，大家可以看到，劳动生产率是高的，主要是因为我们的电商，我们在金融业的电商在相对水平上跟国际趋势比，我们是领先的，但是，我们的信息和计算机服务业，我们的商务服务业劳动生产率特别低，这是因为中国没有这样的专业服务，而且这个服务业很弱，这又是一个很大的未来潜力。而我们的医疗卫生，和教育水平，跟国际水平比的话，那相对是很低的，而这个恰恰是和我们现在的改革连在一起的，因为很多都是非市场化，

所以，推动下一阶段的发展重要的方面，就是继续改革开放。服务业的对内和对外开放现在特别重要，为了提高服务业的劳动生产率，所以我们要实现高水平的贸易和投资自由化便利。文化产业，健全文化体系和市场体系的开放。医疗卫生，现在整个医疗卫生体制改革，建立中国特色的医疗卫生制度，同时对内和对外开放。金融方面从2018年博鳌会议上，习近平总书记发布了金融改革的方案以来，金融开放非常迅速。所以我们应推进金融、教育、文化、医疗等服务业领域有序开放，而且现在开放设计、会计审计、商

贸物流、电子商务等允许外资进入。电力、民航、铁路、石油、天然气、邮政、市政公用等行业开始逐渐放开。扩大金融、教育、医疗等对内和对外开放，引进先进的技术，加大竞争，提高服务业的劳动生产率变得特别重要。

但是仅仅是开放和竞争还不够，因为服务业劳动生产率的提高，是一个全世界历史经验的难题，所以一个结构的挑战，要用结构的办法。在今天，科技和创新变得特别重要。在整个服务业里面，大规模引入科技，引入人工智能非常重要，因此国家制定了人工智能的产业发展规划。预计2020年同步达到世界先进水平，2025年达到世界领先水平，2030年达到世界创新水平，包括我们今天在这里亲自参与了关于国家创新级金融科技的研发，研究院和创新区的成立，也代表了在金融业、服务业大规模的引进科技和人工智能一个很重要的政策落地。

人工智能正在颠覆未来，人工智能几乎改变现在所有的一切制造业和服务业，贸易、旅游等，改变军事和国防，无人机已经开始精准定位的"杀人"，无人机可以嵌入式无人机编队，这根本改变了战争的形态，改变社会架构，改变财务分配，人工智能是科技的最终未来。人工智能可以帮助科技研究，而人和芯片的连接，人和智能的连接，已经变得很普遍了。所以，人工智能未来的发展是很重要的。

我在深圳给深圳市政府做深圳市人工智能发展战略时，我走访了大量的企业和科技单位，学到了很多东西，我把人工智能现在在应用的，已经能够用的模块化的，拿来就可以用的十大技术，做了一个总结，机器视觉、语音和声音感知、自然语言处理、探索信息处理、预测性分析、规划、语音生成、操作、导航、人像识别，这是很普遍的。现在技术在应用方面，其实已经非常成熟，这十大技术完全可以在服务业落地，给予我们在服务业提供劳动生产率很大的信心。

在工业价值链里面，我们现在看到越来越多的人工智能在推进智能化的生产，例如：富士康、海尔这样通过人工智能把生产链打通，把产业链打通，提高了效率，这已经变得非常普遍。在生产领域，中国机器人的数字大家可以看到，韩国最高是一万工人，有530个机器人，中国只有22个机器人，所以，机器人的发展在中国的前景是巨大的。中国是全球制造业最大的国家，在2004年的时候，中国的制造业只是德国相同的量，2015年，中国的制造业已经等于美国和日本的总和。2019年中国制造业是美国、日本和德国的总和。这个巨大的制造业的自动化和人工智能化，那将是一个了不得的场景和革命性的变化。

物流，从生产到消费者的流通非常普遍，物流是一个12亿元人民币的行业，占中国GDP的15%，占世界平均GDP的7%，我们现在都看到快递小哥满城跑，我可以告诉大家，快递小哥只占现有物流的7%，所以物流的智能化具有多么大的潜力。

金融，2000年我在瑞士银行，在美国证券交易所看到，1000人的大厅，全球24小时的交易，我特别震撼，那时候我在中国银行，我想中国银行能有这样一个交易平台，我死了也值了。15年以后，人去楼空，怎么了？全部被机器取代，机器不是第三方支付，不是存款和贷款，是资源配置、财富管理执行、股票交易等的全球配置，现在人工智能用得非常普遍。所以金融科技方面，我们今天讨论到，在存款、贷款、支付、融资、理财，不用讲风险管理，不用讲反欺诈等的应用，特别的普遍。未来金融一定是数字世界和物理世界的组合，经过人工智能化服务于客户。

医疗，把我们国家所有的医疗行业分成远程预防和护理，整段支持，医疗方案支持，研发、运营和市场营销，我们国家在医疗方面的智能企业真是很多，风起云涌。特别有意思，弱的是医院运营的优化和营销，这个恰恰表明和制度有关，很多医院还是国有，所以这个技术进不去。医疗卫生系统的改革和智能化的前景是巨大的。人工智能总体做的测算，对于中国经济增长现在是6.3%左右，增长到7.0%左右，可以达到10%的增长速度，所以这是一件伟大的事情。

我把中国大型的人工智能企业分成10个领域，金融、安防、无人机、家居、医疗、客服、个人助理、移动互联、无人驾驶、机器人等10个方面，从应用层、技术层和基础层来看，我们领先的第一个是计算机视觉，第二个是语音，第三个是云计算，阿里在这方面是领先的，然后在三大综合企业，在全世界还是有竞争力的，所以中国的人工智能企业遍布很广，应用很多，只是怎样和产业、和服务业结合，这需要政策的支持，需要科技的引导，所以这个前景是特别大的。

技术的应用引发了新的技术发展。我们以前技术都是从基础往下走，人工智能第一次开创了从应用和数据往上走的发展通道，这给未来中国的科技赶超找到了一个新的模式。我们看中国的电商比重，超过了美国电商所占的比重，阿里每秒钟支付12万笔，已经远远超过了美国最快的支付效率，大概是他们的四倍左右。规模带来速度，速度带来技术，技术带来创新，我觉得这个新的技术链，也给我们未来以很大的信心，所以把所有的东西拢在一起的话，我们有信心通过改革，通过开放，通过创新，发展下去。我们希望中国能够沿着韩国的轨迹，增长速度可以下降，没有问题，但是我们会不断地赶超，在这个赶超的路上，中国成为世界最强的经济是完全有可能的，核心是提高服务业的劳动生产率，抓手是服务业的科技化和人工智能化。所以，这是中国经济正在进入高收入阶段的关键点，未来的五年，一定会特别的精彩，而科技正如今天这个论坛所说的，是未来五年最主要的抓手。

开发性金融的逆周期调节作用日益凸显

郑之杰

国家开发银行行长

开发性金融作为一种金融形态,在国际上是由来已久了。开发性金融机构最早出现在19世纪的欧洲,第二次世界大战以后,在世界范围内大规模兴起,为实现战后经济复苏和经济起飞扮演了非常重要的角色,但是早期的开发性金融机构是财政的政策工具。比如世界银行的成立,就基于凯恩斯的经济学和波雷顿森林体系,其理念就是要建立一个通过稳定的融资促进金融稳定性的机构,为二战后的重建提供稳定的资金来源。随着经济的不断发展,开发性金融对财政的依赖逐步减弱,更多展示了开发性金融货币和金融工具方面的属性。

近年来,开发性金融作用日益凸现,越来越成为不可或缺的重要力量。历史上人们对开发性金融有过不同的认识,比如20世纪70年代后,伴随着新自由主义的经济思想的兴起,开发性金融在全球呈现出非国有化和商业化的趋势。开发性金融的业务被忽视了。但是在1997年和2008年的两次金融危机中,人们对开发性金融的作用又有了新的认识。比如:为了应对亚洲金融危机,日本于1999年将日本输出入银行和海外经济协力基金进行了重组合并,成立了国际协力银行。2008年国际金融危机爆发后,德国复兴信贷银行、日本政策投资银行、韩国产业银行等开发性金融机构都在维护市场稳定、恢复经济增长中发挥了非常重要的作用。这让不少国家进一步认识到,无论是发达国家还是发展中国家,无论是经济稳定的发展阶段还是应对金融危机阶段,开发性金融机构都有不可或缺的作用。开发性金融的逆周期的调节作用被更多地发现、认可和使用。

2018年10月，美国在其海外的私人投资公司基础上，整合了美国国际开发署下属的开发信贷管理局、企业基金以及私人资本和小微企业办公室，设立了国际开发金融公司。并提高融资的规模上限达到600亿美元，同时扩充融资服务手段，增加了投资功能，扩展了营业范围。

最近几年我们又有几家新的开发性的银行成立，比如说亚洲基础设施投资银行、金砖国家的新开发银行，等等。目前全世界共有550家开发性金融机构，分布在185个国家，总资产超过了5万亿美元。可以预见，未来开发性金融在全球金融治理中的作用是不会减弱，只会加强。

所以中国的开发性金融机构，国家开发银行在服务经济发展中发挥了不可替代的作用。成立25年来，开行始终以增强国力、改善民生为使命，积极推进开发性金融的实践，倾力支持经济社会发展的重点领域和薄弱环节。在国内，我们把"两基一支"新型城镇化，区域协调、科技民生、科技创新等领域作为重点，有力支持中国经济，实现了夯实基础，补齐短板，转型升级。在国际，我们秉持互利互赢的理念，落实共建"一带一路"倡议，不断深化金融合作，助力中资企业走出去，支持合作国经济发展和民生的改善。服务发展的同时，开行不良贷款连续14年保持1%以内，我们的努力得到了国际社会的肯定和认可。

开行曾被欧洲货币评为中国最佳银行，多次被环境金融列为全球50家最安全的银行。未来，开发性金融拥有更广阔的发展空间，能够在全球金融治理和金融开放中发挥更大的作用。

当今世界正处于百年未有之大变局，全球经济面临很多不稳定、不确定因素，中国经济正向着高质量发展阶段迈进，面临供给侧结构性改革的任务。为适应经济发展的需要，习近平总书记提出深化金融供给侧结构性改革的新要求，李克强总理也在2019年年初的政府工作报告中提出要用好开发性金融工具。开行将积极发挥开发性金融的优势，主动作为，提升和完善供给侧能力，更好地服务高质量发展和高水平的开放。具体措施为：

一是服务实体经济，按照市场化原则，不断完善金融服务功能，优化金融资源供给，加快投融资的模式创新转变，为实体经济发展提供更高质量、更有效率的金融服务。二是要防范风险，健全风险管理体制机制，加强重点领域的风险防控，加快存量风险处置的化解和提升的合规水平，努力实现稳健可持续发展。三是提升银行治理能力。四是推动完善全球金融治理，开行先后加入了世界开发性金融机构协会，长期投资者俱乐部，参与创建了20国集团国家开发性以及公共性金融机构，还先后发起设立了上合银联体、金砖国家银行合作机制、中国中东盟银联体、中国中东欧银联体、中阿银联体、中非金融合作银联体和中阿开发性金融合作机制等7个金融合作平台。最近又与联合国开发署、世界银行等加强合作，筹建"一带一路"创新发展中心，构建起全球金融合作的朋友圈。未来将近一步深化国际金融合作，发挥好各类金融机构的合作平台作用，为弥补全球金融治理的短板，提升新兴市场和发展中国家的话语权贡献力量。

最后，我想和大家分享两点认识：一是参与甚至引导全球治理不是一朝一夕的事情，是一个较为长期的过程。二是要做强我们自己，这是我们特别要认识和必须首先要做到的。

金融服务实体经济应成为金融治理的核心价值观

谷　澍

中国工商银行行长

　　2008年国际金融危机后，全球金融治理成为各界广泛关注的焦点和深化国际合作的重要议题，并由此引发了一系列的变革。比如说G20升格为推动国际经济金融合作的重要力量，IMF推出了份额调整和投票权改革，SDR分配及货币入篮、扩容等一揽子改革计划。巴塞尔委员会发布了《巴塞尔协议Ⅲ》，确定了微观审慎与宏观审慎相结合的监管新框架，这些都为推动建立更加稳定和更有人性的国际金融架构，为世界经济复苏和增长注入了新动力。

　　同时我们也看到，完善全球金融治理仍然面临着诸多挑战，比如说适应世界经济格局变化的国际金融新秩序尚未建立，国际货币体系的改革成效尚不明显，主要经济体政策外溢的效应在放大，国际金融市场反复振荡。全球金融安全网碎片化和不对称性的问题较为突出，全球金融监管从严趋紧，但是高杠杆、高泡沫的风险仍在集聚。

　　破解这些难题和挑战，要靠深化存量和增量改革，要靠各国携手合作，共同行动。金融机构治理是全球金融治理的微观基础和重要组成，实现全球金融治理体系和治理能力的现代化，离不开金融机构的积极参与和主动作为，如果金融机构自身蕴含治理结构、治理机制和治理行为风险，累计到一定程度，势必危及整个金融体系的稳定。因此，完善全球金融治理，首先需要各金融机构眼睛向内，练好内功，做好自己的事情，降低内生脆弱性。商业银行在中国的金融体系中居于主导地位，尤其大型银行，作为货币政策传导的主渠道,防范化解金融风险的主战场,服务实体经济的主力军,更需要在完善治理机制和提升治理能力中发挥头雁效应。在此,我愿分享几点看法。

第一,与时俱进,完善风险管理。

防范化解风险是金融治理的基础要务,是对治理智慧的关键考验。当前,中国金融运行平稳,金融风险整体可控,但风险隐患依然存在,而且风险的生成机制和表现形式更加复杂多元。从商业银行的角度看,以前我们主要关注的是表内的信贷风险,但随着机构布局,经营边界和服务创新的拓展,我们面临的市场风险、流动性风险、交叉风险、合规风险、国别风险等防控压力也在日益增长。为此,需要我们建立全市场格局、全风险图谱、全周期管理的风控体系,做到既管好表内,又管好表外;既管好境内,又管好境外;既管好增量,又管好存量;既抓好预防,又抓好处置;既防黑天鹅,又防灰犀牛。坚持底线思维,统筹发力,才能打好防范化解金融风险的攻坚战。

第二,聚焦实体经济需求。

在对2008年国际金融危机的反思中,首要的一条就是金融发展不能脱离本源,搞过度创新和体内自我循环。这个本源就是实体经济,缺少实体经济的厚实支撑,金融繁华只会是虚胖,金融服务实体经济应该成为全球金融治理的一个核心价值观,这是我讲的第二点。

第三,坚持开放与合作。

以开放促改革,促发展,是我国现代化建设的成功实践。当前中国金融业对外开放的步伐明显加快,这既有利于将中国金融治理经验与全球共享,也有利于我们在加强交流与合作的进程中学习借鉴成熟经验,深化改革,实现自身高质量的发展,既促进全球市场机遇的挖掘和共享,也为完善全球金融治理贡献我们的力量。

第四，夯实数据治理基础。

大数据不仅是一种技术创新，也是一场治理变革，银行数据治理不仅是提高自身经营管理质效的战略需要，同时也是宏观金融治理的重要基础设施。拿工商银行来说，我们从2007年开始建设企业级的数据仓库和集团信息库两大数据基础平台，实现了所有信息的集中，在数据积累方面具有独特优势。通过数据的整合治理，既提高自身的治理水平，同时又为宏观金融治理提供良好的基础。

当今世界正处于大变革、大发展、大调整时期，完善全球金融治理有了一个良好的开端和积极的进展，但仍然任重而道远，工商银行愿与各位同仁并肩同行，为完善金融治理，改善金融供给，维护金融稳定，更好地服务实体经济做出新的贡献。

优化特别提款权货币篮子的标准和发行规则

刘连舸

中国银行行长

近年以来,在全球金融治理改革方面取得的进展,有效地抑制了金融危机的扩散。但是,其故有的缺陷并没有完全消除,仍然存在着一些不确定性。主要有三个方面:

一是治理格局方面,没有及时反应世界经济力量对比的变化。近年来,新兴市场包括一些发展中国家,它的经济总量已经占到全球的50%以上,新兴市场国家和发展中国家的金融业迅速崛起,金融体系建设不断完善,推动全球经济治理改革的需求也越来越强烈。

二是国际资本流动,缺乏有效的管理架构。2008年金融危机爆发以后,主要国家的央行通过降低利率,量化宽松等政策,向实体经济注入了大量的流动性,部分新兴国家和发展中国家的跨境资本也是大进大出,信贷过度扩张或者收缩,整个资产价格的波动也非常剧烈,全球经济的不稳定性仍然波动很大。

三是信息技术发展带来的挑战,金融与科技的深度融合,加大金融监管的难度,由于不同国家金融科技发展水平不同存在差异各国监管机构对同类业务的监管政策也有所不同,容易导致各类业务在不同国家进行监管的套利,进而对金融监管的有效性和及时性带来挑战。

既然存在这么多问题和挑战,改革就势在必行了,从目前情况来看,我对下一步的改革讲三点意见。但考虑到当前国际形势及我们面临外部环境的变化，有很大的不确定性，特别是包括中美关系的一些变化，因此在下一步我们思考整个国际全球金融治理的时候，我们可能还会有一些新的认识，有一些新的思维。但是我现在讲的还是基于我们目前的分析。

第一，我们现在要考虑到构建更加合理、平衡的全球金融治理的架构。根据世界经济格局的变化，应当及时调整，持续推动国际货币体系的改革。比如优化特别提款权货币篮子的标准和发行规则，提高我们新兴市场的份额，不断增加国际货币体系的多样性和稳定性。

第二，构筑全球金融治理的安全网，加快完善国际资本流动的监测体系，通过强化宏观审慎管理等方式，平滑金融体系的周期波动，优化应对金融危机的一揽子方案，完善全球金融的救助机制，充分发挥相关多边机构，有效防范系统性风险的作用。

第三，提高全球金融监管的一致性和约束性，紧跟金融创新和技术进步的步伐，加快完善全球金融监管的知识体系，设计前瞻性的金融监管工具，加强全球监管和金融机构之间的协调、沟通、配合，防范金融风险在全球的传染，切实提高全球金融体系的抗风险能力。前不久在天津召开的世界智能大会当中，权威专家一致认为，现代科技给我们带来了许多好处，可是也有一个脆弱性，所谓的一票否决，在这个方面已经引起了我们的高度关注，就是技术带来的一票否决，会带来毁灭性打击，我们还是应该有一些底线的思维需要应对。

中国银行作为全球化、综合化经营程度最高，持续运营超过100年的中资银行，我们将积极参与全球金融治理进程。一方面，我们要按照国际惯例、国际最佳实践来发展我们的业务，严格控制风险，确保合规经营。另外一方面，我们要在"走出去"过程当中使更多的中国比较先进的更佳实践介绍到国际上，得到国际上的认可，为全球金融治理做出新的、更大的贡献。

要以二次入世姿态推动金融高水平开放

刘桂平

中国建设银行行长

今年是国际经济,特别是中美经贸形势风云激荡的一年,在此背景下探讨金融开放和金融业全球治理问题有着特殊的内涵和现实意义。借此机会,和大家一起分享我的三点观察。

第一,要以更高的站位认识金融业高水平开放。

习近平总书记在不同的场合反复告诫我们,开放带来进步,封闭必然落后,关起门来搞建设没有出路。我国改革开放四十多年的实践充分证明,坚持对外开放,以开放促改革,促发展,是中国持续克难奋进的法宝,是创造经济、社会发展,中国奇迹的关键所在。从金融内在的逻辑看,其自身就具有开放、融通的属性。我国推出一系列金融业扩大开放的新举措,在国际国内引起强烈反响,这不是权宜之计,而是新时代中国金融实现新跨越的必然选择。

回顾当年入世之初,大家都担心狼来了怎么办?但实践证明,中国的金融并没有因为对外开放而丢盔卸甲,反而在同强者的角逐竞争中逐步发展壮大。我们这一代金融从业者都亲身见证了这一历程,通过对外开放,中国银行业吸收全球先进的经验为我所用,实现了经营管理理念的更新,现代公司治理的确立,风险控制体系的完善,创新发展能力的增强和员工队伍素质的提升。可以说,开放使中国的银行业更加自信,开放的元素已经融入到中国金融业的血液当中。

当前，我国经济正处于转型发展，爬坡过槛的关键时期，高质量发展需要更高水平的开放来推动，高质量发展需要高水平的金融供给和金融服务来支撑，这是构建现代化经济体系的重要内容，更是金融供给侧结构性改革的应有之意。

第二，要以更加主动的姿态推动金融高水平开放。

当前世界经济、金融格局正在发生巨大的变化，贸易体制机制改革的呼声日益高涨，西方主要国家逆全球化态势愈演愈烈，新形势下的金融开放面临着新的方向定位和路径选择。我们要以二次入世的姿态推动金融高水平开放。

一是要有更加主动的共享意识。高水平开放必须打破保护主义的壁垒，摒弃零和博弈的狭隘思维，以互联网时代开放共享的心态，打造互利共赢的生态圈，只有以共享的心态和大格局，才能把我们的朋友圈不断做大，因开放聚人气，添活力。

二是要有更加主动的合作意识。越是扩大开放，越要强调合作，且不能泛泛而交。开放市场中的金融业，不再是纯粹的竞争关系，而是竞争合作关系，要通过开放合作，各展所强，各补所需，实现互利共赢，共同发展。

三是要有更加主动的创新意识。金融开放为金融创新创造了更多的机会和条件，要勇于担当，主动作为，不断引入来自全球先进的创新要素和现代科技，培育开放创新的理念和模式，以此激发出源源不断的金融创新的源动力。

第三，要以三个能力建设支撑金融高水平开放。

无论是"引进来"，还是"走出去"，都需要我们有相应的能力作为支撑，缺乏相应的能力，"引进来"未必接得住，"走出去"未必立得稳，能否经受住来自开放带来的结构性的影响和冲击，取决于中国金融业自身的监管能力、适应能力、承受能力和展业能力。2014年建设银行成立60周年之际，习近平总书记作出重要批示，勉励建设银行要进一步增强服务国家建设的能力，防范金融风险的能力，参与国际竞争的能力，这既是总书记对建设银行新时期发展的殷殷嘱托，也是中国金融业在扩大开放新形势下稳健经营和创新发展的根本原则。要增强服务国家建设能力，四十多年中国改革开放发展所积攒的综合国力是我们进一步扩大金融开放的底气；而金融业深化改革，扩大开放将进一步强化金融对于经济社会发展的支持，提升服务实体经济的质效。金融开放既要放眼全球，更要立足于做好自己的事。聚焦于经济社会发展和更好地满足人民群众对美好生活的向往，这是金融业开放的出发点和落脚点。

二是要增强防范金融风险的能力。金融业是经营风险的行业，其经营管理水平以风险管理能力为边界，在开放的市场环境下，金融业面临的风险更加复杂，防控风险的要求更高，要全面地提升主动管理风险的能力，不断强化底线思维，增强合规意识，筑牢风险控制的底板，确保不发生系统性金融风险。

三是要增强参与国际竞争的能力。要对标国际先进的金融机构，在同台竞争中切实增强本领，通过真刀真枪的在全球的金融市场里搏杀，从战争中学习战争，在游泳中学会游泳。要以全球化的视野培养和吸引更多国际化的金融专业人才，要以宽广的胸怀实现全球经济金融的包容性增长，要以务实的态度，主动参与全球金融治理的完善，要以专业的水准在全球金融规则的重构中贡献中国智慧和中国方案。

开放的中国发展到今天，中国金融和全球金融已经越来越紧密地联系在一起，你中有我，我中有你。更高水平的推进金融开放，更加主动地参与金融业的全球治理。我国金融改革发展的道路必将越走越宽，也必将使越来越多的国家和地区，共享中国金融改革开放发展的成果。

金融供给侧结构性改革必须依托实体经济进行

李 扬

国家金融与发展实验室理事长

我们今天讨论的题目是金融供给侧结构性改革。作为一名研究者，我觉得首先我们必须对供给侧结构性改革要有比较深的了解。

从2015年开始提出供给侧结构性改革这是非常大的一个战略性的转型，因为提出这样一个战略使我们认识到，传统的我们运用货币政策、财政政策等，这些需求端的管理手段已经不能解决中国的问题，也就是说中国的问题存在于实体经济层面，存在于结构方面，存在于资源配置的效率以及路径方面。但是，我注意到，大家很容易把它理解为增加供应，如果说简单地增加供应很有可能是误入歧途。所以我们在谈金融供给侧结构性改革的时候一定要对这个问题有比较清楚的认识。

第一，我们需要了解金融和实体经济的关系，千万不要把两者割裂开来，而且要认识到在任何情况下，实体经济是第一性的，而金融是第二性的。

既然是这样，我们就要看一看实体经济和金融之间的关系如何在供给侧结构性改革方面一致起来。我们必须确认，供给侧结构性改革说的是生产要素层面的事情，它着眼于提升劳动力、土地和资本等生产要素的配置效率，着眼于科技创新及其产业化，着眼于体制机制改革，目的是提高经济发展的质量和效益。无论何时我们都不能离开这一点，不能把它简单地理解为增加供应。

金融既然是第二性的，当然，金融的供给侧结构性改革必须依托、依靠整个经济的供给侧结构性改革来确定，所以我们觉得，金融结构性改革的最终目标是通过金融结构的调整，通过金融产品和金融服务的创新，提高劳动力、土地和资本的配置效率。推进技术进步和体制机制创新，助力发展市场在资源配置中的决定性作用，助力提升潜在增长率，助力更好地满足广大人民群众的需要。

我们所以要在讨论问题之前谈一点学理层面的事情，就是千万不要把金融供给侧结构性改革理解为增加机构、增加贷款、增加产品。简单这样的话，很可能事与愿违。

在进入到这样一个根本性的差别或者根本性的战略改变之后，我们来讨论一下，金融供给侧结构性改革的着力点在哪些方面呢？我觉得有五个方面是最重要的：

第一，调整金融结构。调整金融结构要做什么呢？实体经济要我们干什么我们就做什么。我认为实体经济下一步在中国还像中央所说的，还是要进一步发挥投资的关键作用，推动国民经济结构调整。于是，为了实现这样一个实体经济结构调整的目标，我们需要在三个方面进行努力：

第一方面，要健全商业性金融、开发性金融、政策性金融、合作性金融分工合理，相互补充的金融机构体系。构建多层次、广覆盖、有差异的银行体系。大家注意到，关于金融机构体系的发展，已经和一般意义的发展商业有了很大的差别。我们现在提出四种类型的金融都要发展，协调并进。

第二方面，资本市场比以往任何时候都受到重视，所以我们要建设规范、透明、开放、有活力、有韧性的资本市场。我们现在说发展资本市场不是泛泛而谈，是全程、出口、入口、过程，也就是现在发展资本市场比以前更加具体、更加有可操作性。

第三方面，在产品和服务的种类方面，以市场需求为导向，积极开发个性化、差异化、定制化的金融产品，增加中小金融机构数量和业务比重，改进小微企业和"三农"的金融服务。大家注意，这三个"化"其实就是说我们必须根据客户的需要、发展、各种各样的非标金融产品。

我为什么特别提出这一点,是因为我们目前从去年开始所进行的金融监管的改革是在把非标标准化,我认为这是一个过程,因为金融风险非常凸现,我们需要花一些时间把中间的风险点去除。尽管我们的金融产品和服务还是非标的,但是长期的发展方向还是要个性化、差异化和定制化。

关于金融结构调整,我们第一个问题就是要把它指向我们的资本市场。但是我们需要注意,发展资本市场要考虑中国的国情。应当说,将近三十年来,我们发展直接融资、发展资本市场都有一个对标,这个对标基本是美国的模式。回过头来看,不太成功。但是我这里面列举了这样一些事实,希望大家注意这个事实。就是中国的金融机构承担了中国资本形成的重任。

我们的数字显示,2019年4月,中国存款类机构,本外币国内贷款144万亿元人民币,其中中长期贷款89万亿元,占国内贷款总额的62%,这个数字非常高,要是外国人看了一定会认为你这里面充满风险,这在世界上是绝无仅有的。作为对标,美国的十大银行贷款总额是15.045万亿美元,其中中长期贷款5.152万亿美元,占比30%。

我们把这样中长期贷款中与房地产、住房贷款都剔除的话,情况更明显,中国金融机构提供给工商企业的中长期贷款为54.21万亿元人民币,占全国贷款之比是37.5%,而美国降为0.334万亿美元,占全部国内贷款之比为2%。这就看出了金融结构的差别。举出这个差别,下一步满足金融机构改革的需要,满足庞大的投资需求,我们恐怕还需要机构,即在三中全会决定当中说的四种机构并举共同发展的问题。

第二,金融供给侧结构性改革要管理好金融风险。大家注意好,管理风险和稳增长之间存在着一个此涨彼消的关系。大家注意这样三个表述:

一是实体经济健康发展是防范化解风险的基础。什么时候都不要忘了,防范化解其金融风险是不可能无本之木,不可能无源之水,最根本的是要把实体经济搞好。

二是要在稳增长的基础之上防风险。也就是稳增长和防风险之间相比，稳增长在多数情况下是占优的。

三是支持推动高质量发展中防范化解风险，高质量发展和防范化解风险，高质量发展是占优的。

我们给大家提供一下我们在四天前我们国家金融与发展实验室公布的最新的中国的杠杆率报告，我们的研究显示，第一季度，中国的实体经济部门的杠杆率提高了5.1%。照这个趋势发展下去，全年增加10%是没有问题的。我们看到在前两年中国的杠杆率已经稳定的情况下，今年一季度出现了跃增，这就是我前面说的，稳增长和防风险之间的这两个战略之间的一个取舍，有了明显的向稳增长倾斜的趋势。这样我们就要对我们的发展问题、风险问题以及在这种情况下如何更好地把风险控制在一个水平上提出了更高的要求。

第三，金融供给侧结构性改革我们很重要的任务是为市场在资源配置中发挥决定作用创造条件。这里面我们说主要体现在三个方面：

第一方面还是我们说的三个"率"，利率、汇率、国债收益率曲线的有效形成是金融供给侧结构性改革的重要任务。因为它决定了我们市场是不是能够获得准确信息，决定了我们市场是不是能够有效地配置资源。因为这样一些参数如果不准确的话，会误导资源配置。

第二方面，我们需要竞争中性原则，2018年以来，我们财经高官已经多次说过中国实施竞争中性原则。

第三方面，各种各样的基础设施，这都是金融供给侧结构性改革的内容。

第四，我们大力发展金融科技。这里我特别想强调两点：

第一点，无论是经济还是金融，和我们说到的供给侧结构，科技无论什么时候都是主角。所以，如果我们在实体经济领域科技的产业化是我们的重点，在金融领域中，发展金融科技也是我们的重点。

第二点，我想强调的是，金融科技我自己的观察有被泛化的一种危险。我们在这里要特别强调我们发展金融科技，你要解决真问题，不能成为泡沫，什么是真问题呢？你要能够解决信息不对称问题，你要能够提升整个金融业的信用基础，你要能够为监管当局提供各种各样经济活动流转的轨迹，你要能够让所有的金融业的参与者能够非常准确、及时地表达自己的偏好。最后，你要能够降低金融服务的成本。我觉得金融科技在中国已经方兴未艾，但是必须注意，不要让它走到前几年的那个互联网金融的老路上去。

最后，当然金融供给侧结构性改革少不了对外开放，但是对于对外开放我们不只说，我们必须知道，对外开放是手段，不是目的。所以我们要根据国际经济金融发展的形势变化，要根据国内发展的需要确定我们对外开放。在这个过程中，我们要注意提高我们的竞争能力，我们要注意防范风险，我们要注意参加国际金融体系，特别是国际全球金融治理体系的改造。只有这样的话，我们在日益全球化的金融体系下才能立于不败之地。

总之，金融供给侧结构性改革是新战略，我觉得对于这样一个战略，首先必须清晰地理解它，在理解的基础上，然后确定我们的发展方向，如果是这样的话，中国金融业效率的提高是指日可待的。

"一带一路"对英国金融机构是个重要机会

马修·劳斯

英中贸易协会总裁

在过去的一年里,中国在金融业开放方面取得了较大的进展,自从2018年4月,习近平主席在博鳌亚洲论坛上宣布中国将扩大金融业开放的政策以来,多家国际知名金融机构在华扩大经营范围和开展新业务的申请获得了批准。

例如,韦莱保险经纪有限公司在2018年4月成为中国首家获准扩展经营范围的外资保险经纪机构,瑞士银行对瑞银证券的持股比例提升至51%,安联(中国)保险获准筹建,将成为中国首家外资保险控股公司,等等。

金融业开放是中国扩大开放的一个重要领域,金融业的开放将促进中国金融业的竞争,为中国带来国际先进的管理经验,并提高金融业的效率。英国有着发达的金融业,伦敦是全球领先的国际金融中心,开放性正是伦敦金融业持续发展的重要因素之一。伦敦的银行数量居世界城市首位,其中外国银行近500家,伦敦是世界上最大的国际保险中心,共有保险公司800多家,其中170多家是外国保险公司的分支机构。伦敦是世界上最大的国际外汇市场,每日在伦敦进行的外汇交易额高达2.7万亿美元,伦敦也是亚洲以外最大的离岸人民币交易中心。

中国经济的转型升级和金融业的进一步开放,意味着英国的金融机构有更多机会参与中国市场。我相信,英国在行业监管、项目融资、风险管理、绿色金融和法律服务方面的丰富经验,将为中国的金融业发展带来宝贵的经验。我们留意到了，在中国释放进一步开放金融业的信号之后，多家英国的金融机构，特别是资产管理公司和保险公司，正在积极地考察中国市场，计划进入中国扩展业务。

我认为，对于英国的金融机构来说，"一带一路"倡议就是一个重要的机会，英国愿意成为中国"一带一路"项目的合作伙伴。"一带一路"项目执行过程中需要的金融和专业服务，正是英国金融机构的强项。事实上已经有不少英国公司与中国公司在"一带一路"沿线开展合作，这一点在英中贸易协会之前出版的"一带一路"报告中都有所体现。英中贸易协会积极推广"一带一路"倡议，已经出版了"一带一路"报告。最新的报告中介绍了包括金融在内的英国服务业。该报告在2019年4月"一带一路"国际合作高峰论坛期间正式发布，英国财政大臣哈蒙德见证了报告的发布。包括英国在内的金融机构仍然面临不少的挑战，包括以下几个方面：

第一，市场准入和审批。外资金融机构仍然面临较高的业务准入门槛。例如外资银行在申请相关业务牌照时经常面临较高的资本要求，这类要求对于许多本地的中资银行而言较容易满足，但是本地注册的外资法人银行通常采用轻资产的模式，故较难满足相关资本要求。此外，外资银行的业务中间，通常为跨境业务，但有一些准入或者是审批制度，例如合格境内机构投资者QDII额度的批复，更多的考虑申请机构的本地业务。我们希望监督机构未来在审批过程中，能充分考虑外资银行的业务特性，鼓励外籍金融机构发挥其专长，协助本地机构和个人客户，把握国际市场机遇。

第二，债券市场的开放。截至2018年末，中国债券市场余额达86.39万亿元人民币，位居世界第三，仅次于美国和日本。但是在中国债券市场投资的境外投资机构的数量为1186家，投资的规模仅为1.73万亿元人民币，仅占整个市场体量的2.3%。同时，2018年净流入中国债券市场的外资规模为1000亿美元左右，占新兴市场的80%，反映了境外投资者配置人民币资产的强烈需求。中国债券市场吸收的来华投资主要是境外央行等机构，长期资产配置为目的的资产流入，未来境外资本流入仍具有较大的提升空间。

第三，目前世界经济面临前所未有的变局。全球金融治理体系也面临新的挑战，英国的脱欧谈判还在进行当中，英国政府的愿望是把脱欧后的英国打造成为一个外向型的、包容的、支持自由贸易的、全球化国家。这些和中国政府的愿望不谋而合。中英两国应该继续密切合作，并与其他各方一道，加强宏观经济政策协调，完善全球经济治理，推动实现全球经济可持续平等和包容增长的共同目标。

中英两国有着高级别的对话机制，中英经济财金对话就是其中之一。第十届中英经济财金对话将于下月在伦敦举行，英中贸易协会也将参与其中的部分工作。我们有理由相信这次对话将为中英金融领域的合作提供新的契机。让我们期待中英金融领域合作更美好的未来，英中贸易协会愿意同与会的机构和嘉宾一起为推动两国更密切的合作做出自己的贡献。

中国将超过日本成为世界第二大债券市场

大卫·曼

渣打集团全球首席经济学家

现在我们完全可以看清未来几年中国所面临的外部风险。我们意识到当前从经济和政治的双重角度来看，世界上最重要的大国关系就是中美关系。我想首先跟大家分析一些好消息。

首先一条好消息就是从市场交易的角度分析，中国贡献了世界增长的1/4，并不止于此，我们了解全球GDP增长的时候，考虑的是市场的交易率或者是购买力。2019年，我们对全球经济增长3.5%的预测是基于这些工具的。现在我们把这个增长分解开来看，中国是对全球GDP增长第一大贡献的国家，它几乎贡献了全球增长的1/3。处在第二位的，是除了中国和日本之外的亚洲其他地区之和。也就是说整个亚洲的贡献，是60%，其中30%又是中国。所以从国际角度，认为中国经济会硬着陆的话，毫无疑问这是不会发生的。我们看到如果中国经济硬着陆，全球经济也会硬着陆，中国经济增速全球经济也会增速。所以我们应该考虑到，如果从金融行业发展的角度，以积极的视角看待这些问题，根据今年我们的预测，中国将会超过日本成为世界上第二大的债券市场。第一是美国，中国将增长成为第二。随着越来越多的外资涌入，我们将会看到主要是来自于私营部门的海外的2800亿美元的资金将会流入到中国的债市，这是截至2021年的数据。仅仅是2019年，将有数以千亿计的资金流入。我们看到全球化处在这样的十字路口，而中国目前依然坚持自己的开放态度。

当然同时我们也要承认，目前存在更多的挑战，需要进一步开放金融市场允许更多来自外资金融机构的竞争。从这个角度我们看到其他方面的挑战，包括人口老龄化问题，到2020年，这是整个亚洲面临的问题。我们也看到，中国经济增速到2020年可能会降低到6%以下，但依然会有800万大学生毕业。到2030年，中国将会有27%的劳动力拥有大学文凭，同德国达到了同样的水平。这将使中国未来的增长更为积极，尽管刚才有如此多的负外部性。

我们对2019年中国增长的预测是6.5%，我们看到中国政府已经宣布了一项财政刺激政策，也看到中国已经准备好继续中美贸易谈判，不论其结果如何，都要做好准备稳增长。

我们也看到信贷发展的趋势，数年前信贷泡沫的发展模式，目前已经得到一定程度上的遏制和改变。

在我总结之前还想提到的就是：第一，我们见到石油天然气的价格可能会带来一些风险。第二，中美贸易战。第三，货币政策过去十年一直都是全球经济的救世主。我在这里想向大家展示一下放量宽松刺激政策，从扩表的角度，欧洲央行、日本央行和美联储等等这些主要的央行都是什么样的表现。从量化宽松的角度来说，其实出现了资产价格的一些溢价。到2018年年初的时候，量化宽松的大山终于被我们慢慢移除了，我们开始更关注于资金的流动，我们开始去准备更多的空间能够吸收这些负面消息。对这些主要的央行来说，我们看到主要的量化宽松都达到了结束的时刻，出现了更为中立的货币政策。美联储也在讨论加息的可能，可能去年我们就已经看到了这样的苗头。在未来，当我们提到金融稳定性、金融风险的时候，我们需要考虑的就是量化宽松的时代也许将会出现一个延续。我们将会处在一个矛盾的世界，传统的利率为主导的货币政策在未来的价钱市场当中将不会起到那么大作用，甚至在一些新兴市场当中也是如此，他们可能将会开始采用一些非传统的货币政策，诸如量化宽松，等等。从这个角度来说，使用量化宽松的确引导我们看到市场当中出现了一些波动，出现了一些泡沫的破裂，等等。如果我们看一下美国增长的路径，我们看到美国今年可能会降到2.3%的增速，明年会降到2%以下，在2021年远低于2%。对我们来说，除了美国的财政刺激政策逐渐的消解，也看到美国华盛顿政治的瘫痪，使得美国政府采取行动变得非常困难，基础设施老化也会成为一个问题。美中贸易战究竟会走向何方？每个经济的彼此依存度，中国的国内生产总值有多大程度上是美国的需求支撑的，过去10年从6%降到3%，减半了，对美国依存度将会继续进一步降低。同时我们也是看到直接和非直接的贸易贡献对美国经济贡献率是1%，我们需要关注的就是如果在未来没有贸易的话，的确将对我们的经济造成影响。

二十国集团峰会还有几周时间就要召开了，我们将会看到最终贸易谈判出现一些积极的走向，也许这个积极消息来得太晚了。但是大家也不能盲目认为这种乐观的情况一定会发生，贸易战对双方来说绝对都是双输的，我们必须要对世界上最重要的中美经济关系找到一个妥善平衡的处理方式。我们看到目前中国已开始寻求其他国家的市场份额了。这对全球经济，对大家的情绪来说都是非常不利的一件事。大家对中美贸易战都忧心忡忡。我们需要从全球经济增长这个角度去解决这些问题。

我最后的观点就是，正如我在之前提到的，我们信贷的密度，我们看到一系列风险与它有关。它同中国国内生产总值之间的关系，在2019年早些时候是变得更密切了。对大家来说，财政政策现在开始承担稳增长的责任，我们没有看到在此之前这些年出现的信贷泡沫，也就意味着从系统风险管控的角度来说，它已经得到了相当程度的重视，很多情况下，就是由于使用这样的信贷方面的刺激可能会带来一些巨大的风险，所以目前使用这种工具的时候，政策制定者非常谨慎。

最后我想强调的是，我们非常希望看到贸易战最终能够得到解决，我们也在关注是否这种解决能够在6月底就达成。如果看到的话，对大家来说未来都是非常美好的。我们也看到,正如我刚才开始讲的时候提到的,亚洲对全球经济的贡献,尤其是中国对全球经济的贡献是如此重要,所以贸易战的结束非常重要。

第三章
优化货币政策调控,维护金融稳定,推动经济高质量发展

相对慢一点的货币增速可满足经济发展的需要

孙国峰

中国人民银行货币政策司司长

习近平总书记在中央政治局第十三次集体学习时指出,要正确把握金融本质,深化金融供给侧结构性改革,这次论坛以深化金融供给侧结构性改革,推动经济高质量发展为主题,很有意义,也很及时,下面我就优化货币政策调控,防范化解风险,推动经济高质量发展谈一些想法。

金融重要性体现在服务实体经济上,实体经济是基础,是重中之重。深化金融供给侧结构性改革要以服务实体经济,服务人民生活为本,货币政策调控要围绕供给侧结构性改革这条主线,抓住完善金融服务、防范金融风险这个重点,增强金融服务实体经济的能力,推动经济高质量发展。

首先,货币政策要为供给侧结构性改革和经济高质量发展营造适宜的货币金融环境。今年政府工作报告提出,稳健的货币政策要松紧适度,广义货币M2和社会融资规模增速要与国内生产总值,名义增速相匹配,以更好地满足经济运行保持在合理区间的需要。与往年相比,这个提法第一次将M2和社会融资规模增速与名义GDP增速相挂钩,为我们判断稳健货币政策是否松紧适度提供了一个衡量标准。稳健货币政策力度把握是否合适,主要看货币条件是否与保持经济平稳增长,与物价稳定的要求相匹配,要保持宏观杠杆率的总体平稳,结构优化,既避免货币政策失之于松,导致宏观杠杆率过快上升,新增债务过度扩张,也避免货币政策失之于紧,导致货币政策信用收缩,全社会信用收缩,金融存量债务兑付压力过大。过去很长一段时间,在相对较高的储蓄水平和以间接融资为主的融资结构下，住房货币化和金融深化，以及对出口和投资的依赖等因素的影响，我国M2增速往往高于名义GDP的增速，近年来，随着我国经济从高速增长转向高质量发展，经济增长更趋于"轻"，住房货币化、储蓄结构、融资结构等结构性因素也在发生变化。相对慢一点的货币增速，可以满足经济运行保持在合理区间的需要。同时，货币政策也通过更多建立激励相容机制，运用市场化手段调动银行积极性，提升金融服务实体经济的意愿、能力和效率。

在总量稳定的基础上，更多的在优化结构上下功夫，具体来看，去年以来，我们主要围绕缓解银行货币创造面临的资本流动性利率三大约束开展了工作。在信用货币制度下，银行是货币创造的主体，是货币政策传导的中枢，与企业、居民、政府部门存在预算约束的情况不同，银行通过贷款创造存款，也就是货币、资产负债同时增加，自求平衡，理论上是没有预算约束的，银行资产规模可以无限扩大，创造货币。但为了保持宏观经济的平衡以及金融机构的稳健经营，金融机构，特别是银行在资本、流动性、利率等方面也有约束。2018年，针对社会信用收缩的压力，人民银行通过市场化手段，着力缓解银行信贷供给面临的三大约束，调动银行信贷投放的积极性。一是通过降准中期借贷便利操作，创设定向中期借贷便利等增加中长期流动性供应，保持市场经济平稳运行，缓解流动性约束。二是以永续债为突破口，推动商业银行多渠道补充资本，以提升放贷能力，并创设央行票据互换工具，助力永续债发行，缓解资本约束。三是更注重价格型信号及其传导，完善市场化的利率形成、调控和传导机制，研究推动利率逐步两轨合一轨，缓解利率约束。

总的来看，这些措施取得了较好的效果，银行作为货币创造中枢的作用得到发挥，政策传导持续改善，促进了货币信贷和社会融资规模的平稳增长避免了金融和实体经济的竞相收缩。

第二，在保持总量稳定的基础上，人民银行着力创新和运用结构性的货币政策工具，疏通政策传导机制，加大金融对实体经济，特别是民营和小微企业的支持力度。近年来，人民银行坚持金融服务实体经济的根本要求和市场化原则，结合我国国情，探索和创新了符合中国实际的货币政策工具，形成了有中国特色的货币政策工具箱，其中结构性的货币政策工具的创新和运用，是重要的体现。应当看到，货币政策的总量功能和结构功能是分不开的。总量功能是结构功能的前提，管好总量，才能为优化结构提供一个良好的货币金融环境，如果总量管不住，就会导致结构扭曲的固化。

调结构有利于提高宏观资金使用效率、盘活资金的周转运用，更好地发挥存量货币的作用，减少对新增货币的需求，有利于控制总量。同时，结构引导有了成效，信贷资源也能流向更有需求，更有活力的重点领域和薄弱环节，撬动金融资源的社会效益和经济效益，提升社会福祉，实现更好的总量调控效果。近两年我们出台了比较多的结构性支持措施，通过设计激励相容机制，有效引导金融机构行为，加大金融对实体经济，尤其是民营和小微企业等国家重点领域和薄弱环节的支持力度。比如通过定向降准工具，强化相应考核，引导降准资金流向民营、小微企业等普惠领域，实现精准滴灌，通过再贷款，再贴现等工具精准有效地支持三农，支持扶贫，支持小微企业。2018年12月，我们还创设了定向中期借贷便利，中期借贷便利工具，以优惠利率对金融机构支持民营和小微企业提供长期流动性，操作规模与金融机构，民营和小微企业贷款相挂钩，以先贷后借的报账制方式发挥正向激励作用。

除了信贷工具之外，人民银行还创设了民营企业债务融资支持工具，并研究设立民企股权融资支持工具，支持民营企业融资三箭齐发。这些工具在兼顾总量的同时更加注重结构引导，把着力点放在优化信贷结构，换届融资难，融资贵这一"卡脖子"问题上，更加精准有效地引导金融活水流向中国经济最有活力的地方，有助于增强经济内生增长动力，更好地支持经济结构调整和高质量发展。

实践证明，有中国特色的货币政策工具是行之有效的，金融机构对民营小微企业的支持力度明显提升，融资成本也有所回落，对冲了经济下行的压力，经受住了外部冲击的考验。在货币政策发力的同时，我们注重发挥货币、财税、监管等政策的合力，强化预期引导作用，加强与市场的沟通，及时回应市场关注焦点，提升央行信誉，这些也都是为了疏通货币政策传导机制，更好地支持实体经济。

第三，也是最重要的一点，进一步深化金融供给侧结构性改革，用改革的办法优化货币政策调控，完善金融服务，防范金融风险。面对各种不确定性的挑战，最重要的还是要做好我们自己的事情，金融方面最主要的着力点，就是要深化金融供给侧结构性改革。习近平总书记提出要以金融体系结构调整优化为重点，优化融资结构和金融机构体系、市场体系、产品体系，为实体经济发展提供更高质量、更有效率的金融服务。我理解金融供给侧结构性改革有三个要点：一是从供给侧入手，以服务实体经济，服务人民生活为本，大力改善金融供给能力，提升金融供给效率。二是从结构性入手，要以优化结构为重点，从制度上激励金融机构加大对民营和小微企业等国民经济重点领域和薄弱环节的支持力度，三是从改革入手，运用改革的办法推动金融体系结构优化，提高金融服务实体经济的能力。

在金融供给侧结构性改革方面，人民银行已经开展了不少工作，一是以银行永续债为突破口，补充资本，人民银行会同有关部门，在现行法律监管和会计准则框架下探索出一套可行模式，加快推动银行永续债发行，增强银行服务实体经济的可持续能力。同时，人民银行还创设了央行票据互换工具（CBS），并将合格的银行永续债纳入央行货币政策操作担保品范围，为银行发行永续债提供流动性支持。

2019年1月，成功发行首单银行永续债以后，人民银行业配套开展了央行票据互换操作，对改善市场预期发挥了重要作用，我们注意到近期有的银行的永续债已经获批，还有很多银行也都陆续公布了永续债的发行计划，银行资本补充工作正在有序推进。

二是确立三挡两优的存款准备金率政策框架，2019年5月6日，人民银行宣布对聚焦当地，服务县域的农村商业银行实行较低的存款准备金率，建立了对中小银行实行较低存款准备金率的政策框架，这是用改革的办法优化金融体系结构，有利于处理好总量和结构的关系，增强服务县域中小银行，服务民营和小微企业发展的资金实力，同时也使得法定准备金率制度更加透明简单。

三是深化利率市场化改革，完善汇率市场机制，发挥好利率和汇率作为资金要素的内外部价格的作用，处理好内部均衡和外部均衡的平衡，继续深入推进利率市场化改革，完善央行政策利率体系，推动利率逐步两轨合一轨，稳步深化汇率市场化改革，发挥汇率调节国际收支和宏观经济自动稳定器的功能，稳定市场预期，保持人民币汇率在合理均等水平上的基本稳定。

总体来看，以服务实体经济为根本要求，我们在优化货币政策调控，防范化解风险，推动经济高质量发展方面做了诸多工作，也取得了积极成效。2019年以来，广义货币（M2）和社会融资规模增速与名义国内生产总值增速基本匹配，总体上力度得当，松紧适度，以适度的货币增长支持了经济的高质量发展。信贷结构进一步的优化，金融对实体经济，尤其是民营和小微企业的支持力度明显提升，金融供给侧结构性改革取得进展，并将持续推进。当前世界经济形势错综复杂，外部经济环境有不确定性，从国内来看，随着供给侧结构性改革不断深化，经济运行总体平稳，韧性持续增强，新旧动能转换加快实施，宏观杠杆率保持稳定，金融风险趋于收敛，但也存在一些结构性、体制性的问题，经济内生增长动力还有待进一步增强。面对这些内外部挑战，货币政策应对空间充足，货币政策工具箱丰富，人民银行将继续实施好稳健的货币政策,根据经济增长和价格形势变化及时预调微调,保持流动性合理充裕,用好和创新有中国特色的货币政策工具箱,疏通政策传导机制,强化落实支持实体经济和六稳的要求,不断深化金融供给侧结构性改革,切实增强金融服务实体经济的能力,推动稳健货币政策,增强微观主体活力和发挥资本市场功能之间形成三角良性循环,促进国民经济整体良性循环。

经济高质量增长需要一定速度,但不追求高速度

赵全厚

中国财政科学研究院金融研究中心主任

坦率地说对货币政策这方面,我们从财政角度研究的比较多一些,这是我们研究的一个局限性的问题。我今天主要谈一下货币政策在面向高质量发展的过程中,从我们的研究者角度来看应该需要从哪些方面来着手的问题。

从现实目的出发,推动经济高质量发展,对货币政策来说要和货币政策的职能、货币政策的目标相互结合起来。经济高质量增长首先要保证一定的速度,高质量要有一定的速度,我们不追求高速度,但高质量仍然与这个一定的速度有关系。所以,货币政策的总量政策还是非常重要的。应该说总量政策是结构性政策的前提,我非常认同这个观点。

这几年,中国的货币政策在面对中国经济发展的转型过程中,从高速增长转向一个高质量的发展过程中,实际上货币政策进行了不少创新。但是通过这几年的政策实践来看,我们觉得有一些地方需要在新的环境下进一步创新。

党的十九大提出,我们面临的是发展不平衡、不充分的问题。发展不平衡、不充分的问题应该首先从问题导向出发,从现实情况出发,解决这些问题。这些问题也是货币政策从宏观上,总量上和结构上应该考虑的问题。比如说面临着中小企业,特别是民营中小企业融资难、融资贵的问题,这实际上也是一个发展不平衡的问题,也是不充分的问题。这些方面的问题,有中小企业天然的信用的弱点,也就是货币政策从总量政策角度来看,如果不加

以进行调整，进行革新的话，很难解决这方面的问题。这不只是中国的问题，也是世界性的问题。

第二个问题，我们高质量发展动能转换需要高质量的支撑点，比如说科技的创新和转化的问题。这些方面的问题实际上也与金融有关系。金融政策、货币政策能不能惠及这方面，能不能指导这些方面，也是我们下一个增长点的问题。一个是我们说扶危救弱的问题，一个是高质量提升的问题，涉及经济的高质量发展和我们就业这方面拧合在一起的问题，这个是我们面临高质量发展和我们平常发展过程中要有限解决的问题。结合供给侧结构性改革，我们还要考虑怎么让中国目前的国有金融资源更加富有效率，货币政策执行更加灵性，谈到怎么通过改革，货币政策的传导机制和传导目标更能够贴近的问题。这些问题可能是我们下一步在改革创新中，货币政策的总量和政策都要考虑的。

与之相关系的，促进经济高质量发展的过程中肯定是可持续的发展，如果经济发展不可持续了，高质量的发展也就不能实现。所以货币政策和它的本源的政策目标来说也是维护货币稳定、金融稳定，既要促进高质量解决不平衡、不充分的问题，又要解决新旧动能转化支持力度的问题，还有防风险的问题，这些货币政策在改革创新过程中都应该加以考虑，而且要考虑相互的政策目标之间相联系的问题。

这三个问题之中我首先谈第一个问题，就是中小企业融资贵的问题。

融资难和融资贵看上去是连在一起的，但实际相互之间是有区别的。我个人认为，融资难可能在整体防风险的过程中，目前更胜于融资贵。那么融资贵也有可能把很多成长性中小企业排斥在金融的供给范围以外，但是融资难是解决流动性风险的问题，当前的问题应该考虑到从去年下半年以来，实际上货币，包括其他相关金融政策，主要着力于在融资难方面，2019年以来，从供给侧结构性改革来看，实际解决融资贵的问题。

这两个问题可能是目前困扰着我们整个经济发展的问题，我们中小企业的代表性比较强，有五六七八九说，50%的就业，我可能说得不准确，企业数是90%，这么大的代表面，也是创新的活力所在地，解决中小企业的问题也是从2017年以来想解决的问题，包括孙司长也解释了货币政策在解决融资难、融资贵，中小企业有很多创新的地方。我感觉，货币政策解决创新的过程中实际上应该考虑到一些其他方面的问题，货币政策的解决，我们用很多的降准等措施解决的过程中，是不是能够解决小微金融或者中小金融企业的资金足与不足的问题。降准只是在存款的基础上进行适当存款准备金优惠的问题，但是本身中小企业存款资金来源不足的问题也是需要考虑的问题。我觉得这是第一个问题。

第二个问题，在中小企业发展的过程中，实际上我们政府财政政策也给了很多的导向，以及中小企业融资这方面的政策支持，近几年来，财政在配合金融方面的机构这方面支持的过程中实际上也存在一些问题。我们认为，与其加大财政对中小企业融资的支持创新，这些方面的创新我们会进一步完善，力度会进一步提高，还不如更多地考虑我们怎么能够放开搞活金融，把金融的开放度进一步提高。比如说面向民营资本的金融的开放问题，只有小微金融的茁壮成长起来，交易成本低，服务半径小，这样的话利用信息优势，它的信息输入多，这些方面要考虑，货币政策过程中与金融执行度，金融的开放度，这方面要连在一起，否则的话光货币政策去做，有可能在金融体系内部积累一定的风险，这个是要考虑的。

要充分利用互联网金融的优势，互联网金融这几年在中国发展起波折的问题。互联网金融原来是野蛮式增长，到了现阶段我们比较规范。互联网金融的规范发展和进一步的有序的利用高新技术这方面的结合过程中，利用大数据结合的扩展的过程中，互联网金融对普惠金融作用，对整个小微企业扶助这一块应该考虑支持力度大一点，这样货币政策的执行力、传导力可能更有利。

恐怕在面对中小企业信用低的问题，货币政策更好地发挥作用，又能够防范有效的风险，需要政府的政策性融资担保体系助力，这样就面临一个信用的嫁接的问题，这样有效解决中小企业的融资难、融资贵问题，让货币政策的力度在它一定的范围之内能够执行，不能过度使用这样的工具，过度使用工具，对货币政策本身也可能是不公平的问题。

还有面向高科技的问题。中国要想摆脱中等收入陷阱，要想解决新旧动能转化的问题，必须要提升我们产业的技术水平和转换能力。在这提升转换过程中，需要大量的资本的涌入，在资金涌入的过程中，我们现在最缺乏的是风险资本。风险资本在形成过程中，货币政策和风险资本怎么能够对接？我们感觉还是需要一些传导机制。风险资本如果能够在中国得到有序的、强劲的发展，同时伴随着我们的科技孵化、创新成果的转化，这些自主创新能力的提升，这些我们可以看到这方面的政策应该在结构性货币政策也好，在其他方面的货币政策也好，要给予考虑的问题。

一般的情况来看，单个资本基金如果积累不够的时候，更多考虑一个聚合效应，这种聚合效应更多是要考虑到金融市场。我们金融市场现在有面向科技的板块，包括我们今天搞的科技版。这些过程之中，有没有在探讨货币政策对这方面的对接的问题，这是一个应该考虑的问题。这是我们解决的两个不平衡的问题。

第三个问题，货币政策在执行过程中也要考虑整个风险防控的问题，因为货币政策的执行对经济的持续发展，对金融的稳定还有重要的作用。只有解决好防风险的问题，在防风险的额度之内，货币政策的总量，结构政策才能有效发挥。以风险为底线，这几年我们守住这个底线的过程中，也是货币政策创新受到一定局限性的原因，下一步应研究风险防范和金融稳定与推动高质量增长的关系，我希望做更多的事情。

需平衡经济发展与短期金融稳定的关系

坦南鲍姆

北美信托银行执行副总裁兼首席经济学家

我想先来讲一讲中美之间的经济关系，讲一下我们双边的未来。我主要要讲的就是关于强劲的增长和高质量增长之间的平衡，而且作为央行，我们怎样能够提供一个更加平衡的工具。我在2012年到2018年之间一直在央行工作，所以在这样的平衡之间也看到了一些问题。从2008年和2018年两个《经济学人》杂志封面，我们可以看到这十年之间，我们已经完成了什么样的事情，还有多少事情是等待我们去完成的。在这期间，我们从过去金融危机的循环当中，也学到了很多的教训，我想要再次提醒大家，因为有些时候，我们会忘记过去的这些非常严峻的教训，我们全球的一些监控者，自从金融危机以来，一直在做着一些事情。

首先第一点，就是在对金融相关的公司，提高他们的资本要求，同时这也使得风险管控得到更好的控制，保证在经济不稳定的时期，不会为经济添加更多的压力。与此同时，我们也看到有一些金融产品有了更好的管控，有更多数量的金融产品，以及金融的衍生品交易，都被非常细致的管控起来，有非常仔细的追踪。同时也看到有一些管控的不确认性，也已经得到了控制，而这些都是曾经使得我们产生一次又一次金融危机的原因。但是现在重要的一个问题，是如何能够保证这些货币相关的政策，以及他们这些管控的组织和部门，能够让所有的东西全部都在平衡的状态之下。有一些中央银行，他们都想要进一步去确认，在控制好金融问题的同时能够保证我们在经济上有一个比较好的增长。有一些中央银行认为，他们需要将货币政策放在持续的量化宽松的政策环境下，才能保证经济进一步增长。有很多全球的中央银行，他们都将利息保持在零以下，现在比起十年之前通货膨胀有了很大的提高。

我们看到，对于一些情况不太好的借款人来讲，他们现在从银行获取借款的要求是非常之低的，这是因为我们的利率非常低引起的。一边是宽松的货币政策，一边是低利率，这就出现很大的问题。同时我们也看到，在家庭贷款方面，未来几年当中，政府也需要对家庭的整体贷款有更好的管控措施。现在家庭贷款比起十年之前有了一些好转，但是仍然需要我们进一步仔细追踪。现在在中国，我们已经看到了很多的努力，在我之前有很多的演讲者也讲到了，希望可以在持续性增长和高质量增长之间达到平衡，保证我们的增长未来是在一个合适的方向上的。但是在一些小型的经济体当中，他们在这两方的平衡上做的还是非常不好的，所以这也使得他们成为了下一步全球金融市场的危机之一。

欧洲央行、英国央行、美国央行，还有中国的央行，很多全球的大型央行，全部都决定在未来要继续进一步加强金融的稳定性。有一些地方比较简单，而另一些地方要保证这样的稳定性是比较困难的。我曾说过，在一些国家，他们的贷款利率比较低，发放的贷款比较多；但是有一些其他的国家利率稍微高一些，所以总共放出的贷款数字比较小。我们现在看到有一些新的产品，新的经济体，以及新兴的央行管理机构，使得这些新的、发展起来的经济体，面临着越来越多不确定性的挑战。我认为在这样的时间点当中，有可能在短期，央行需要做出一些对于市场有一些反弹性或者是不利的政策指导。但是在长期，这些政策必须对我们是有利的。同时，作为我们这些管控者，还有政策制定者来讲，也不应该受到社交媒体一些负面声音的影响。如果我们想要达成长期的目标，就必须要保证金融稳定性，以及短期金融和经济产出的平衡。金融的政策制定者，还有金融的政策相关组织，必须要仔细的来盯好这样一种均衡性是否能准确达到。

财政政策将在稳增长中扮演主要角色

邢自强

摩根士丹利中国首席经济学家

这个环节讲的是三个问题：货币政策、金融风险和经济高质量发展。我们想实现的三个目标当然是稳增长、防风险和实现经济的增质量。所以我今天就简单分析一下在实现这三个目标目前面临的一些内外经济的因素和制约，以及我们能采取的进一步改革和开放的手段。

总体来讲，我们认为要从改革和开放领域来去破局，特别是对外的开放包含了金融市场的开放和实体经济的高水平开放两个部分。实现我们稳定国际收支，推动全要素生产率的生长，以及对内的改革，包含和国企的混合所有制改革和城市化户籍制度改革，另外两个层面来进一步拉动内需，保持我们在对于供应链、生产链的竞争优势。

如果用一条主线来总结这些应对措施的话，就是从金融以及实体上继续推动供给侧改革盘活存量资金，盘活存量资产。我先简单介绍一下现在我们目前实现这些目标面临的内外环境和对货币和财政政策的一些启示。

首先，全球的经济增长周期目前是面临了较大的风险，这种风险当然部分来自于目前的外部环境变化莫测，特别是贸易摩擦层面的不确定性。这种不确定性恰巧发生在目前全球的私人部门，就是企业和消费者的信心依然比较疲弱的情况之下。所以接下来这种外部环境的不确定性、摩擦的时间如果继续维持的话，我们判断全球经济在2019年下半年和2020年上半年将面临较大的下行压力。

年初的时候，我们预计全球到了2019年年底GDP增长有3.5%，现在看起来，随着这种不确定性和贸易摩擦，可能会下行0.5%，到3%甚至更低的水平。在这个过程中，对于整个产业链条上面的各个经济体都会有影响，比如对于美国，我们的测算对他的影响是差不多GDP的0.5%。在这种情况下，美国本身的出口、企业的资本开支，以及美国的金融条件会收紧，受到冲击。当然在这个过程中，我们相信作为中央银行，美联储也会相应降息，如果这种不确定性和贸易摩擦持续的话。这是我们面临货币政策和金融风险的外部环境。

从内部角度来讲，2018年年底我们认为2019年经济是温和复苏，前低后高，我们在12月的中央经济工作会议以来采取了一系列的逆周期的政策，从我们看到的减税降费，支持民企融资，以及基础建设投资的一系列通过地方债券的手段去起稳，三箭齐发，促进企业和私营部门的信心。现在这些政策部分取得了成效，有的还在落实当中，但是我们要注意关注现在的外部环境的不确定性对企业信心的影响。很多时候，直接的影响比较容易测算，出口定单。但是间接对企业未来的资本开支和对未来的长期的判断的影响可能不是简单的数学模型可以量化。

在这个过程中，当然有必要保持逆周期操作的力度，但是我们也讲到今天的第二个主题是继续金融防风险，显然不会走过去大水漫灌的老路，这个基础上，我们认为财政政策在下半年继续会扮演稳增长的主要发力的角色。相反，货币政策可能是相对辅助性的，会配合财政发力，发债的需要，减税降费的需要，保持合理的流动性。更具体地讲，财政的宽松力度可能继续往上上一个台阶，占GDP的比例继续上升0.5%，取得稳增长的作用。但是以社会融资总量和货币条件为代表的整个货币因素的变化可能相对温和，不会重现大水漫灌。

当然也有一种担心，在这个过程中会不会使得过去两三年已经起稳的宏观杠杆率有所上升？我们认为在逆周期的操作过程中，杠杆率有所反弹也是题中应有之意，关键是控制好采取更加透明、更加合理的杠杆融资方式，比如我们的政府杠杆是非常低的，多通过地方和中央政府发债的形式，这种更为透明、可控的杠杆温和地上升是情理之中的。相反我们今年看到相对可能不大透明、有风险的杠杆渠道，比如引资银行，非标渠道的融资，目前还处于一个放缓的状态，这也显示了这轮逆周期的政策里面，财政政策为主，货币政策为辅，金融监管却保持了淡定，相信这也是下半年应对外部不确定性的继续保持的方向。

但是，更为重要的是，如果面临的是百年未有之大变局，一些外部因素的影响更加长期化，我们怎么破除目前的局面，确保跨越中等收入陷阱。确保劳动生产率的不断改进，我们认为还是从供给侧改革找抓手，特别是开放和改革两个领域可以互相促进，互为基础。比如对外开放，实体经济的对外开放有很大空间，现在很多人担心，全球的产业链是不是有一些搬迁的风险。当我们的测算表明，中国吸引全球产业链跨国的外商直接投资领域还有较大的竞争优势，不管是从我们自主的研发能力，国际专利已经成为全球第二；还是从中国整体的体量，就是我们跟世界各国的贸易体量以及在产业链里面实现的复杂程度、分工程度都是全球首屈一指的。

最后就是工程师红利，过去五年中国毕业的大学生、大专生的数量超过我们东南亚四五个竞争对手经济体已有受过高等教育的人口的存量，这只是我们五年的毕业的新增量超过人家的存量。从这些角度来讲，中国依然具有较强的优势吸引全球产业链。

从数据也可以看出来，尽管大家在讲述一些产业链逐步搬迁的故事、小道消息，但是过去十年，在中低端行业，中国的产业链也没有出现大规模的搬迁。比如中国在服装鞋帽这些好像偏低端，中国的成本越来越没有竞争力的领域，过去十年的搬迁幅度也是非常低的，这反映我们产业链的进一步优势。

而且更重要的是，实体经济实现进一步的对外开放，减少股权比例的限制，缩短负面清单，让这种准入更加容易，我们相信会进一步推动实体经济的全要素生产率。回顾改革开放40年，我们每次大规模开放背后都会引来新一轮的5—7年生产率改进的黄金期，比如1980年设计经济特区，1992年进一步加快开放，以及2001年加入世界贸易组织，所以对外实体经济的开放依然是重要的抓手。

还有一块是金融市场的开放，符合金融供给侧改革减少对间接融资，特别是银行的贷款的依赖程度，进一步改善我们整个金融的配置效率的这么一个方向。而且，从中国本质上的一个正在发生的演进来讲也非常有必要进一步开放资本账户，就是我们的经常账户正在经历一个非常大的转变，随着人口的老化，储蓄率的变化和中国经济越来越由消费推动，而并非由过去的投资拉动，我们发现中国的储蓄率在下降，经常账户的顺差逐渐转为盈余，甚至在未来几年出现小幅的逆差。这也符合很多其他经济体人口老化出现的正常的现象。但在这个过程中，我们会更加重视资本向下、吸引高质量的外资流入，来去弥补这种经常账户下的利差，实现国际收支的平衡。为什么这两年以来监管层加大对资本账户和资本市场开放的路线图、时间表的推进，进入了快车道。

我们认为人民币资产的国际化正式进入了元年，特别是从债券市场，刚才讲到的我们要发挥好这种更加透明、合理的融资渠道，比如政府债务的作用，这个过程中其实全球资本是愿意进来购买中国的债券的，盘活全球的资本流动对中国非常重要。我们的估算现实，如果不断沿着这个时间表、路线图推动金融市场的开放，未来十年每年流入的外资购买中国债券的量级每年是1000亿美元，这个量级不可忽视。

从对内来讲，国企混合所有制的改革和城市化的进一步推进，依然能够保证我们全要素生产率能够盘活我们的存量资产。比如说，大家现在感受到的随着人口的老化，我们的社保是否面临一些收支方面的压力、缺口，我们看到如果进一步实现国有资产的保值、增值，特别是我们国企的份额比例提升，国企的股权更多划归给全国社保基金，我们可以看到它将来产生的收益这块是完全可以弥补我们在社保领域潜在的收支的压力的。对中国经济来讲，最大的优势就是我们有巨大的存量资产可以继续去改革、去盘活，我们在这里统计的政府部门主权的净资产超过GDP的150%左右，其中国企资产占了将近80%，这是中国巨大的存量财富。通过进一步的混合所有制的改革，引入私人部门的战略投资者，改善它的公司治理，改革它的整个管理层的激励，相信进一步能够激发国有资产的活力和收益。

最后就是在城市化层面采取新形式的城市群拉动的手段，以及推动户籍制度、社会保障体系的改革。中国的城市化还有很大的空间，毕竟还有接近6亿的农民，包括在城市里面还有接近2亿的农民工，这个过程中我们看到互联互通、基础设施以及户籍制度、社保制度的一体化取得重大的发展，跟美国相比，中国走的城市化之路可能是更加的有效，成本更加低廉，同时人员更加节约的。

比如美国是一个车轮子上的国家，每个人每年开车的比例在不断上升，造成人员、交通、污染等问题，但是过去几年随着我们在高铁、互联互通等领域的进展，中国人的出行方式发生了翻天覆地的变化，越来越依赖公共出行，高铁、城际铁路，等等，其实成本更低、效率更高。这个过程中我们也发现，这种网络效应造成了周边的二三线城市、卫星城的生产效率和收入的改善，甚至赶超一线的核心大城市。这是中国新式的城市群发展的战略，也符合目前的长三角一体化和粤港澳大湾区的整个城市区的城市化战略的一部分。

最后我想总结一下，如果做好刚才我们说到的对外开放，包括金融市场和实体经济，以及对内的改革，包括国企改革和城市化、户籍制度的改革，我们是有望能够继续稳定中国的国际收支的平衡，推动全要素生产率的生长，拉动内需。从这三个层面来讲，确保跨越中等收入陷阱。我们的测算表明，如果全要素生产率能够保持在今天2%左右的非常健康的水平，大概到2025年之后，中国会踏入高收入经济体的行列，也就是人均GDP超过14000美元。所以，我觉得今天这个题目，金融的供给侧和实体经济供给侧来盘活存量资金，盘活我们的资产，可能是最大破局的手段和改革的方向。

第四章
调整优化金融体系结构,为实体经济提供高质量、有效率的金融服务

只有适合本国国情的金融体系才是最优的结构

肖远企

中国银保监会首席风险官、办公厅主任

经济是机体，金融是血脉，两者共生共荣，为实体经济服务是金融的天职，金融想要发挥好服务实体经济的功能，为经济高质量发展，提供金融服务，就必须有一个好的金融体系结构。我们都知道，20世纪60年代，美国有一个经济学家戈德史密斯，他写了一本书《金融结构与金融发展》，当时我在学校里面参与了翻译工作，记忆犹新。他在这部书里提出，金融结构是金融工具和金融机构的形式、性质以及相应的规模。可以说戈德史密斯他是第一个，最早系统性研究金融结构的学者，他提出金融结构理论研究以后，其他的学者后来也进行了持续的，包括到现在也都在进行研究，基本上把金融体系结构划分为间接融资主导型结构和直接融资主导型结构这两类，把这种进行技术性的定义，作为一段时间以来大家研究金融结构的一个普遍的范式。当然也很快引起了国际组织，比如说世界银行、国际货币基金组织的关注，在已有的研究文献里边，金融结构首要研究的课题，就是金融结构与经济增长之间的关系，这也是《金融结构与金融发展》这本书里阐述的，金融跟经济之间的关系，具有促进、促退和中性的作用。但是，究竟什么样的金融结构有利于企业人治和经济增长，或者说一个国家对于最优的金融结构，如果说有最优的话，金融结构应该是什么样的，对于这个问题可以说仁者见仁，智者见智，对于我们国家，要有一个什么样的金融结构，大家也有很多不同的看法。

从世界各国金融体系结构演进来看，并不存在理论上所谓的最优金融结构，不管是间接融资主导型，还是直接融资主导型，都有各自制度性的优点和缺点，也可以互补，一般认为，如果有相对完善的金融市场，直接融资、配置资金的效率更高，但是投资者也容易直接暴露在市场风险之下，发生金融危机的机率也会比较高，从历史统计看，直接融资为主的国家发生金融危机的次数远远高于间接融资为主的国家和地区，如果金融市场还不是很完善，间接融资往往在动员资金、形成规模经济、吸收和割裂风险、保障金融稳定方面，有独特的作用，但是也有缺陷，创新、驱动、效率方面会打折扣。

这方面最典型的例子，我们知道英美金融市场发展起步比较早，在历次工业革命当中，股票和债券市场都发挥了重要的作用，由于缺乏金融中介的风险吸收和隔离，市场风险暴露的冲击力和破坏力更大。1929年到1933年的大危机、大萧条，开始于股市的崩盘，也可以归因于融资结构过于倾斜。1920年到1929年，美国的普通股发行十年间增长了8.12倍，年均增长8倍，同期有6000多家银行退出市场。2008年金融危机也是发端于美国，漂流到英国。19世纪中叶和战后的20世纪，两次迅速后起赶超，对于日本和德国，可以说在一定程度上，可以归结于他的全能银行体系，就是银行主导型，规模化的资金动员能力，以及对于普通投资者更高的抗风险冲击能力。日本和德国在创投体系建设等方面反应相对慢一些，但是在新兴市场国家，还有一些发展中国家，如巴西、印度，间接融资仍然占据绝对的比例。

所以说，一国整体融资结构的安排，往往内生于经济社会体制多种因素，与这个国家所处的历史发展阶段，实体经济需要，制度体制环境，金融消费习惯，以及传统文化都有关系。金融结构还是处于变化的过程当中，呈现不断变化的上升趋势，世界上不存在一个放之四海而皆准的融资结构，我们认为只有适合本国国情的金融体系才是最优的，也才能对实体经济的发展起到积极的促进的作用。才能及时有效地防范出现重大金融风险，世界各国国家正在致力于重塑国内的金融结构和国际治理格局，大家还在致力于探索，金融结构是经济、金融规律演进发展的结果，同时也是可以塑造，可以优化的。

一般来说，包括几个方面的内涵，一是间接融资和直接融资的关系。直接融资和间接融资都是金融的本质和组成部分，二者的结构，大家现在谈的比较多的是讲其比例，不要把研究的范围局限在比例上，其实更重要的应该是其组成要素，不同的功能定位，这个比例可能还没那么重要。如果把组成要素和不同的功能定位，能够优化的话，就能满足金融消费者和投资者多样化，多变性的金融需求。

二是处理好金融资源集中与分散的关系。我们都知道，金融就是经营管理前的行业，资本天生具有逐利性，同时资本也是跟着物品和人走的，哪里有服务的标的，哪里能获取更高的收益，资本就会往哪里游走和集聚，这是规律，因此从这个意义上，金融资源天然就具有集中性特点，这也是各类型和各层级金融中心能够形成的内在的原因，之所以能够有不同层级的金融中心，跟金融资本、金融资源天生的集中性有关。但是这一集中性特点，与普惠金融发展的特点是相背的，从社会公平性角度来看，偏远乡村、小微企业、特殊群体都有金融服务的需求，而且都需要满足，这也是金融行业履行社会职责的需要。另外，金融资源还会向机构集中，使一些机构成为庞然大物，但是这样又会带来新的问题，带来什么问题呢？比如说大而不能倒，比如说金融市场风险高度集中，甚至过度集中等问题，对于大而不能倒，国际上推出了全球系统重要性金融机构名单，我们国家也有5家金融机构上了这个名单，对于全球系统重要性金融机构，提出了更高、更强化的监管标准和要求。对于金融市场份额过度集中的问题，还在探索。有些国家，前五大金融机构市场份额高达80%以上，比如说加拿大、澳大利亚，即便是美国前十大金融机构，占本国市场份额也在75%以上，我们国家前五大金融机构，占我们国家的金融市场份额35%，当然五大银行，我们是金融机构排位前五大的银行，占整个银行的市场份额是37%，占整个金融体系的市场份额35%。但是市场份额究竟在什么区间算是合理的？更有利于一个国家的金融稳定，这都需要进一步来观察，进一步研究，没有一个标准的答案，每一个国家的情况都不一样。

　　三是金融主体活跃度，也是一个关系到金融结构安排的问题。一般来说，多元化的金融体系有利于防范系统性风险，也能够促进金融效率的提高，在这方面，外资的参与度是很重要的参考标杆，参考因素，虽然外资进入一国金融体系到底能发挥多大的正向作用，还缺乏实证研究，但是可以肯定的是，外资参与对于丰富一个国家和地区金融服务的渠道、方式、范围，改善金融供给，提升金融服务效率，是非常有帮助的。我们中国过去改革开放40年的实践，也证明了外资带给我们新的经营理念，风险偏好，风险管控的技术和一些创新的金融产品方面，确实发挥了很重要的作用。比如说保险，很多保险产品和做保险的经营模式，都是外资带来的。但是外资所带来的短期和长期的风险，以及可能面临的金融失衡，也需要关注。国际上有不同的情形，有的市场高度开放，比如说有的国家，外资占比高达85%以上，在东欧一些国家，金融体系主要是外资作为主体，但是有的国家和地区，他的金融市场又是比较封闭的，外资活跃度非常低，外资在本国的金融体系结构里面，无论是从市场份额，还是从参与程度、参与深度，都是非常低的，不到1%。我们国家银行市场份额现在也只有1.6%，保险高一点，5.7%，我们的股票市场也只有2%，债券市场是2%—3%。外资的参与度也是反映了一个国家金融体系结构总体活跃度，这是一个很重要的衡量因素。但是这个度如何把握，既要尊重规律，服务这个体系的需求，同时也要做到能够防范、控制好可能出现的问题，一般来讲，一个活跃度高的金融体系，比活跃度非常低的金融体系更加有效率，也能更加满足和适应经济社会和金融消费者的金融需求，当然也更有利于金融稳定。但是，这个活跃度怎么把握，在一个国家的金融体系里面，各种机构的参与度，究竟在一个什么样的合理水平，现在缺乏实证研究。

所以总的来说，对于金融体系结构这一课题的研究，对于我们国家目前来说，具有非常强大的现实意义。政府机构和很多学者也在研究这个问题，中国究竟发展以直接融资为主，还是间接融资为主，中国的金融资源应该集中一点好，还是分散一点好，中国的外资参与度在什么样的水平更合适，这都需要我们共同来研究。现在我认为还缺乏非常系统的研究，我们需要能够更好地反映我们国家当前经济发展阶段和发展水平，我们传统的文化、我们的经济体制、我们的金融消费者习惯能够相互适应，能够形成一个金融与经济和社会发展良性循环这样一个融资体系的研究，所以这还需要我们共同探索和努力。

需重视小银行市场蕴含的金融风险

阿西亚·埃雷罗

法国外贸银行亚太区首席经济学家

过去我曾在国际清算银行（BIS）工作。我们做了大量宏观审慎的工作，包括如何能够利用这些工具维持金融稳定性。从这个角度我认为今天非常适合我们来讨论这种稳定性，并不仅仅是中国市场的稳定性，也包括全球市场的稳定性。现在已经是金融危机之后的十年了，我们看到世界各地的债务和GDP比例都在上升，也看到金融行业彼此之间的互联互通越来越强。所以我想我们今天要讨论的宏观审慎这个话题是非常关键的话题，我也感谢会议主办方给我选择了这个话题。

首先我跟大家分享的就是香港、新加坡的案例，把他们作为案例来分享一些经验，看看中国是否能够借鉴这些经验应对那些棘手的挑战，就是房地产，房价。如何能够去监控，甚至从宏观审慎政策工具的角度去避免房地产市场出现过度的波动，尤其是房价泡沫破裂这部分内容。

第二部分讲大家最关心的问题，就是了解一下中国有哪些宏观审慎政策工具。同时我也会来跟大家分享一下我眼中的中国央行做的一些工作，他们是怎么设计的？想要从哪些角度把国际的经验借鉴进来，并且中国的政策从哪些角度来说是值得我们探讨的。我们看到中国经济与世界经济的关系越来越密切了，所以有必要讨论这些问题。

首先我来讲两个城市的故事，第一个是新加坡，第二个是香港。

大家知道这些城市都是由开发商来主导的房地产市场，在两个城市建筑业发挥着重要的角色。非常有趣的就是，价格的波动在新加坡和香港之间是极其不同的，我给大家的问题是，你觉得这是由于宏观审慎政策工具的原因？还是因为新加坡就是更擅长运用他们的工具，而香港没有这么擅长运用这些工具呢？我的答案是"不是这样的"，主要的区别在于一些变量。最后让大家猜一猜，究竟这个变量是什么才造成了这种区别。

从监管者的角度来说，这些政策可能大家都比较了解，如果你不是监管者，往往是被这些政策管着，所以你觉得非常痛苦，因为他有的时候限购，不让你买房。不管是要交多少年的社保，还是其他的这些房产税，等等。从新加坡的角度来说，我们看到有一些政策一定程度上会避免从2013年开始的新加坡房价的爆涨。第一个回答就是这些政策一定是非常好的，对吧？因为他们发挥作用了，我们都可以用这些政策来调控市场，我们都可以用它来抑制房价的上涨。

这是香港的一个市场主管当局的调研，他们尝试所有的政策工具、价格工具，等等。香港尝试了所有宏观审慎，但是价格就是一路上涨，只是最近才开始下降。原因是经济周期不是监管方能够解决的问题，而是经济周期使房价下降。

所以，这也是一个重要的话题。为什么两个城市之间这么大的不同呢？是否是允许非居民去买房？并不是这样的。是不是储蓄率、负债度的角度，居民有太大的负担？也不是这样的。是否是他们有一些政治不稳定性？是否是他们的汇率的变化？其实并不是这样的。因为香港的港币更坚挺，从这些角度来说，我们尝试找到答案。

第一点，人口，可以看一下当人口增长更快的时候，用地供给需要跟上，土地供给就是答案。新加坡在价格高点，包括2013年的时候，都会看到他提供了足够的土地供给，他都是在高点的时候提供土地的供给，通过这样的方式来控制价格。而香港的供给是不变的，人口在不断上升，但是土地供给没有同样的上升，这就是解释问题的关键。我自己也做过监管方，所以我往往也认识到这些问题，其实就是一个简单的供求关系。我们需要去理解住房，很大程度上跟其他市场没什么区别，如果我们看到供给得到了压抑，价格就极难控制，这是我们想要分享的第一个经验。我觉得也许中国可以从这当中吸取一些经验。

接下来我想要去讲一讲需求的政策的重要性。如果在经济周期当中出现一些问题的话，可能会导致房价断崖式的下跌，从土地供应的角度，刚才我已经提到更为重要的意义。我还想再讲一讲中国央行采取的这些宏观审慎性政策工具，从这个角度可能会讲得比较细。对中国人民银行来说，我们看到通常他会有季度的报告，也会把中国在内的这些银行的情况都包括其中。这些银行必须通过这些要求，其中有四项是关键。我不会把所有这些都讲了，因为内容太多，大家也都比较了解，我这里只讲讲流动性。

我想借这个机会跟大家讲一个非常重要的话题，对今天的中国也是非常热点的话题，就是一个双轨的银行体系。它是什么意思呢？有一系列的原因，要解释清楚非常难。

我是欧洲人，其实欧洲央行在这方面也存在一些问题，比如抵押物等。我们看到抵押物的分配在具体流动性分配过程中存在一些不平衡。我们看到中国银行体系的双轨制，也就是国有商业银行还有其他银行，也就是中小银行，并不仅仅是说商业模式之间的不同，当然，商业模式本身可能会有区别。比如我们看到从长期的角度来说，可能一些中小银行会选择承担更多的风险，还有就是获得流动性这方面的区别。如果我们看一下中小银行的储蓄率，比这些主要的大国有银行要低得多。同时，也看到这个加速是在2015年曾经有过一次。

在2015年的时候有很多中国的资金外流，使得中小型银行受到比较大的冲击。现在我不认为可能会有一些非常不好的事情发生，但是我要说的是，这样的一些问题使得我们在宏观上面看到了一些大的危机。比如有一些官员其实也讨论到了关于宏观大局上面的问题，而我之前也看到了香港、新加坡房价给我们带来流动性的警示。现在我给大家说的就是我如何把之前提到的两点结合到一起，跟大家说如何通过宏观的方法使得我们有更好的流动性，让这些比较小型的中国银行通过流动性的增长有一个更好的发展。

我给大家讲一个故事，我们看到PBOC这边让所有的银行遵从一样的流动性要求，大多数的这些要求都是与国际的体系相一致，甚至比国际体系还要高一些的。但是我想要说的是，在流动性方面是不是有一些额外的宏观经济要求是在最近的中国央行提出的这些工具以外的？也就是这些工具让2015年之前开始，或者经过2015年政策提出之后，这些中小型银行产生一些问题呢？

我们看到，在2015年之后，有一些中国的资本流向了其他的国家。我们从宏观的角度看到了一种资金之间的猫鼠游戏，所以他们希望可以将这个市场进行紧缩，市场看到了这样的趋势之后，又逃向另外一些点。现在看来，市场的反应是非常聪明的，但是我们到底看到的这种流动性的工具是不是变得更加高风险了呢？有一些银行看到的抵押物是从可偿还的抵押物变成了一些不可偿还的抵押物。想要追求金融的平衡和平稳，有一些银行在无法追求这种平稳之后，去寻求一些风险更高的抵押物和贷款发放。

最近我们看到市场当中也有一些结构性的变化，中央银行给我们带来了市场变化的一些信息。看到了对于这些双轨银行系统的证件要求和营业执照要求进行了一些调整。最近的这些政策在债券市场当中有了一些要求，还有永续债这边有一些要求。比如对超过了2000万元人民币的这些贷款有了一些更加严格的要求。但是，这样是不是就足够了呢？如果这些银行继续紧缩，他们没有足够的资金，没有足够的流动性，是不是在市场中没有办法继续运行下去了呢？所以在这个市场区域当中，我不知道是不是所有的银行全部都具有一样的情况？也有可能作为一个比较大的银行的话，可能从小型的银行当中也看到了一些更加激烈的竞争情况。但总而言之，我认为现在在中国这边双轨的银行系统使得我们面临着一些债券和贷款市场之间的问题。

就像我之前说过的，是流动性的猫鼠游戏，有可能我们现在没有办法产生一个最好的解决方案。现在PBUC提供给我们的政策支持是不是最好的一个解决方案？能够使得所有的银行全部解决现在的流动性问题呢？我们现在可以看到，很多的小型银行在市场当中全部都存在着类似的情况。我认为在银行系统当中的这些工具是我们需要去仔细探索的一个金融行业的问题，特别是在中国的这个银行系统当中。

在这边我们看到的是主要的小型银行他们的发展情况，你们应该都知道一些细节的数据了，但是我在这边还是想给大家重申一下，一些小型银行提供给比如像在保险行业或者是小微型贷款行业方面的服务是最多的，其实现在有一半的整个银行市场全部都是比较小型的银行，有另外的一半也许是比较大型的银行。所以我们应该更加去重视起来这1/2的市场，他们有什么样的优势和需求。我认为现在这半个市场存在着未来我们需要解决的最为重要的金融行业的风险。

这边我们看到，因为我们对于一些机构的营业执照有了一些要求，所以他的风险有了一些降低。我认为今天我所讲的最主要的部分就是关于宏观的一些工具，我认为宏观工具是我们要解决现在面临这些问题最重要的一些工具了。可以通过去解决结构性的问题，比如解决香港和新加坡这边土地供给问题这样类似的方法去解决现在宏观经济架构下的问题。

我通过先列举了香港和新加坡土地供给的问题，再加上中国央行双轨银行系统的问题，比如提及了流动性和抵押物的贷款相关的问题进行了一个类比。我认为现在问题的答案其实不仅仅是在于宏观政策的支持和工具的提供，我认为我们需要有一个更加全面性的思考，去思考整个中国银行的体制是什么样的。

国家和城市的竞争力取决于核心金融基础设施的完善程度

范文仲

北京金控集团董事长

今天借此机会，我想跟大家分享几个关于未来金融基础设施创新，服务实体经济发展的几个观点。

第一，我们认为金融大数据平台已经成为现代社会核心金融基础设施。

人类社会发展至今，共经历了三次重大的科技革命，我们称之为"3S跃进"，第一次是农业革命，解决了人类的生存问题，人类社会从游牧生活进入农耕文明，Subsist。第二次是工业革命，实现了自然能源从非动能向动能的可控有序的转化，人类由此变得更加强大，Strong。第三次是目前正在加速进行的信息革命，大数据、人工智能、云计算的发展已经使人类变得更加智慧，Smart。

伴随着科技革命的发生和发展，社会核心经济资源和基础设施也在不断变迁，农业革命时期，核心经济资源是土地、人口，对应的基础设施是土地、城镇、道路等人类生活和耕种所需的设施。工业革命时期，核心经济资产是矿产，是能源，对应的基础设施是电网、油管等能源传输设施。当前处于信息革命时期，数据和信息已经成为社会的核心经济资源，与此相应，收集、处理、应用数据和信息的平台，将构成社会核心的金融基础设施。在历次科技革命中，社会的基础设施都会经历从分散性、多样化向规模化、集中化的转变，例如在电力应用初期，每个企业作坊都自建发电机，这样的发电机发电功率参差不齐，整个社会电力供需不平衡、不均衡，效率比较低。伴随着大型专业发电企业的出现，集中发电在后来逐渐成为一个趋势，通过电网向企业和家庭传输电力，电力应用的能力在人类社会的发展过程中随之大幅提升。我们认为，在当前的信息革命，这样的阶段中，数据或大数据的处理和输出，也会像当初19世纪的电力和能源供应一样，从现在的技术企业为主体，各自建设运营平台的分散和分割状态，逐步地走向集中统一运营。未来将会出现社会化的中心平台，统一收集、处理社会和商业数据，并通过信息网络，线路传输给各个应用机构和家庭，整个社会金融基础设施的服务效率将会大大提升。

第二，我们认为金融基础设施决定了一个国家、地区的核心金融竞争力。

金融竞争力本质上是社会经济资源的分配能力，就像一场战争的胜负，不仅取决于军事力量的强弱，也取决于对人力、资金等资源的综合动员和分配能力。在19世纪，在中西方的金融竞争中，面对西方崛起的现代银行业、金融业，中国传统的钱庄票号等金融业机构不堪一击。当时中国的金融基础设施过于薄弱，像一两个分散的传统、小贷和典当类的机构，根本无法与基础设施完善的国际的金融体系抗衡。

大家知道，金融是建立在信息不对称基础上的特殊行业，而降低信息不对称的能力是每个金融机构的核心竞争力。金融基础设施就是以增加信息透明度为主要功能，以提高社会资源分配的准确度和快捷度为主要目标，现在很多国家和城市对于金融竞争力的理解，还停留在金融资产的规模，机构牌照的数量上。但是伴随未来金融竞争重点的改变，国家和城市的竞争力在很大程度上将取决于核心金融基础设施的完善程度。

展望未来，如果想要打造社会的金融基础设施，就必须明确这些设施应该由谁来规划，由谁来建设，由谁来运营，由谁来应用，只有正确回答了这些问题，金融基础设施的建设才不会走弯路。

第三，我们认为金融基础设施应由政府统一进行规划。

首先金融基础设施建设的前提，是要做好统筹规划和顶层设计，而规划设计的职责应该由政府承担，这是因为一方面，基础设施规划必须具有全面性和前瞻性，要从金融发展的全局统筹考虑，例如，北京的城市总体规划，京津冀协同发展规划等，只有政府才掌握制定规划的全面信息，政府是承担此项责任最合适的主体。

另一方面，防止资源垄断和分配不公，是制度基础设施规划时必须考虑的因素，正如土地、石油、电力成为社会不可或缺的经济资源后，世界各国制定了一系列制度体系，防止这些资源出现垄断，或者整个社会中严重分配不均。同样未来金融基础设施的建设，也需要防止核心经济资源、数据和信息出现垄断的黑箱。政府最具公平性和权威性，作为规划的制定者和责任承担者责无旁贷。我们建议，无论是中央政府还是地方政府，都需要把金融基础设施规划置于城市发展规划、交通发展规划同等的高度，融汇各方智力，制定兼具前瞻性和公平性的数据资源分配使用方案，让金融基础设施从规划开始就具有正确的导向。

第四，金融基础设施建设应欢迎市场化机构积极参与。

当前很多地方的金融基础设施建设尚不完善，这一方面是因为政府没有意识到金融基础设施的重要性，出现规划主体缺位；另一方面，则是因为政府什么都想做，但是缺乏专业技术和人才资源，力不从心。在金融基础设施的建设中，一定要清晰界定政府的边界和职责，该做的做好，不该做的要交由市场去做。例如，当前市政基础设施的建设，就需要吸纳专业化、市场化的机构参与，带入专业的经验，先进的设备，合格的人力，必须的基础原料，像道路、桥梁基础建设一样，如果政府在负责总体规划之外，连同水泥和机械设备都要制造，施工队也要政府来组建，挖地铁涵洞的盾构机也要政府来生产，项目的建设一定是耗时持久，效率低下。同样道理，未来金融基础设施建设，也需要营造开放的体系，允许市场化的互联网公司，金融科技公司参与，充分借助每一个公司的核心专业能力，共同把金融体系的道路、交通、桥梁建设好。但是在金融基础设施建设过程当中，政府也不能完全放手不管，而要制定统一的金融大数据管理办法和使用规范，这就像道路交通工程的施工标准和验收要求一样，不能够各说各话，每个企业都搞自己的技术标准和生态云系统，而要按照国家统一的建筑标准和工程监理制度来执行，这些法规和制度决定了基础设施的稳固程度，也决定了金融创新是否可以持续发展。

第五，我们认为金融基础设施应由具有公信力、公益性的机构运营管理。

未来金融基础设施是管理社会核心经济资源的平台，一定要兼顾经济效益和社会效益，由具有公信力、公益性的机构负责运营和管理，其发展目标应与大众利益一致。如果这些核心的基础设施的经营目标只是为了个别企业的少数股东利益服务，或者只是为了某个企业的资产和市值规模来经营，在经营中，经济利益的考量就会超越社会公利的考量，这样就会很容易形成利益的垄断，金融服务的效率将难以保证，也会损害整个社会的公平。

此外，数据和信息就像是金融体系的土地、石油和能源，社会价值很高，同时也非常敏感，处理这些核心经济资源的设施同样是高度敏感，只有兼具社会公信力和公益性的机构负责运营和管理，才能赢得公众信任，实现资源利用和个人隐私保护的合理平衡。

同时，负责运营和管理的机构，必须能适应未来的金融和科技创新，既要对未来科技发展的趋势具有洞察力，也要对金融业务的本质和功能有深刻的理解。单纯的科技企业做不到，传统的金融机构也力不从心。一个合格的运营管理机构，应该是二者的紧密结合体，要对未来金融基础设施进行有效的运营管理，就一定要找到这样既有创新能力，又有金融服务能力的机构。目前，符合这样标准的机构还不太多，培育合格的金融基础设施运营平台将是打造未来金融基础设施的前提条件。

第六，普惠金融机构和社会大众将是金融基础设施发展最主要的受益者。

从历史上看，每一次科技革命都起到了帮扶弱势群体的作用，普惠金融机构将是金融科技创新，金融基础设施发展最主要的受益者，在农耕时代以前，体能曾是人类生存的主要因素。但是农耕革命之后，脑力劳动就成为一个独立的业态，政府官员、教师、艺术家、哲学家等行业作为群体出现，脑力劳动者反而成为更有竞争力的群体。工业革命之后，白领工人的工资超过了蓝领工人，以前的人口小国通过发展先进科技，拥有电力、能源、钢铁等核心资源，反而成为非常强盛的大国，人口数量不再是国力强盛的决定性因素。同样道理，在本次科技信息革命的推动下，以前弱小的企业和金融机构，如果能够得到社会化统一金融基础设施的服务，完全有可能成为非常强大的企业和金融机构，因此普惠金融服务将是这次信息科技革命重要的金融服务目标和应用领域。

第七,我们建议中国的企业要勇于开拓,创新打造未来的金融基础设施。

中国在历史上就是金融创新大国,所谓金融科技,其实自古有之,中华民族发明的造纸术和印刷术就是人类伟大的科技创新,在某种程度上就是金融科技,直接导致了唐朝飞钱,这是世界上最早的官方的汇兑体系,和宋朝交子等金融产品的创新,交子是世界上最早的纸币。未来的金融基础设施完全有可能在中国率先落地,要建设这样的体系,一个企业,或者是一个机构都是不够的。必须要汇聚各方的资源和力量,政府要在其中承担规划师的角色,吸引各个金融企业,尤其是金融科技类企业积极参与。而具有公信力、公益性的平台,要主动承担起金融基础设施的运营管理责任,为打造合作共赢的未来金融生态体系而努力。

北京金融控股集团创立不久,是作为兼顾社会效益与经济效益的国有金融机构。我们从创建伊始,就致力于服务百姓生活,服务首都发展,服务国家战略,努力构建科技驱动,面向未来的智慧金融服务体系。金融科技就是我们的推动力,普惠金融就是我们的发力点。金融本身是建立在信息和信心基础上的特殊行业,通过建设首都未来金融基础设施,我们希望能大幅降低信息不对称性,减少金融体系的雾霾度,帮助首都的金融资源分配更加精准,更加快捷,效率更高,从而发挥首都金融创新,服务实体经济的引领作用。这是北京金控集团发展的长远目标。因此,打造未来金融基础设施,助力普惠金融发展是我们的职责所在。

最后我们衷心希望和广大科技企业、金融机构一起合作,为推动金融创新和创造更美好的大众生活共同努力!

与中国金融机构进一步加强合作是很重要的

吉冈成充

三井住友金融集团常务执行委员兼东亚地区总裁

根据今天的议题，我们一共要讨论四点：

首先我想给大家介绍一下在日本一些中小型企业（SMEs）的整体情况。第二，给大家介绍一下在日本我们的公共财政提供的一些决策是怎么样的。第三，关于一些日本小型企业享受的优待。第四，给大家介绍一下中国和日本一些中小型企业会面临的一些新挑战。

首先给大家介绍一下日本中小型企业的整体概况。在日本，我们对于中小型企业的定义与中国是非常相似的，都叫小微型企业。日本中小型企业占了日本企业总数的99%，占到员工雇佣数量的70%。中小型企业在日本对于附加值的贡献占到了53%左右。

日本中小型企业的破产对于日本整体的失业率影响是非常之大的。我们可以说，日本的中小型企业对于整个社会平稳是非常重要的因素。

从日本中小型企业的情况来看，要保证中小型企业的稳定发展，对于整个日本经济的发展是非常重要的，因此我们需要在整个的金融领域为中小型企业提供足够的支持。

日本整体中小型企业外部环境的情况，过去的20年间，日本的中小型企业得到的贷款其实是非常少的，它的增长率非常低。在日本中小型企业贷款、金融的成本、融资的成本是比较低的。对于中小型企业来讲，在过去的几年之间，得到的利率其实是大量地上升，而其他的大型企业的利率没有很大的变化。特别是在金融危机的时候，这些中小型企业面临的问题就更大。

总体看来，一些银行他们不愿意为中小型企业提供贷款，因此，我们需要在这些方面提供一些政策的支持和改变。在一些特殊的情况下支持中小型企业的贷款。

接下来我想稍微澄清一下，在日本公共财务为中小型企业提供的一些政策扶持和他所扮演的角色。

日本整体公共财务的情况，有一些与日本政府相关的金融机构，向微小型企业提供贷款。这些微小型企业的存在都是基于额外性的，也就是除了这些大型的日本银行之外会有一些私营银行为中小型企业提供贷款。这些信用担保体系，是由本地的一些政府所提供的支持，这些私有的金融公司就可以通过这些信用担保体系为小微型企业提供相应贷款。

在私有的金融系统和公共的金融系统的比例上，我们看到，其实公共的金融系统提供的贷款是有所下降的，而私有领域是有所上升。过去金融危机发生的时候，私有金融领域受到的冲击比较大。特别是在1998年和2008年两次金融危机之后，我们会看到公有企业对小微型企业提供贷款有了下降的情况。

日本想要得到中小型企业金融服务可以通过两个方面——公共和私营的金融机构全部可以得到。但是私有的金融机构提供的贷款是比较小的。因为，私有的金融机构要提供给任何中小型企业贷款，还是大量要依靠公共财政本身。

这些中小型企业自己要进行一些融资也是非常困难的。比如在私有领域和民营领域，他们会进行一些通力合作，然后给这些中小型企业一些额外性的金融服务。整体看来，日本的中小型企业可以得到的贷款不管是公共方面还是民营的金融机构方面，都会有一些上升。但是，不管如何，他们现在还是在发展的过程当中还没有得到一个最好的发挥。

接下来我想给大家介绍的就是中小型企业可以从我们三井住友集团获得什么样的帮助。

我们知道，三井住友这个集团其实是一个全球性的组织，在过去的20年间，日本的经济出现了一些问题，特别是它的中小型企业。同时，整体的环境也有一些问题。比如人口的老龄化，还有人口减少，等等。

虽然有这些问题，现在日本的一些金融机构不仅仅是想要提供更好的贷款系统，还有贷款的产品，同时也想要为中小型企业提供更好的保障，让他们面临现在所有的这些挑战。

接下来给大家介绍一下我们在风投方面为企业提供的一些支持。比如说我们将整个的风投流程分成了四项。其中包括了种子时期、早期、扩张时期，还有投资之后的时期。我们作为三井住友银行，也就是三井住友这个集团，我们其实提供给这些中小型企业的风投方面的支持是整体性的，从头到尾一条龙式的支持。

我们还为其他的一些中小型企业提供了风投支持。我们建立起来了一个孵化器支持创新，我们把它叫做"3I"政策。我们会专注于一些非常高精尖的科技相关的企业，帮助这些企业在整个市场当中有更好的业务扩张。

我们在东京建立起来的开放型的创新空间，为各种各样不同的企业和领域的公司提供了一个开放的平台，让他们可以在这里进行思想上面的碰撞和交流。为中小型企业取得成功提供帮助。

在三井住友银行的整个议题当中，我们希望能够保证中小型企业不仅能够建立起来，最终也可以通过我们的支持获得成功。为他们提供了一些与外部和内部的企业进行合作的机会。同时，我们也会在日本进行很多的与地方政府的合作，进行一些企业相关的开放会议和展示平台，为所有的企业提供一些科技方面的展示机会，同时为他们搭建起科技交流的桥梁。

最后还想要提出为中小型企业提供更多的支持，我们现在所面临的一些挑战，特别是对比一下现在中国和日本之间我们面临的一些异同情况。我之前也说过，在日本有一些中小型企业，他们的雇主本身也面临着老龄化的问题，这是我们现在需要解决的。据估计，有70%的中小型企业的雇主年龄超过了50岁，而有80%的中小型企业公司的CEO的年龄超过了70岁，而这部分企业的CEO还没有决定下一个候选人来管理他们的公司。因此，有很多的中小型企业因为没有办法找到更好的继承者，无法维持，就关掉了。有一些公司有可能有很好的科技或者是金融服务，但是却没有办法继续经营下去。因此，这对于日本的整个社会来讲是一个很大的问题。我们就想要用自己的方法帮助他们，能够将自己的企业经营下去。我相信，如果可以建立中国和日本之间相关的一些小微型企业的交流和沟通的桥梁，能够使得我们有更好的投资机制，使得中国这边的投资者找到更好的投资机会，投资给日本的中小型企业，而日本的这些小微型企业他们所有的科技方面的优势也可以能够通过中国的大市场得到充分的利用。

总而言之，我们这个银行在帮助日本相关政府机构建立起来中日之间小微型企业更好的沟通桥梁，我认为与中国金融机构进一步加强合作也是非常重要的。同时，我认为全球的中小型企业都面临着现在我们所提出的这些挑战，全球中小型企业其实全部都需要加入到中国这边的金融市场当中。因此，中日之间也可以在相关的这些小微型企业金融合作方面寻求更多的合作机会。

第五章
在开放和法制环境下建设有活力、有韧性的资本市场

能力不足成为制约证券行业高质量发展的重要因素

孟宥慈

中国证券业协会副会长

证券行业面临着一个发展的机遇期。近年来,中央对防范化解金融风险,深化金融供给侧结构性改革,推进证券业高质量发展,增强金融服务实体经济能力等做了一系列重要的战略部署,我国金融行业对外开放的步伐也在不断加快,法制化建设持续深化。在这样一个大的背景下,我们今天围绕开放和法制环境下建设有活力、有韧性的资本市场这个主题来进行讨论、探索,我觉得非常有意义。我想从三个方面谈谈我个人的一些想法和认识。

第一,证券行业的高质量发展是建设有活力、有韧性资本市场的关键环节。

大家都知道,证券公司是资本市场当中最重要的中介机构和参与主体。经过二十多年的发展,我国证券行业在逐步发展壮大,资本实力、盈利能力等有显著的增强,国际化进程的速度也在加快,合规风控的水平也明显地得到了提升。根据我们的统计,截至2018年年底,131家证券公司的总资产达到了6.26万亿元,净资产1.89万亿元,净资本1.57万亿元,这和十年前,也就是2008年的数据相比,都分别翻了5倍以上。2018年,证券行业实现了盈利收入超过2660亿元,实现净利润超过660亿元,与十年前相比,也有了非常明显的进步。在国际化进程方面,截至2018年年底,共有31家证券公司在香港设立了子公司，有18家证券公司成为H股的上市公司，其中A+H股的上市券商有11家。境外业务的收入占比在稳步提升，一部分证券公司的境外收入已经超过了他公司本身收入的10%。在合规风控方面，各家证券公司均建立了全覆盖的合规风控的体系，专业的管理人员队伍更是在不断地扩大。根据我们的统计，2018年年底，证券公司，每家证券公司的专职合规风控的管理人员，平均已经超过了90人，在专职合规管理人员的总体上，也达到了超过证券公司全体员工总数的平均比例的5%。

截至2018年年底，证券行业的平均风险覆盖率大约为25%，平均流动性风险覆盖率达到了290%，平均净稳定资金率达到了150%，流动性风险整体是平稳可控，已经成为维护资本市场稳定的重要支撑。此外，行业也响应国家的号召，积极参与扶贫工作，支持民营企业发展，切实履行社会责任。证券公司充分发挥各自的专业优势，形成产业扶贫导向，提升精准扶贫的时效，建立了长效帮扶机制。截至2018年年底，已经有99家证券公司结对帮扶了269个国家级的贫困县，证券行业服务脱贫攻坚成效显著。最新的数据显示，到2019年4月，有49家证券公司设立了81支民营企业资管计划和42支子计划，出资规模达到了570亿元，累计投出的金额也超过了364亿元。所投的标的主要是沪深交易所上市公司，有超过100家的上市公司和其主要股东，切实达到了疏解民营企业和股东流动性困难的目的。

在借助专业优势，发挥市场作用方面，近年来，证券行业坚决落实贯彻党中央国务院的各项方针政策，全面落实中国证监会的各项监管措施和要求，服务实体经济能力不断提升。根据我们的统计，截至2019年3月底，在股权融资方面，证券公司累计在市场上为3599家公司完成首次公开发行，募集金额为2.99万亿元，在上市公司实现再融资募集资金达到了9.17万亿元。债券融资方面，累计发行公司债总额达到了7.89万亿元，在并购重组方面，累计为企业完成并购重组6.67万次，并购金额达到了将近65万亿元。证券公司为推动企业发展和产业整合，服务实体经济转型升级，助推供给侧结构性改革等方面发挥了不可替代的重要作用。此外，在目前中国证券公司帮助"一带一路"沿线国家在股票、债券等资本市场上融资已经超过了6780亿元人民币，证券公司通过提供融资服务、财务顾问服务、研究服务和交易服务，等等，帮助客户解决实际的资金需求，完成跨境并购，发掘投资机会等，已成为推动"一带一路"项目建设顺利开展的重要力量。

总体而言，证券行业在提升直接融资占比，促进资本形成，优化资源配置，服务实体经济和投资者方面承担了越来越重要的战略任务和使命，证券行业的高质量发展对于促进建成有活力，有韧性的资本市场十分关键。

第二，能力不足成为制约证券行业高质量发展的重要因素。

虽然证券行业在服务实体经济，建设多层次资本市场当中的作用不断体现，但是和我国资本市场在国际上的地位与打造有活力、有韧性的资本市场的要求相比，还有很大的差距，突出表现在以下几个方面：

1. 在金融领域的系统重要性不足，难以在国家重大战略中发挥突出作用。我国证券公司在资本规模、业绩表现、融资服务、占社容比重和国际影响力等方面，都表现出系统重要性不足的特点。比如资本规模上，2018年年末，我国证券行业的总资产是超过6万亿元，仅仅相当于我国银行业总资产的2.4%，在我国金融体系中的总体占比不足5%。和海外投行相比，我国证券行业的总资产规模都不如单个，比如说UBS、高盛单家投行的总资产。从融资服务的角度看，2018年，我国证券公司参与提供的股权及债权的融资规模，大概刚刚超过三万亿元，占全年社会新增融资的比重仅为16%。

从国际影响力来看，目前我国银行业及保险业中，都有全球系统重要性的金融机构，而证券行业还没有，证券行业在金融体系当中的相对地位与我国资本市场在全球金融体系当中，A股市值占全球市值第二这一重要的位置，也极不相配。

2. 核心竞争力和差异化发展能力欠缺，抗周期能力有待提升。尽管我国一部分的证券公司已经实现一定的规模化发展，但本质上仍没有摆脱同质化竞争的状态，没有形成真正的、不可替代的核心竞争力和显著的经营特色。同质化竞争严重也导致证券行业缺少在某一个业务领域，或者是地域领先的精品证券公司，层次都是比较单一。一直以来，这些证券公司由于遵循固有的发展模式，片面追求大而全，或者是小而全的定位，虽然牌照齐全，但是没有形成特色的服务和业务，高质量发展的后劲不足。差异化发展能力和核心竞争能力的欠缺，造成我国证券公司抗周期能力较差，业绩与市场波动的周期性相关性较大。

3. 风险管理水平急需进一步提高。风险管理水平是证券公司的核心竞争力之一。近年来，虽然有所提高，但是随着业务的复杂化、国际化的趋势日益增加，证券公司急需在现行的资本监管的基础上研究更加科学的风险资本的计量方法，实现对风险资本的精细化管理。

4. 国际化程度不高，海外影响力欠缺。目前我们的网点，"走出去"的网点主要是依托香港子公司开展业务，从业务的结构主要是以经济业务为主，投行、资管等还没有随着我们的客户需求和资本"走出去"的需求提供相应的服务。

最后就是客户服务的深度不够，客户的黏性不强。

第三，全面提升证券公司核心竞争力是行业高质量发展的当务之急。

去年以来，我国资本市场推出了一系列重大的改革，我想证券公司应当充分正视挑战，抓住机遇，充分发挥好核心竞争力，提升我们的资本中介的作用。我想有这样几个方面：

1. 以科创板和注册制试点为契机，推行行业生态重构。在这方面，对投行的承销保荐能力、研究定价能力、综合服务能力、合规风险能力提出了新的要求，证券业协会也在研究制定相关的自律规则，从规范、寻价、定价、配售等环节，压实中介机构的责任，我们也希望中介机构能够切实担任起资本市场"守门员"的职责。

2. 以资本扩充为驱动力提升行业的整体实力，我们也希望证券公司能够在现在的大背景下，通过并购重组，或者是通过改制上市，不断发展，以资本扩充为驱动，不断丰富业务类型，提高盈利水平，提升整体的抗风险能力。

3. 我们希望能够以金融科技的发展为引擎，形成创新驱动的新格局。我们也关注到各家证券公司纷纷加入了IT领域的投入，目前，我们也希望能够拥有未来先发优势的传统金融机构，能够在领先布局当中抢得先机。

4. 以风险管理能力为核心，全面提升综合服务的能力。证券公司的综合实力表现在很多方面，其中风险管理能力，我们认为是核心竞争力和高质量发展的关键构成和内在的基础。所以我们希望证券公司在切实做好风险防控工作的同时，能够带动综合能力的提高，进一步提升证券行业的整体抗周期的能力。

最后，我们希望建立以诚信、合规和专业的企业文化为基石，推进行业健康持续发展。在这个方面，我们认为证券公司应当，也必须肩负起更大的责任，形成以诚信、合规、专业为核心的企业文化，加强道德风险防范。在这方面，证券业协会将在证监会的指导下，围绕深化金融供给侧结构性改革总的工作目标，按照加强行业自律，培育行业标杆，以及抓两头，带中间的工作思路，在广泛听取会员的建议，凝聚共识的基础上推动证券行业的文化建设，健全道德风险防范体系。

各位嘉宾，证券法修订案的第三稿已经正式公开征求意见，有望为资本市场和证券行业的高质量发展进一步提供法律和制度的保障，相信在各方的共同努力之下，证券公司将为支持打造一个规范、透明、开放、有活力、有韧性的资本市场做出更大的贡献。

新三板将出台中止挂牌规则，开放优先股转股限制

徐 明

全国中小企业股份转让系统有限责任公司总经理

2018年年底以来，习近平总书记多次明确提出，"要通过深化改革，打造一个规范、透明、开放、有活力、有韧性的资本市场"。本次论坛年会将"在开放和法制环境下建设有活力、有韧性的资本市场"作为议题之一，探讨新时代多层次资本市场的发展和完善，具有重要现实意义。下面，我围绕新三板市场建设情况，谈三点看法，不妥之处请批评指正。

一、新三板服务实体经济成效显著

一是拓宽了资本市场的覆盖面。新三板的制度设计提高了证券市场对中小微企业的包容度，企业挂牌新三板规则明确、预期稳定、流程透明。截至4月底，市场存量挂牌公司10040家，其中，中小微企业占比94%，小微企业占比63%，民营企业占比93%。在地域上，挂牌公司覆盖境内所有省域，地市级覆盖超过90%，1100家挂牌公司注册于县域地区；在行业上，挂牌公司覆盖89个行业大类；在规模上，新三板与沪深共同服务了1.4万家上市/挂牌公司，其中大型企业3000家，沪深服务80%；中型企业4000余家，新三板服务80%；小微企业近7000家，基本全部由新三板服务。

二是缓解了中小微企业融资难问题。万家中小微企业通过挂牌，较好地解决了公司治理、会计信息规范和信息公开问题，扫除了对接金融体系的微

观障碍，获得了快速发展。在普通股融资方面，累计有6320家挂牌公司合计完成了10336次普通股发行，融资4849亿元，小额融资特征突出，单笔融资金额在5000万以下的占比超过80%，其中1350家处于亏损阶段的初创企业也完成了融资；挂牌公司发行优先股27只，融资26.02亿元；双创债32只，融资30.73亿元。全国股转公司通过与商业银行开展战略合作，开展信息共享和互动交流，有效打通直接融资与间接融资渠道，形成支持中小微企业创新、创业、发展的金融合力，降低了银行的信息收集成本和审贷成本，2018年年报显示挂牌公司间接融资存量金额达3055亿元。

三是促进了科技创新和经济转型升级。新三板使一批符合经济转型升级方向的中小型创新创业企业得以进入资本市场，获得创新发展的资本支持。挂牌公司中高新技术企业占比65%，现代服务业和先进制造业合计占比71%；2018年度挂牌公司研发投入同比增长15.7%，研发强度3.23%，较全社会研发强度高1.05个百分点。在并购重组方面，累计完成并购重组1347次，交易金额2021亿元，其中七成以上属于现代服务业和战略新兴产业整合。

二、新三板具有进一步深化改革的市场基础

2017年以来，市场需求和结构发生变化，新三板面临市场参与度下滑、融资并购功能下降、市场交易活跃度不足等问题，对此证监会党委高度重视，多次进行专题研究。在证监会的领导下，我们相应进行了系列改革探索，优化了分层标准并配套了差异化交易、信息披露制度，优化了股票发行制度和并购重组制度，改革了交易制度，建立了做市商评价激励机制，基本实现了预期目标。新三板当前面临的问题是发展过程中的阶段性问题，随着改革的不断深入推进，这些问题将逐步得到化解。经过六年的发展建设，目前新三板具备了进一步深化改革的市场基础。

一是具备相应的法律基础。新三板与沪深市场同属于公开市场、场内市

场、独立市场。根据现行《证券法》和《国务院决定》，新三板是经国务院批准的全国性证券交易场所，可以允许公开发行证券的挂牌，也可组织证券的公开转让，挂牌公司属于公众公司，履行公开信息披露义务；新三板实施证券集中交易、集中登记和账户一级托管，提供标准化产品，符合场内市场的所有特征；新三板有独立的监管制度规则体系，有独立的市场功能，有独立的运营资源要素和独立的市场参与主体。《证券法（修订草案）》第三次审议稿对此予以了明确确认，规定新三板与证券交易所均为证券集中交易提供场所和设施，组织公开发行及非公开发行证券的交易。

二是具备相应的制度规则基础。全国股转系统已构建了包括股票挂牌、股票转让、主办券商管理、公司监管、投资者适当性管理在内的业务规则体系，已经形成了高度市场化的运作机制，建立了理性投资文化和市场出清机制，并积累了通过市场分层并匹配差异化制度安排的管理经验，这些制度框架的成功实践为下一步深化新三板奠定了良好基础。

三是具备相应的企业基础。通过新三板的多年培育以及市场化的出清机制，新三板积累了一批市场认可度高、风险较低的优质公司，这些企业通过挂牌逐步发展壮大，公司治理和规范运作水平显著提升，能够源源不断为新三板改革发展提供优质企业资源。全市场股本规模超过3000万股的有5889家（占比57%），营业收入超过1亿元的有3862家；净利润超过1000万元的有2797家，净利润超过3000万的有940家。

四是具备相应的风险控制能力基础。新三板已积累上万家案例，对不同行业、不同规模企业的风险特征有深刻认识，通过实施规则监管、分类监管和科技监管，探索形成了一套适应中小微企业特点的监管方法和风险处置机制，建立了自律监管与行政监管、稽查执法的分工协作机制，具备较强的风险识别能力和风险防控能力。

五是具备相应的技术基础。全国股转公司具备独立的技术运维团队和技术开发团队，组建了技术子公司，具备交易支持、风险控制、业务支持、信息服务和技术保障五大技术平台，建成了同城灾备中心和异地数据备份中心。交易系统已具备集合竞价和做市交易功能，监察系统能够实现实时监控，信息披露系统和审查系统实现业务电子化和大数据智能辅助审查。与此同时，为配合后续改革，全国股转公司已做好了配套技术改造和优化升级，具备了深化改革的"软件"和"硬件"。

三、深化新三板改革时机日益成熟

当前，我国经济进入高质量发展阶段，正处在转变发展方式、优化经济结构、转换增长动力的攻坚期。我国金融业市场结构、经营理念、创新能力、服务水平还不适应经济高质量发展的要求，诸多矛盾和问题仍然突出，中央部署要加快金融供给侧结构性改革，增强金融服务实体经济的能力。目前，资本市场领域正按照习近平总书记"打造一个规范、透明、开放、有活力、有韧性的资本市场"要求，大力推进资本市场高质量发展。在这一背景下，作为多层次资本市场重要组成部分的新三板市场，面临前所未有的改革发展机遇。

2018年以来，为有效支持民营经济和中小企业发展，着力解决好融资难、融资贵问题，引导优势民营企业加快转型升级，党中央国务院对新三板支持中小微企业和民营经济发展提出了更高要求，在相关政策文件中明确提到"稳步推进新三板发行与交易制度改革，促进新三板成为创新型民营中小微企业融资的重要平台"。为此，在证监会的统一部署下，新三板开展了全面的市场调研，倾听企业和投资者呼声，紧紧围绕党中央国务院的部署要求，研拟了深化新三板改革的总体方案，待履行有关程序后，相关改革举措将陆续出台。在改革方案制定过程中，坚持了四个原则：

一是坚持按市场规律办事。通过充分的市场调研，我们深化了对新三板市场运行规律的认识，做到了尊重规律、敬畏规律、遵守规律。在投融资关系方面，投资与融资是一个硬币的两面，没有投资就没有所谓的融资，两者相辅相成、相互促进。目前，新三板合格投资人数量较少、类型单一，无法充分满足上万家企业的直接融资需求。在买卖关系方面，合理的流动性和公允的二级市场价格是融资并购定价的基础，股票流动性和公允价格的形成，主要源于买卖订单的博弈过程，目前新三板市场买卖失衡，是流动性不足和价格大幅波动的重要原因之一。改革举措致力于解决好投资与融资、买与卖的关系问题。

二是坚持依法依规推进改革。相关改革举措都是在现有法律制度框架下进行的探索，涉及制定和修改证监会部门规章、规范性文件以及自律规则的，均在配套准备中。同时，我们已启动现有自律规则系统的整体修订工作，确保相关改革举措有法可依、有规可循。考虑到新三板万家挂牌公司中初创企业与成熟企业并存，新兴业态与传统行业并存，个股流动性和风险外溢程度也有较大差异，相应的制度规定均根据企业特征的多元化进行了差异化安排。为夯实新三板发展法制基础，我们积极参与了《证券法》修改，积极推动制定新三板条例。

三是坚持改革创新与风险防控并重。改革过程中，我们将风险防控放在更加重要的位置，将风险防控与改革工作同步研判同步部署，不断完善市场监管机制，牢牢守住不发生系统性风险的底线。针对改革过程中可能出现的市场风险、监管风险和技术系统风险等，我们有针对性地拟定了风险防控工作的方案，在具体制度设计上强化内外部监督制约，实现风控手段对业务流程的全覆盖。

四是坚持存量优化与增量改革并重。在现行制度框架下的存量优化予以先行推进，去年年底以来进行了一系列存量制度优化，定向发行备案审查时间由7.9天缩短为2.9天，小额授权发行机制平均节省时间15天以上。重大资产重组发行股份购买资产取消35人和合格投资者限制，推出8只引领系列指数，上线了新三板投融通平台等。下一步将优化挂牌条件实施标准、出台终止挂牌规则、制定挂牌公司规范运作指引、优化信息披露制度，提高挂牌公司质量；完善现行可转债制度和优先股，将可转债范围扩大至所有挂牌公司，放开优先股转股限制，探索资产证券化品种，丰富融资工具；建立挂牌公司股权激励制度，优化并购重组管理，进一步激发市场主体创新活力；做好银企对接，开发上线"新三板投融通"二期，拓展市场培训，加强市场服务；完善主办券商制度，制定会计师事务所和律师事务所自律管理规则，健全中介机构激励约束机制，促进中介机构归位尽责；建立挂牌公司违规行为分类处理机制和跨市场监管协作机制，优化自律监管与行政监管的对接工作，提高监管效率和监管质量。增量改革举措将在证监会统一部署下统筹推进，具体改革方向就是以精细化分层为抓手，研究引入更具竞争性的发行制度和更高效的交易机制，优化投资者适当性管理，增加投资者数量，丰富投资者类型，同时探索实施差异化表决权，积极推动转板机制。存量优化和增量改革的合力将激发新三板市场活力，增强新三板市场韧性。

各位来宾，各位朋友，目前深化新三板改革的时机已经成熟，改革将成为新三板发展新的动力，新三板将为支持经济高质量发展做出新的贡献，对此我充满信心！

大力发展专业机构投资者，倡导理性投资的理念

詹余引

易方达基金管理有限公司董事长

关于建设有活力、有韧性的资本市场，在这个过程当中，怎么样发挥机构投资者的作用，就这个话题给大家做一个汇报。

2002年1月到2017年，之所以选2002年，因为当时我们公司成立，指数并没有涨太多，但是股票型和混合型的基金，大概是涨了有10倍，2018年正好我们基金20年，涨了20倍，这是一个方面。另外一个方面，证券投资基金业协会在2016年，实际上是2017年做的投资者的一个调查，可以看出两点：第一，中国家庭的主要投资资产的结构，还是以银行存款为主，理财，包括股票投资，其实也不少，但是持有的公募基金是非常少的，这里面是剔除了货币以外的，这是家庭资产结构。第二，从盈利的情况来看，从2016年稍微吃亏一点是2015年刚刚经过了市场大幅度的波动，经历了股灾，有30%是亏损，这是2016年的调查数据，过去持有的情况。亏了一些的，也有接近30%，真正赚钱的不多，我提出一个问题，公募基金，从产品盈利的角度，看起来是不错的，但是从投资者获得的角度，又是很差的，这个背后是什么原因呢？

我们先把这个问题放在一边，看看证券资管行业最近几年的发展，应该说发展得非常快，非常好。到2018年年底，整个证券资管行业的规模已经超过了50万亿元，如果考虑整个市场的财富管理的规模，当然这个中间有很多交叉的，就像我们管的钱，有很多是银行理财的钱，有保险的钱，加上保险，

加上银行，加上信托，实际上是接近100万亿元的规模。我们这个行业发展得很好，但是还是刚才那个问题，投资者的获得感在什么地方。

以公募基金我们所处的这个行业作为一个例子。稍微解剖一下，到2018年年底，整个的公募基金的规模13万亿，今年有所增长，既有股市的上涨，也有新增，但是13万亿里面，相当大一部分是货币，占了60%左右，超过60%，债券也有接近20%，真正股票型的，在去年只有8100亿，当然混合型里面，也有一些股票。在我们整个行业，整个资产的结构是非常不均衡，甚至是畸形的。

并且这个比例，最近几年没有大的变化。我们来看一个现象，公募基金持有的股票资产，我们实际上是在2007年，如果从金额，不管从金额还是占市场的占比，都达到顶峰，2007年是大牛市，当时整个公募基金持有的股票资产占股票市值的比重27%，这个比例后来逐渐下降，下降的原因，因为上市公司的增加，IPO，越来越多的上市公司，大型的上市公司。但是，基金行业的发展没有跟上，没有同步跟上，至少从规模的角度，所以说占比到了近些年，大概在4%—5%。规模大概是不到两万亿元。我讲的都是公募基金，没有包括私募和专户，这也是我们这个行业面临的一个困境。

公募基金成立至今，实际上假如只从业绩的角度，还是可以和西方国家，或者是发达市场去比一比。当然这个比较，通常从我们行业的角度，看所谓的超额收益的问题，市场涨了，你能涨得更多吗？市场跌了，你能跌得更少吗？从这个指标来看，还是不错的，一年期、三年期，还是拉得更长，或者滚动三年，都不错。但是也有一个情况，最近两年，这个指标，我们超额收益的能力是在下降，或者是在收窄，但是这个指标如果和美国，和欧洲，和发达市场相比较，我们都是最好的。最好，不是说我们基金公司做得多么好，实际上反过来也证明，我们这个市场效率不高，容易跑赢市场，这个实际上是一个硬币的两面。

这是我们这个行业普遍存在的一个问题，换手率非常高，大家可以看到，历年的年度换手率，都是在200%，甚至到400%。市场活跃的时候，换手率更高，400%是什么概念？三个月就换一次，这是短期的。我把所有的基金分成五组，按照换手率的高低，看他超额收益的情况，这个和我们的判断是一致的，换手率越高，超额收益反而是越低的。所以这个背后是什么问题呢？刚才讲了，尽管公募基金有好的超额收益，如果拉长时间来看，从创造的回报也是不错的，甚至是两位数的，但是基金的持有人，受益者，并没有真正从中获得，或者是感受到这么高的收益，在我们的基金持有人当中，实际上机构和个人的比例发生了很大的一些变化。如果按照最新的数据来看，看起来是比较均衡的，个人和机构大概各占50%，但是在不同的资产类别里面，又是很不均衡的。

货币基金里面，个人拿的反而少，今年以来会好一点，增加了很多个人的基金，个人主要是集中在股票型，包括混合型的。所以，个人在里面占的比重比较大的时候，个人的申赎行为非常严重地影响了机构的操作行为，或者投资策略。

个人持有单支基金的时间不超过3年，小于6个月的有16%，半年到一年的26%，接近40%是在一年以内的持有，个人基金的申赎率和前面的换手率之间高度的相吻合。换句话说，基金持有者的机构对基金管理人他的行为也造成了巨大的影响。

我们回到最开始的问题，基金持有人的获得感不强，基金管理人又有一定的投资能力，这个矛盾怎么去解决。其实这是大家一直在探讨的，我们讲有活力、有韧性的资本市场，一定是需要长期投资者。长期投资者不是说你让他长期，他就长期，他是要有机制，个人投资者的机构化趋势，是未来一段时间，不管是从政策的制定，还是从具体的策略，具体工作的角度发展的方向。倡导价值投资、理性投资，其实这是一个投资理念的问题，个人投资者不能说都是非理性的，但是个人投资者面临的一个问题，首先是时间的问题，精力的问题，也有专业的问题。如果说在个人投资者能够有相应的机制，发达国家的最好的机制，就是养老金，第三支柱，如果有这样的机制能够比较有吸引力的话，个人才有这种意愿，变成一个长期的投资者。这就对基金管理人提出一个更高的要求。

所以，我的结论就是只有大力地发展专业的机构投资者，倡导这种长期投资、理性投资的理念，我们的资本市场才会真正的有活力，有韧性。

积极服务金融供给侧结构性改革,增强
银行间市场服务实体经济的能力

王乃祥

北京金融资产交易所董事长

北京金融资产交易所是在人民银行及相关监管部门的指导下,经北京市人民政府批准成立的全国首家金融资产交易机构,今天是它的第9个生日。

2013年,在人民银行和北京市政府的指导和支持下,中国银行间市场交易商协会入股北金所,北金所正式加入了银行间市场。在交易商协会的领导下,北金所秉承协会自律创新、服务的宗旨,积极进行市场化理念,强化金融风险防控,大力服务债务融资工具,市场体系的建设。截至目前,债务融资工具累积为实体经济提供资金超过36万亿元,存量规模突破10万亿元,累积为企业节约成本超过5500亿元。助推了我国公司信用类债券市场规模稳居全球第二、亚洲第一,有力推动了我国银行间市场和多层次债券市场持续健康发展。

当前,伴随供给侧结构性改革的深化,我国经济运行总体平衡,新旧动能转换加快,积极因素在增加。同时,国际环境不确定因素也在增加,国内经济存在下行压力,需要进一步建设有活力、有韧性的资本市场服务体系的发展。这也是本次论坛重要议题之一。

下面我要结合议题主要汇报一下北京金融资产交易所在交易商协会的领导下,在服务金融供给侧结构性改革,支持建设有活力、有韧性的资本市场方面做了一些工作。

一是贯彻党中央、国务院重大部署,积极完善银行间债券市场建设,不断增强银行间市场服务实体经济的能力。北金所作为银行间市场基础设施，始终把贯彻党中央、国务院经济领域重大部署作为工作的着力点和落脚点。在交易商协会的指导下，积极支持债务融资工具，全品种、全环链业务线上化运行，服务非金融机构合格投资人参与银行间债券市场。助力银行间市场扩大对外开放，不断提升银行间市场的活力及服务实体的能力，累积服务实体经济超过了20万亿元。

2018年债务融资工具累积发行5.51万亿元，占同期公司信用类债券发行的75.48%，有力支持了高端装备制造，节能环保等战略性新兴产业融资的发展。

支持了"一带一路"倡议实施和雄安新区、粤港澳大湾区建设，以及京津冀一体化和长江经济带发展的融资需求，促进了我国产业结构优化和区域协同的发展。

二是践行普惠金融理念，积极完善多层次债务直接融资市场建设，服务中小企业和民营经济的发展。

北金所积极践行普惠金融的理念，完善多层次债务直接融资市场的建设，借鉴债务融资工具、产品成熟的经验，创新推出债权融资计划业务，更大范围服务中小企业融资发展，并积极服务民营企业债券融资支持工具的发信，进一步为民营企业营造良好的融资环境。目前交易商协会明确将北金所的债权融资计划作为银行间市场产品的业务开展。

债权融资计划已经成为促进中小企业连接银行间市场的一个有效融资载体，进一步增强了银行间市场服务的普惠性和可及性。

三是推动金融权益类资产交易市场的建设，积极促进国有资产保值增值，服务金融风险，防范与化解。北金所作为财政部指定的金融类国有资产交易平台，积极推动金融权益类资产交易的市场建设，服务各类国有金融企业股权不良资产等金融权益类的资产阳光化交易，为各类金融资产提供从挂牌、信息披露、交易到结算的一站式直通服务。

截至目前，北金所已经成为国内金融类国资交易项目挂牌数量最多，金额规模最大的平台，服务了一大批的重大的、有影响力的金融国有股权交易项目，有效促进了国有资产保值增值。另外，北金所在人民银行交易商协会的指导下，创新推出了以市场化手段处置风险的到期违约债券转让业务，引导专业化资产处置机构参与违约债券的处置，为无意参与债权重组的投资者提供推出通道，减少风险积累，有效通过市场化手段服务金融风险的防范与化解。

四是坚持以科学技术为第一生产力，不断完善信息服务，强化科技赋能金融资产交易市场的发展。北金所始终坚持以科学技术为第一生产力，积极创新应用大数据、区块链、人工智能等金融科技，深挖数据价值，完善信息服务，不断强化科技赋能，健全升级交易所核心功能，努力建成国内领先并具有国际影响力的合规高效创新开放的综合性金融资产交易和信息服务平台。

防范化解金融风险是深化金融供给侧结构性改革的一项根本任务，在防范风险方面，北金所在交易商协会的指导下始终牢牢守住不引发系统性金融风险的底线。

一是始终坚持持牌经营。严格对监管要求制定业务规则，并及时向监管部门报备，切实做到每一项业务合规合法。

二是坚持合格投资人制度。秉承银行间市场非金融机构合格投资人标准，严格按照监管要求强化合格机构投资人准入标准，切实把好风险入口和出口两道关。

三是坚持完善内控体系，构建全面风险管理构架，不断健全业务细则和内审机制，切实从业务、合规、内审三道防线保障各项业务的合规开展。

下一阶段，北金所将继续秉承服务监管、服务市场的理念，紧紧围绕深化金融供给侧结构性改革部署，牢牢守住不引发系统性风险的底线，聚焦找准实体需求，强化完善服务能力，积极助力银行间市场和我国实体经济高质量发展。

引导中长期资金入市推动市场的机构化和国际化

楚 钢

中国国际金融股份有限公司首席运营官

2018年年底，中央经济工作会议指出，资本市场在金融运行中，有着牵一发而动全身的作用，要通过深化改革，打造一个规范透明，开放有活力，有韧性的资本市场，提高上市公司质量，完善交易制度，引导更多中长期资本入市，推动上交所科创板，并试点注册制的尽快落地。

2019年4月召开的政治局会议进一步强调，要以关键制度创新促进资本市场健康发展，科创板要真正的落实以信息披露为核心的证券发行注册制。所以，在开放和法制的环境下，打造有活力，有韧性的资本市场，是我们每一位资本市场参与者重要的任务，从监管者到投资者，到发行人，到中介机构，都要起着相应的作用。

在上一个环节，银保监会的肖主任也对金融系统的一些结构做了分析。目前，我国金融系统还是以间接融资为主，到2018年年底的时候，银行总资产占267万亿元人民币的规模，占整个系统金融资产的91%。刚才大家听到孟会长也提到，证券行业总资产只有6.2万亿元，占整个金融资产的2%，去年的社容总量19.2万亿元，其中有81%是新增人民币贷款，13%是企业的债券融资，只有2%是非金融企业的境内股票融资，大家可以明显看到，中国的金融系统是以间接融资为主的这么一个特征。

总体上来讲，融资的结构还是非常不均匀，直接融资比例偏低，尤其是长期的股权融资比例非常低。可是在另一方面，我国的储蓄率又非常高，

GDP每年90万亿元的规模，我们的储蓄率，虽然是从50%开始往下降，但也是46%的水平，每年有40多万亿元的新增财富，完全可以支撑中国这个经济体继续投资，继续以比较好的速度进行发展。但是如果间接融资的比例比较高，他都是以贷款的形式，就一定会使得债务的总额继续升高。同时，会导致股权融资，尤其是创新企业，创业的股权融资的不足，这样不利于我国经济发展从速度向质量的转移。

所以，发展资本市场，提升储蓄，转化为长期股权资本的规模和效益，对于我国防范金融风险，促进技术进步，实现经济高质量发展这些目标都有重大的意义。就如何发展资本市场，我们有三个方面值得重视。

第一，通过设立科创板，试点注册制，实施基础制度的市场化。

推动科创板的落实，打造中国版的纳斯达克，将为科创企业提供极大的融资便利，能够推动巨量的储蓄转化为创新企业和新兴行业发展的动力，尤其是现在在国际环境下，尤为重要，能够促进企业和整个经济从量到质的变化，尤其重要的是，真正落实以信息披露为核心的证券发行的注册制，以创业板为试点，来带动整个A股IPO市场，建立市场化的发行机制，平稳的状态下实现价格的闯关，实现资本市场融资功能的常规化、市场化、常态化。

第二，重点谈一下引导更多的中长期资金入市，推动市场的机构化和国际化发展。

刚才也提到了中国的养老保险制度经过20多年的发展和实践，已经形成了三个支柱的状态，有政府主导的基本养老的第一支柱，也有企业主导的企业年金和职业年金的第二支柱，也有个人储蓄，为了养老的第三支柱。过去这几年，应该说国家社保、企业年金、职业年金的发展，都是为资本市场加大长期资本的注入起到了一个有效的作用，在后续的发展过程当中，我们觉得这方面还会有更长足的发展，尤其是现在正在研究和推出的过程当中，通过个税递延，通过个人退休账户的设立，对于公募基金的投资，所有这些项目的发展，我们认为分析下来，在未来的十年，我们预计养老金能够有潜在的30万亿，能够成为中国资本市场的长期资本。

此外，国际资本的配置在中国的配置还是非常低，海外投资者拥有A股市值的比例只有2%，显著低于亚洲其他地区，比如说低于中国台湾和韩国20%左右的水平。随着更高水平的改革开放，进一步引入国际资本到中国资本市场，尤其是配合MSCI提高新兴市场指数，提高A股的权重，还有通过更好的QFII来引导资金，尤其是引入大型国际资产机构为代表的国际投资者，未来十年，我们认为有潜在的15万亿元国际资本，可以吸引到中国的资本上来。

此外，根据各方面的研究，许多咨询机构的研究，中国居民可投资产，有150万亿元，其中40%以上还是主要以储蓄为主，股票、债券、基金等资本市场的配置不到15%。如果我们鼓励财富管理，资产管理的业务通过优质综合性的金融机构进行长期的服务和引导，将庞大的居民财富引入到直接融资系统里来进行资产配置，为实体经济提供有力的支持，同时实现财富的保值增值，未来我们预计，也能够引来15万亿元的资本。

另外，我们还可以考虑，设立3—5家全国性的市场化运作的国有资本运营机构，对存量的国企股权进行动态的管理，盘活沉淀资金。根据我们的研究，现在大中型国有上市公司，除了正常运营的这些资金以外，还有冗余的资金1—2万亿元人民币。同时，机关事业单位，可以用来进行长期投资的资金也有8—10万亿元的数目，共有9—12万亿元的公有资金可以用来进行长期投资。这些资金目前主要在银行贷款，投资回报比较低，社会效益也比较弱。可以考虑投资于国有运营机构发行的长期债券，提高使用效率，也能够形成长期资本。

综上所述，今后的十年，如果我们把这些工作都做好，有潜在的70万亿元资本能够引入到中国的资本市场上来，有助于我们资本市场的建设。尤其是发挥机构投资者在价值判断、风险承担、产业配置上的经验，推动我国资本市场的发展。

第三条，我们希望能够补足基础金融工具，进一步丰富衍生品市场，对冲工具。

随着国际指数，比如说MSCI对中国权重的增加，和A股规模日益的庞大，我们可以预见，国际投资者将来对于中国股票这一类资产，将会独立于新兴市场，现在的配置是配置新兴市场，新兴市场里有一批是中国股票，可以预见，中国国际投资者最终会把中国股票列为一个单一的资产类别，独立于新兴市场的类别进行配置。A股在全球配置的重要性不断的增加。而成熟的市场都普遍有一个比较活跃的衍生品市场，实现风险管理、交易对冲这些功能。

比如说2018年，美国芝加哥商品交易所的股指期货的交易量，是股票现券交易量的1.5倍，而我们沪深300的股指期货的交易量，是股票现券交易所的1/10，所以我们还有比较好的成长空间。随着中国资本市场的进一步增长，投资方、融资方需求都日益复杂，也需要更好的风险管理工具，因此在这方面，我们可以有比较好的建树。国内的衍生品市场起步比较晚，相关交易品种的限制也比较多，国际投资人难以参与。目前，国际资本主要通过离岸的市场进行操作，比如说新加坡在这方面抢了先机，他的华富时a50的股指期货，还有相当的交易量。

另外在香港市场，也是一个离岸市场，在宽松的金融监管，以及成熟的金融衍生品的业务模式下，国际投行已经在离岸市场为国际的投资者提供了相当多的A股的一揽子服务，已经在香港形成了一个几乎比较完整的A股投资的生态圈。所以，我们还是需要加快A股，场内场外衍生品市场的建设和发展。通过逐步减少对交易的限制，开设特殊的账户，允许国际投资者参与，推出更多的交易品种的合约，更好地使用，通过QFII来引流。我们也可以加深我们衍生品市场的广度和深度，更好地把握住中国这个股票在国际大类资产配置这么一种定价权，促进资本市场正常功能的发挥。

所以，我们现在目前资本市场发展滞后于当前的经济、金融领域所遇到的许多的问题都是非常相关的，而且资本市场补短板，也需要在各个领域打组合拳，做好上面的工作，将有利于在开放和法制的环境下，建设有效运转，功能齐全的资本市场体系，有力推进经济发展的提质增效，形成防范风险的长效机制。

建议监管层面推广资本市场负面清单概念

钱于军

瑞银证券总经理，瑞银集团亚太执行委员会委员

应该讲，中国资本市场过去数十年整个发展的全过程一直是伴随着对外开放和引入外资。为什么这么说呢？大家简短回顾一下，中国A股资本市场是1990年、1991年才在上海和深圳交易所正式开放。中国新时代股票市场开放得益于中国的改革开放。1986年，上海飞乐股份已经有一些股票在商业银行的证券营业部开始交易，相当于OTC（柜台交易）。那时候有很多有趣的故事，怎么买原始股，内部职工股，和一张持股证转手能卖到几万块钱。1990/1991年上交所开张后，上海飞乐等就开始上市挂牌交易了。短短一年后1992年，国内就引入了B股。今天论坛在座年轻人从事金融行业，可能没太听说过B股。B股具体来说是一种人民币特种股，是中华人民共和国注册的当时叫中外合资的股份有限公司向境外机构投资者发行的，首先要改注册。中国注册，股票面值是人民币一元一股。但是，它的买卖和挂牌交易的货币在上海的B股是美元，在深圳交易所的B股是港币。我为什么要提B股，因为我自己从事金融投行工作就跟B股有直接关系。

我1989年去英国留学，1992年我的第一个东家罗斯柴尔德在上海B股做了上海大江、上海氯碱上市，挣了几百万英镑。罗斯柴尔德集团主席Sir Evelyn de Rothschild，就说我们集团要雇中国学生。结果我就成为第一批中国留学生的雇员进入了伦敦金融城，1993年在那里工作。

可以说没有B股的开放就没有我和很多同龄人和同事在那个年代加入中

国业务。当时开放B股的想法是很有前瞻性的,能够想到在国内注册、发行,国内上市和交易,但是用外币。其实这么做主要的原因是什么?那个年代我们国家要发展,一开放,一打开国门发现我们一穷二白,我们的领导人着急了,说我们要敢想敢干,要先行先试。所以后来邓小平思想里面有一条,摸着石头过河,的确要大胆尝试。B股搞了几年,到了90年代中,很快第一批H股就来了,第一批H股里面有著名的青岛啤酒H股,还有其他几个。第一批之后就有第二批,这样就有了H股。H股之后就有新加坡的S股,有纽约的N股,今天我们知道有两个市场,有一些公司是去主板,有的去纳斯达克。

瑞银参与中国市场是非常有深度的,早在80年代末我们在北京、上海设办事处,90年代我们积极参与到B股和H股。后来2005年,老北京证券资不抵债,邀请瑞银来重组,就有了今天的瑞银证券。所以我们有幸参与了中国的改革,尤其在2005年的先行先试,让国外的瑞银集团独家管理全牌照的瑞银证券,把公司名都从北京证券改为瑞银证券,虽然当时瑞银集团的股比只有20%,到去年12月,我们成了第一家外资控股的国内全牌照的证券公司。

当然中金也是最早的中外合资证券企业,但瑞银是真正意义上外资管理到控股的全牌照A股证券公司。

我把这个经历跟大家分享是想说,过去40年改革开放,资本市场发展30年不到,但从一开始对外开放就伴随着中国资本市场的发展。过去这一两年大家知道,改革的步伐大大地加速了。我们最高领导人都说了,对外开放是宜早不宜迟,宜快不宜慢,我们瑞银也有幸能积极参与其中。瑞银的主要业务是服务合格境外机构投资者(QFII)和人民币合格境外机构投资者(RQFII),以及在香港的北向沪港通、深港通的国外机构投资者。我们在北向沪港深港通经纪业务处于行业第一位,有高达20%以上的市场份额。我们总体看好A股在进一步加快改革。我抱着知无不言,言无不尽的态度,提两条建议,一会儿大家讨论。

第一，关于资本市场的主体参与者证券公司，刚才证券业协会领导说了，国内证券公司规模都比较小，我还要加一句，的确数量太多。131家，其中八九十家都有证券承销保荐业务的牌照。但是，不能用行政手段去人为减少数量。所以我们觉得，要让市场来决定，鼓励所有的证券公司都上市，要让股民、机构投资者（像詹董事长的易方达基金等大型公募基金和外资机构投资者）来决定什么样的证券公司将来能成为A股市场领军的头部券商，来整合行业中小型券商，成为市值最大，业务多元和抗风险能力较强的投行旗舰。

第二，关于监管方面，这一环节题目讲了要打造有韧性、有活力的资本市场，其实，政府和监管部门要有定力和自信，开放的步子是应该加快了。我们不讲外部的压力，仅仅国内殷切的需求，和中国创造财富的速度、投资机构的兴起，这些大家都比我清楚，中国资本市场到今天产品不够丰富，同质化竞争太严重，境内外的有序资本流动受限。在国内市场和各种监管领域，在创新和各方面做新的尝试都是受制于"法无允许不可为"的思路和方法。

应逐渐降低法人持股比例　促进股权结构多元化

姚余栋

大成基金副总经理兼首席经济学家

怎么样打造有韧性的，充满活力的资本市场，还是要看到上市公司是资本市场的主角，经常有一句话，哈姆雷特在哪里？别搞错了哈姆雷特。资本市场的主角一定是上市公司，所以关于上市公司我想跟大家谈两个观点。第一个，股权结构多元化。第二个，就是要坚持不断的倡导价值投资。

我们看一下上市公司今年的发展，我觉得应该有一个比较客观的评价，就是质量稳中有升，分红和研发快速增长。上市公司质量已经是老话题了，很多年了，到底怎么样？我觉得还是有一个可喜进步的。我们看一下上市公司，从A股来说，过去五年营收增长大约是9.2%，今年一季度是11%，过去五年的净利润增长是7.6%，今年一季度是10.3%。过去五年平均的净资产收益率是11%，今年一季度是10.4%。同时，上市公司的资产负债率逐年下降，2010年是85.7%，2019年一季度是83.5%，这个挺不容易的，资产负债率的下降，跟我们国家从供给侧结构性改革开始，跟企业部门的去杠杆是有关系的。

以前我们抱怨上市公司不分红，都是"铁公鸡"，现在有一个比较惊喜的变化，上市公司分红规模和分红率逐步提升，上市公司的分红额，从2010年的5000亿元，现在增长到2018年的1.15万亿元，年增长率为12%，分红公司数字从2010年的1321家，增长到2018年的2787家，现在2/3的公司在分红了，以前是分红少的，现在是越来越多的公司在分红。分红公司总额占同年净利润的比重，从2010年的29%逐步上升到2018年的35%，拿出1/3以上开始分红。所以上市公司的分红规模、比例整个都在提升，已经不再是我们以前总抱怨的"铁公鸡"了。

上市公司的研发投入快速增长，2018年，上市公司的研发总额是7000亿元，同比增长是22%，近五年的增长速度超过了20%，头部公司持续加大研发力度。2018年共约300家公司的研发力度，整个强度超过10%，近100家，从我们受理的科创板，首次公开募股（IPO）的候选企业来说，研发投入占比平均都是在6.5%，还是不错的，远高于A股上市公司的2%。所以研发投入的提升，证明上市公司日益重视企业自身的自主创新。

上市公司过去伴随着中国经济的程度，资产的回报率，还是可以的，分红也逐渐加大，研发投入也在提高，上市公司的质量是比较长期的一个过程，逐渐提高。我们也看到，证监会易会满主席在今年上市公司年会上说，上市公司质量是资本市场可持续发展的基石，是上市公司监管的首要目标。他也提出，要按照市场化、法制化的改革方向，在充分调查研究的基础上，适度优化再融资，并购重组，减持分拆上市等一系列制度，大力发展直接融资，特别是股权融资，进一步提高资本形成效率，助力缓解融资难，融资贵问题。

我们的进步是可喜的，有一些亮点在分红和研发上，问题也是比较多的，我想提两个建议。一个是股权结构多元化。要尽快找到减持的平衡点，现在国内外大量的研究表明，股权结构多元化能够提升企业的治理水平和资本的配置效率。一方面，股权结构多元化提升了股票的流动性，能够换届企业融资约束，降低融资成本。

另一方面，股权结构多元化可以降低代理成本，更多的股东来监督，强化大股东的监督和退出的威胁，股权集中导致监管难度加大，导致大股东利用控股权谋求自身利益的道德风险总是存在的，从而导致这个公司长期的利益，并不能股东最大化。看到发达国家股票的机构投资者占比整体高于我国，

2017年末，我国机构投资者占比只有16%，个人投资者持股占比21%，一般法人股，产业资本持股高达61.5%。相比来说，美国股票市场机构投资者的市值，主要是机构投资者占56%，个人投资者39%，日本的机构投资者是61%，法人占比21%。因此，国际的趋势就是一般法人持股比重是逐渐下降的，更有利于我国资本市场长期健康的发展。

这里有一个问题，减持的问题，上市公司减持怎么办？到今天还没有一个很好的理念，你上市了，怎么能让你减持呢？非常容易走偏，如果不减持，至少是非控股股东不减持，他拿什么做别的投资呢？怎么能分散风险，怎么能够再投资呢？减持以后，再投到别的行业里，或者是相关行业里，这个里面没搞明白。同时，如果让他过快减持，又会影响短期的股价波动。现在很重要的一点，没找到这个平衡点，证券法第三稿修改在即，这个非常迫切，找到上市公司，既能够合理减持，同时短期内不影响股价的平衡点，我觉得这是大家共同要探讨的难题，而且比较迫切。

还有一个，加入MSCI以后，境外资金持有中国股票的越来越多了，现在MSCI在新兴市场的占比是60%，我们将来可能有800多支股票，中国的股票代表了新兴市场。开一句玩笑，咱们进入MSCI，加入中国以后，国外养老机构问的问题，什么是茅台？中国的首席们很聪明，说茅台就是中国的拉菲。实际上我们将来说，可能茅台的主要持有者是境外投资人，为什么不可以呢？也是可以的，实际上也是一个分散，喝茅台也是对中国文化更多的欣赏。

第二点建议，刚刚跟詹董事长的建议一致，一定要长期坚持不懈地倡导价值投资。我们现在的市场，主要机构少，交易的是散户，持股的是法人，这个东西将来交易应该主要是机构投资者，持股应该是广泛分散化的。所以散户70%是不挣钱的，光交易了，没挣到钱。所以感觉到，一定要寻找中国的巴菲特。巴菲特的理念在中国适不适用，实际上是可以探讨的，我觉得有大量的文章来证明这一点。

大成基金也做了长期的探讨，巴菲特的理念很简单，就是寻找价值又好又便宜的股票。我们在MSCI整个的框架里面，相当于沪深300+中证500，上市公司800里面，用质量这个因子寻找，比如说ROE，或者是PB类似的指标，找一圈，筛选出一批股票，然后我们用价值，价值主要是市盈率PE，寻求不需要太高的股票，再筛一圈。于是我们就找到了中国的漂亮100，这个漂亮100，我们跟MSCI得到认同，定制了中国MSCI第一支Smartbeta策略的ETF，即将发行，这个价值投资理念，中国漂亮100过去十年的年化收益率是穿越牛熊，无惧整个股市的大幅度波动，年化收益率在8%，夏普比率竟然高达将近0.4左右，信息比率接近1%，相当于一个非常优秀的主动管理投资经理。价值投资理念，在中国的上市公司当中是存在的，只要你坚持，只要你去努力寻找又好又便宜的股票，所以我们想倡导的就是，还是要找到中国的漂亮100，能够穿越牛熊。

整体来看，上市公司的质量在逐渐提高，有分红的提高，研发收入迅速上涨的亮点，虽然质量是大，但是还不够强。建议进一步提高上市公司的质量，从股权分散化入手，从迅速地、迫切地找到又让合理减持，又不影响当前股价波动的这样一个制度上的平衡点入手，从坚持不懈地倡导价值投资的理念入手，把上市公司做强。上市公司做强了，我们的资本市场的基石就做好了。

对话交流

主 持 人：中证金融研究院院长刘青松

对话嘉宾：全国中小企业股份转让系统有限责任公司副总经理隋强；瑞银证券总经理、瑞银集团亚太区执行委员会委员钱于军；易方达基金董事长詹余引

主持人：首先感谢三位嘉宾参加今天的圆桌会议，来进行深入的探讨，探讨的主题仍然是刚才大家讨论的话题，刚才七位嘉宾从不同的角度展开了论述，现在我们在此基础上，请三位嘉宾分别再做一些深入的讨论。

我想在开放、法制的环境下，要建设有韧性、有活力的资本市场，是我们每一个市场参与者都面临的重要的使命。刚才讲到三板市场，全国中小企业股份转让报价有限责任公司，新三板市场的徐总也做了介绍，尤其介绍了新三板市场作为中国多层次资本市场的有机组成部分，而且现在证券法也赋予其非常明确的地位。我想首先请教一下隋总，您觉得在开放、法制的环境下，要建设有活力、有韧性的资本市场，三板市场在中国多层次资本市场当中，是一个有机的组成部分，其有机组成部分的特点体现在哪里？同时，三板市场和我们多层次资本市场的其他的交易场所和相关层次，到底是什么关系。

特别是刚才徐总也介绍了，我们现在面临的困难，我想大家知道摆在眼前一个明显的困难，三板之前做过大量的研究，提出了很多的方案，但是在方案付诸实施之前，国家颁布了科创板的试点和注册制的试点方案，对三板市场既是一个激励，也是一个新的环境，我想问在这个环境下，三板市场改

革的出路到底在哪里？

隋强：刘院长刚才提这个话题十分有挑战性，我本人对这个问题也做了一些思考。我谈几点看法：

第一，大家都认为科创板推出以后会对新三板带来一定的冲击，甚至市场有种说法认为它会延缓新三板的改革。我认为这个看法是比较片面的。我觉得目前大家科创板试点注册制应该是全国主动的，很多人把科创板的重点放在发行制度改革，我认为这个是比较片面的。科创板试点注册制涉及发行制度改革；涉及信息披露；涉及中介机构的责任；涉及发行市场化定价；涉及退出制度安排，最终的目标是形成可复制和推广的经验。从这个意义上讲，随着科创板试点注册制的推进，实际上也为新三板下一步的改革打开了制度空间，另外我想说的是，科创板资本注册制是金融供给侧结构性改革的一个重要组成部分。实际上新三板本身的设立将近七年的时间也是资本市场供给侧结构性改革重要的改革和实践。从这个意义上来讲，尽管目前新三板遇到了一些问题，但是我本人对未来的改革和发展是抱有充分的信心的。而且，大家要看到，新三板毕竟十分年轻，仅仅走过了六年的发展历程，较之于沪深将近三十多年的发展历程，我觉得目前的问题都可以归结为叫"成长的烦恼"。随着改革不断地推进，问题是可以解决的。这是我想分享的一个观点。

第二个观点，多层次资本市场的有机联系，新三板是重要组成部分。实际上在这个有机联系过程中，关于新三板的定位一直是清晰的。谈这个问题的时候，我特别想和在座各位交流一个观点。目前大家谈到新三板和沪深交易所的区别有两个误区：一是把证券市场一般性的基础性的制度供给当成沪深与新三板的区别，这是有所偏颇的。作为一个交易市场，发行、定价、交易、流动性涉及基础性制度安排，并不是区分沪深交易所和新三板市场各层次、各板块的根本性差异，而差异在于各自的服务对象以及基于不同的服务对象实施的有针对性的差异化的制度供给。从这个意义上来讲，我觉得从顶层设计的角度来看，新三板从国务院39号文以及今年发布的两办的文件，支持中小微企业和民营企业对于新三板是十分清晰的，就是要把新三板打造成民营、中小微企业融资发展的重要平台。从实践的角度来看，刚才徐总的演讲讲到，实际上目前所有的挂牌公司大概是14000家，80%以上的中小微企业是由新三板服务的，80%以上的民营企业是由新三板服务的。

实践层面也回答了这个问题，新三板通过前期的实践，已经成为中小微企业，特别是民营企业的主阵地和主战场。在这里有一个问题大家很关心，新三板是不是有一些企业会和沪深形成重叠，我认为市场兼有重叠是正常现象，市场服务对象很难像楚河和汉界泾渭分明，实际上有一定服务对象的重叠，既有利于提升证券市场的包容度，制度的竞争有利于改进市场的服务，提升各市场参与主题的获得感。

第三个观点，下一步到底怎么办？我认为三板下面改革的空间很大，潜力也很大，改革的方向也是明确的。我们的改革不是为了改革而改革，下一步的改革主要的目标还是聚焦于服务民营中小微企业，大致我们从市场调研来看，涉及几个方面：

一是提升市场的融资功能，大家觉得三板的融资功能无论从发行制度还是交易品种、发行品种方面觉得比较单一，这方面要完善。

二是三板目前一万多家公司，市场体量很大，公司数量很多，现有的市场内部层次可能还比较单薄，就制约了我们差异化制度供给的空间，所以下一步要进一步完善目前内部市场层次。

三是聚焦市场流动性问题。比如我们目前三板市场500万是门槛，大家觉得比较高，如果说门槛过高，既制约了企业融资功能的发挥，实际上也制约市场流动性参与过少。随着市场化差异化制度供给的逐步推进和市场分层的逐步推进，完善市场的差异化的投资者市场管理制度安排也是有可能的。

最后一个问题是怎么完善市场的有机联系。目前，我们三板外面公司有很多企业通过IPU的方式转战主板，中小板、创业板以及正在准备中的科创板。这个路径我觉得有它现实的合理性，未来觉得市场的逐步深入，还有没有更好的可能性，具备一定条件的新三板挂牌公司，不经IPU的环节直接向沪深交易所的市场板块提出上市申请。我认为这个路径是可行的，既有利于企业在不同的市场层次和板块间进行自主的选择，也有利于完善各层次市场的有机联系。这些制度我觉得下一步我们会在改革推进的过程中逐步去完善。

主持人：谢谢隋总精彩的演讲。通过隋总的介绍，大家对新的环境形势下新三板市场到底该怎么办应该说有了一个更加清晰的认识。到底会怎么样，我们还会拭目以待。

下面一位是瑞银证券钱于军先生。刚才我们已经对这个话题做了比较多的交流，特别是钱总介绍了很多很有益的观点。我们注意到，要在开放法制的环境条件下建设有活力、有韧性的资本市场，金融机构或者说经营机构，再进一步讲，我们的证券公司、投资银行应该承担着至关重要的作用，要发挥资本市场的作用。特别是我们认为一个资本市场的功能和它服务的半径其实从本质上取决于投资银行的服务能力和它服务的半径。

我们注意到，钱总现在服务的是瑞银集团，在国际上，也就是开放条件下，我们面临的环境是瑞银集团作为一个综合经营金融业务的金融控股集团，进入中国资本市场，我们现在实行的是分业经营、分业监管的经营体制。在这种情况下，我想请问钱总的第一个问题是，您如何看待在中国在分业条件下金融机构如何开展综合性金融服务的政策？

第二个问题，资本市场开放之后，我们的证券公司和瑞银集团这样的综合控股集团会在同一市场竞争。我想请问的是，在这种条件下，您觉得中国在分业条件下的中国投资银行证券公司出路何在？

钱于军：谢谢主持人。我下面的回答不代表瑞银的官方观点，只代表我个人的一些不成熟的想法。这样有利于我们进行讨论。

第一个问题，瑞银是在全球运营了150多年的综合性的金融机构，所谓综合性，我把瑞银简化成两大块业务，一大块是买方，一大块是卖方。大家知道UBS是全世界第一大的私人银行，管理着2.4万亿美元的资产，在美国管理了1.2万亿美元，美国以外的欧亚地区管理了1.2万亿美元。少有人知道，瑞银在美国是非常大的非美资的银行，我们在全球6.5万名员工中有2.2万名在美国，当年我们花了100多亿美元买了美国排名前四的Financial Advisory Firm 叫 PaineWebber（中文叫普惠），所以才有今天的美国私人财富管理业务的规模。

我们还有管理8000亿美元资产的全球资产管理。8000亿美元加2.4万亿美元，我们全球管了3.2万亿美元，这是什么概念？美元人民币汇率乘以7，我们全球管了20多万亿人民币的资产，当然这些资产都是全球配置。这是强大的buy side business（买方业务），有了买方业务主导和支持，我们sell side（卖方业务）的投行更有特色和优势。坦率地讲，纯粹拼规模，瑞银投行自2012年开始就大幅缩表，因为商业银行有巨大的资产负债表，越来越多介入到投行的交易经纪和需要balance sheet（资产负债率表）支持的做市或自营业务，尤其是定息产品和债券。

所以瑞银就通过缩表砍掉最耗费资本和资产负债表的某些投行业务，重新定位做轻资产的投行。我们强调股票和权益类产品领先，强调做并购顾问，做在fixed income（固收产品）里面不太消耗资本金的业务。瑞银集团今天约2/3的集团利润来自买方业务，我们的投行贡献集团收入和利润的约1/4左右的水平。瑞银投行在亚太区、中国区很出名，因为我们是全球最领先的equity house（股票/权益类产品大行），做IPO，做二级市场，刚才我前面讲了引入外资进入A股，我们也是排在外资投行中遥遥领先第一的。

回到您那个问题，我们是在讨论怎么样的一个资本市场或者整个的金融服务业的监管，有利于中国资本市场的发展。我们的券商太势弱了，整个券商行业才能和瑞银在内的全球领先大行在规模和营收利润方面有得比。瑞银集团2018年税后利润约50亿美元,也不算特别好的年份,总利润包括税前是65—70亿美元。我们现在的市值500亿美元左右,约合3500亿元人民币。但是瑞银市盈率只有10倍。因为全球对这样综合性的金融服务机构并没有给很高的估值。我们的ROE是远远高于国内券商,去年一级资本回报率是14.2%,国内你们看看如果有股票分析员的报告,没有一个券商的回报率,ROE是超过10%的,有些券商股本回报连8%都达不到。这说明单一牌照只专注卖方的大型券商投行,没有买方或者没有齐头并进的多元化业务,整个体量又比不上类似瑞银在三四十个国家和地区将近100个交易所都是会员做交易服务,风险更分散。跨国运营大行的体量使得我们在全球范围内更容易达到规模经济的效应。所以我赞成有关建议,在国内试行商行和投行券商混业或者开放性的监管。作为外资中参与中国市场最久最深的金融机构,我们期待着在下一步金融业对外开放中,允许按照多牌照金融控股集团的运营方式,使外资能取得更高的运营空间和灵活性,降低成本,达到效益最佳化。我们在中国已经是事实上多种牌照的外资控股的实体了,只不过为了中国分业管理的方便,集团直接持有100%的法人银行,瑞士银行(中国),再通过集团直接持有瑞银证券51%,持有100%的上海PFM,所谓叫洋私募,持有100%北京资产管理公司,和持有国投瑞银公募基金公司的49%。我们觉得允许多种牌照的金融控股平台尝试跨法人机构实体在中后台支持功能乃至前台业务协调发展方面应该是方向,我们在积极沟通,也期待着有机会作为试点单位或实验品来尝试这样的安排。

主持人:您的第二个问题,在开放市场环境下,瑞银这样的集团是金融控股的,我们是分业条件下的投资银行,证券公司是分业的,在这个竞争条件下,您觉得从您的经验来看,中国投资银行出路何在?

钱于军:我不能说只有一条路,做了并购这么多年,我知道,尤其是看金融行业，你得有特色，头部券商纯粹是讲量，看排名是否排在全中国前三、前五，这有一定的意义，但还是偏颇了。比如承销保荐，进不了前15，在我看来很有挑战做大做强。另外不少中小券商做的还不错的是零售经纪业务，现在好几家券商把营业部重新改名变成财富管理部，当然我一直在跟他们解释，跟我们同行，包括瑞银的同事们解释，他那个财富管理跟瑞银做的不是一个概念，但是我们觉得服务零售为主的营业部在中国这个市场，在未来一定时间内有它发展的前景。所以我会说应该加快整合。上市的证券公司要有一种危机感，不去并购别人就会被别人并购，我一直停留在前20名或25名以外，理论上我的业务、我的定价能力会越来越弱，因为头部券商的在中国集中度比不上国外。在全球范围内，瑞银现在投行，排在第五到第九之间，取决于我们那一年的业绩，是有压力的，必须要挤进前五。现在前五基本上都是美资行，我们决定砍掉了投行的balance sheet，大幅缩表，所以我们不太介意纯粹按体量比。前五大投行里三家是美国和全世界最大的商行，即JP摩根、美洲银行和花旗都是大商行，借助商行的存款和巨大的balance sheet（资产负债表），来做投行业务，所以对资本金要求高的投行业务有帮助。所以我想并没有唯一可行的一个模式，大家都应该研究这些全球领先的投行，然后根据国内市场的特色和有关券商的优势来考量战略定位和业务发展。

主持人： 大家的掌声说明对钱总的观点是高度认同的，我相信，我们现在在开放的环境下，面临这样的压力，是我们每一个资本市场的从业人员都感受非常深刻的，从监管层，从国家立法对于金融业综合经营怎么办，对于分业条件下，或者说对于专业化的投资公司，投资银行该怎么办，需要我们共同来探讨。

下面我们再有一个问题请教詹余引董事长，这个问题刚刚您做演讲的时候，我已经提出来了，我简单地说明一下。公募基金是我们资本市场，大家应该说是寄予厚望的长期投资者和长期资金的来源，但是很遗憾的是，过去

21年的市场表现来看,像刚刚詹董事长讲的一样,差强人意,尽管规模有所扩大,但是偏股型的规模在2007年顶峰之后,一直没有再能够超越,而收益状况,从投资的角度来讲,确实是比较遗憾。另一方面,刚才中金的楚钢博士讲的,在未来我们可能有15万亿元的国际资本进入,对于资本市场长期是有益的,但是对于本土的所谓机构投资者和公募基金,那是一个巨大的竞争压力。

我想请教詹董事长两个问题,从您的经验来看,我们现在的公募基金,或者说继承的这些长期投资者,到底问题出在哪儿,怎么了?这是第一个问题。第二个问题,在开放的条件下,开放就是竞争,中国的长期资本到底在哪里,我们的长期投资者到底如何培养?

詹余引:这两个问题也是我们一直在思考,前面是讲问题,或者是我们的挑战,后面也是问题,也是机遇。我们的问题到底在哪儿,现象都容易看到,在我前面的演讲里也提到了一些,归结起来,除了投资者的感受以外,作为基金管理人,我们也在不断地总结。好比讲长期投资,我们发现也有很多时候,我们这个行业,把男子马拉松变成了百米冲刺,不断地百米冲刺,这个马拉松也没法跑,这是一个情况。再有一个,从业绩拉长来看是不错,刚才那两条线,但是他的波动也非常大,波动从专业的角度来说就是风险。这个对于投资者来说,怎样在这个波动的市场,在波动的环境中,他是很难去把握的。这个波动一部分是来自于市场,我们所谓的Beta,一部分也是来自于策略,这两者都有。对此,我认为一个方面是要看看这个背后,我们借鉴国际的经验来看,到底有哪些我们做的还不够,要做出努力的。第一条,我们这个产品的设计,因为产品是连接投资人和我们的一个最重要的纽带,因为这个产品,或者说这个策略,到底是不是投资者需要的,或者换句话说,投资者能不能看清楚你这个产品是什么样的产品,这一点很重要,比如一个消费者,你去买一个东西,你是要了解它是什么样的,你才有信心去买,而不是说,我这个产品就是好,你拿回去放一年,自然就赚钱了,不能按照这样的思路。因为过去早期的时候,大概是这样的思路,包括现在,可能有一些在私募市场仍然有这样的思路。因为投资者,信息不对称,他也没法去了解,没法理解,他就只能说我信你。

但是我们想做的一件事,把我信你,从投资者的角度变成从基金管理人的角度,从基金公司的角度,我怎样让你来相信。其中最重要的一条,让这个产品能够有清晰的定义,而不是只是说,我这个过去怎么样,过去当然重要,这个产品它到底是投哪个方向,它的基准是什么,它的风险水平怎么去刻划,风险收益特征怎么样,我的管理人,基金经理,他的专长在什么地方,过去表现出来的业绩是不是符合这个产品的特点,等等一系列的,只有把这个产品定义搞清楚了以后,投资人才有可能做出甄别和选择,这是非常重要的一点。

第二个我们也在做,也希望去做的,我们赚的钱从哪里来?因为我们这个资本市场发展这么多年,应该说这中间也有很多的争论,也有很多诟病的地方。我们赚钱的来源应该是赚上市公司增长的钱,赚这个经济发展的钱,而不是去套利。套利也有它的作用,一个成熟的市场,一个有效的市场,如果它真正有效的话,套利的机会是很少的,所以说我们主要不应该赚套利的钱。当然,有套利机会出现的时候,我不会放过的,但是我主要的理念和力量是放在怎样去分析经济,分析公司,赚这个经济的发展,赚这个公司的增长。从另外的角度来说,支持了实体经济,实体经济有了好的发展以后,那我们赚的钱,才是真正的能够长期持续的。这一条说起来,大家都很容易理解,但是只有你将其真正变成理念,变成策略,变成你的想法之后,贯彻在你管理基金的过程当中,融入到你的日常的工作当中,才真正是价值投资,理性投资,长期投资,才真正能够贯彻下去,这是第二条。

第三个,你光讲理念这是不够的,怎么去执行,这个执行,就是在整个管理的过程当中，把理念融入进去，所以说，我也经常跟一些同行讨论，我们能做的这些，我们把它拎出来，我们赚什么钱，我们想清楚，哪些事我们应该去做，哪些事哪怕能挣钱，但不应该挣那个钱，厘清楚。

再有一个非常重要的，我们把投资的理念和投资的流程紧密地结合，这个投资的流程和这个理念是相结合的，是相一致的，是一体化的。打造一个理性投资，或者说一个科学投资的流程，在这个过程当中，就能够去把这个风险管控好。所谓风险不光是操作的风险，道德的风险，同时也包括投资的风险。当然，风险不能完全剔除，我们这个行业就是跟风险打交道，管理风险，但是对于这个风险有了充分的认识，把他管理在可控的范围，承担一定的风险，获得相应的回报，这个就是我们所做的工作。

所以我想，我们应该改进的地方，其实也就是在这几个方面，限于时间的关系，还有其他的一些细节，我就不再展开了。

第二个问题，您刚刚讲到的，未来的机会，15万亿元，听起来是很大的一块蛋糕，其实我想，非常重要的一点，或者说和我刚才讲的是完全一致的，这些机会是和整个经济的发展相联系的，是整个财富管理的需求。刚才钱总也在讲财富管理，瑞银是全世界的翘楚，有很多值得我们去学习的地方。实际上我们现在还在打基础的阶段，对于客户来讲，对于绝大部分客户来讲，甚至包括很多高净值客户，因为我们也接触到一些，包括国内的私人银行的客户，他的财富管理的概念和理念，还没有真正地塑造起来，这个不怪他，是我们这个市场还没有发展到这个阶段，所以我为什么刚才讲，我们先从产品做起，我们专注于这样的产品，我们这样的产品可以变成他的配置工具。他有了配置工具，才能够真正地通过配置，通过组合，实现他的财富管理的目标，把这一链条打通，也是我们努力的一个方向。

主持人：感谢詹总，詹总在做公募基金，原来在社保基金，对于这一领域也有着丰富的经验，刚才我们也知道，瑞银应该是在全球最顶级的财富管理机构，我想请问钱总，刚才您对詹总的这个问题，以及詹总的意见，您有什么补充的意见？

钱于军：我其实非常同意，尤其是詹总讲的第二条，理念来决定，理念相配合的投资策略，最后还有产品，最后让投资大众来选择。我刚才听了詹总所讲的，受到启发，我们对中国资本市场，EST也进行了分析，社会责任投资在国内还没有真正成体系。但是我们发现，个别的中国超高净值，甚至有一些已经建立了家族办公室的个别的客户，已经主动找我们谈，他们在国外已经享受了我们这种产品，什么时候能在国内推出，所以我们也在了解市场，我相信我们也会跟国内的业界，尤其是詹总领导的易方达这样的顶级的公募基金来商量。这个仅靠一家是搞不起来的，要靠整个行业，整个市场发展到一定的地步才行。我们看了一下，我也从投行的角度看A股可供投资的标的里面，还没有一个成形的社会责任投资的标准，这个可能对于某些个别的投资机构来说，内部在逐渐形成，但是我们没有一个行业认定的标准。比如说在海外，我们都积极参与，有时候瑞银还是主导者，在欧洲我们做过这样的统计，社会责任投资占欧洲总投资总规模里面，现在已经上升到超过15%，可能有20%左右。而且我们曾经做过一些比较，社会责任真正做得好，不会比不考虑这个因素的投资表现差，其实主要是因为供求关系。因为大家投资大众，包括个人到机构，到主权基金，都认可这个的时候，都希望涌进来，都对投资产品和管理人提出这样的要求。打一个比方，不投资森林砍伐树木的，基本不投资重污染的造纸业，更不会投资烟草工业，在这个意义上，国内这一块儿，也需要有社会的共识，需要有来自投资人的诉求。

詹余引：我想补充一句，刚刚钱总讲的社会责任投资，实际上国内这些年也在做非常有益的探索，包括中政指数，很多年前，因为当时我是他的指数委员会的委员，编制了相关指数，我们也有基金的同行，做工具型的被动的投资，当然这是比较早期的时候。

近些年，拿我们公司为例，今天我一直忍着没做广告，我们也加入了联合国的社会责任投资的非营利的组织。更重要的，我也非常同意钱总的观点，从长期来讲，只有社会责任，它其实是一个比较广泛的一个概念，只有把它根植于在你的投资理念当中，我们经常讲的所谓的可持续发展，它才会有一个土壤，所以我们在ESG方面也都投入，当然是跟国际的公司去合作。所以我想，包括人民银行原来用的绿色金融，都是做这方面的事情，当然路还很长，但是我们愿意一起去努力。

主持人：隋总，你是否用一句话，两句话，对今天的主题再做一个补充。

隋强：我个人体会，资本市场是一个生态，生态健康，市场参与者才能有获得感，才能各得其所。同时我也感觉到，随着中央、国务院，还有监管部门对于资本市场建设、改革的日益推进，我相信我国的资本市场，生态会越来越好，也希望我们在座的各位共同参与，共同建设这个市场，并且在这个市场中，每个人都有责任。当然我更希望在座的各位，一如既往地关心、支持三板的改革与发展，谢谢大家！

主持人：感谢三位嘉宾。应该说就开放、法制环境下建设有活力、有韧性的资本市场这个话题，尽管我们今天做了很充实的讨论，但是这个形式应该说刚刚开始，在市场发展的将来，我们会面临更加深刻的问题，更加严峻的形势，我希望，除了我们在台上的三位嘉宾，更希望在座的各位朋友，能够用心去思考，去体会，以及去寻找我们的出路，共同来迎接、面对这样一个新的形势，能使中国资本市场行稳致远。

第六章
中国金融创新发展与国家金融管理中心监管沙盒

金融监管必须建立在金融科技的基础上

霍学文
北京市地方金融监管局局长

金融街论坛创办于2012年,到今天已经举办了七届,本届论坛依然保持着高朋满座,胜友如云,嘉宾们主要围绕扩大金融高水平双向开放,提升金融全球竞争能力这样一个热点的话题,提出了很多建设性的意见,成果相当丰硕。在论坛举行同期,金融服务专题展览,也就是每年的金融博览会也盛大开幕,包括银行、基金、证券、保险、金融科技等企业,50余家国内外金融机构参展。在昨天下午举行的金融科技分论坛上,举办了30家机构集中签约仪式。人行银管部、北京银保监局、北京证监局、西城区政府、海淀区政府、中国互联网金融协会等单位的领导见证了签约。今天上午举行的全体大会,开展了金融街合作发展理事会揭牌仪式,建设国家级金融科技示范区启动仪式和金融科技研究院揭牌仪式。这一系列活动充分展示了首都金融业创新发展的潜力和巨大的吸引力。

本届论坛年会还首创了金融街夜话这样一个环节,围绕中国金融创新发展和国家金融管理中心,尤其是监管沙盒这样一个主题进行交流。我觉得这将成为今年、明年,以及后年金融科技发展,尤其是在北京发展的非常重要的一个主题。我们如何建设这样一个具有国际前瞻性的监管沙盒,我们如何加强与国内外金融监管机构的合作,我们如何加强在金融街和国内各种各样的金融机构、金融科技企业的协同。因此,这一主题非常重要,我们希望,也愿意看到今天所有的专家贡献你们的智慧。

大家别忘了，只要你们有智慧，我和孙硕区长，我们俩最愿意干的事就是落实。首先，金融创新发展是深化金融供给侧结构性改革，服务实体经济的必然要求，在这一点上，传统市场的机制和技术手段已经难以解决信息不对称，规模效益低的困扰。金融要跟上时代的步伐，跟上需求的发展，也要跟上创新和监管的要求。我们大家都知道，前几天，我总结了金融科技到底是什么？我叫做金融科技就等于ABCDEFG，我这里不做解释了，但是我要强调两点。ABCDEFG不是等同的，也不是同等重要的，未来金融科技发展，引领作用的将是AI。也就是说，未来的金融，一定是智能驱动的金融，大数据也好，云计算也好，区块链也好，都要服务于这个智能。

第二个，金融科技解决的一个最基本的问题是什么？就是信用问题，信任问题和信息不对称问题。也就是我们大家都知道，什么叫金融，金融是信用经济，是信用行为。金融企业和客户之间的合约是建立一种信任关系。我们拿起手机来做的所有的业务，你其实是对手机另一端的那个机构充满了信任，如果你不是对它充满了信任，你不会用手机对着你的脸照一张照片过去，还眨眨眼，最后如果你对它不信任，你这个业务是办不成的。

所有的信任也好，信用也好，最基础的东西是信息。这些信息是怎么来的？现在我们大家实际上每个人都贡献着信息，每个人都成为信息的使用者，都成为信息的承载者，也成为信息噪音的制造者。我们怎么样把信息噪音捋平、筛选，成为有价值的信息，这个就是当前信息技术要处理的很重要的问题。所以，我要强调的第二点就是，加强金融监管，防范、化解金融风险，必须建立在金融科技的基础上。这一点我也不要多讲了，我只强调两点。

一是现代金融监管没有金融科技，已经谈不上监管了。所以我们现在谈监管一定是基于监管科技的监管，而不是手工画一张图。我们大家都知道，现在所有的传输其实都社交化，都电子化，都已经完全的痕迹化，目的就是要把监管纳入到有序的范畴。

第二个,所有金融风险的防范、控制也都信息化和智能化。因此就这两点来讲,未来的金融发展一定是金融创新、金融监管和金融风险处置相结合,大家都同时看着一个信息,只不过看的信息的侧面不一样,每一个人在同样一个信息库下,或者是一个信息场景下,或者是一个信息生态下,大家选取的角度不一样。比如说金融创新者,更多的是看业务未来的前景,金融监管者主要是看合规性,金融风险防控的人员,主要是看风险的发生,风险的可能性和未来怎样消除风险。

金融监管沙盒是建设国家金融管理中心重要举措

孙 硕

北京市西城区人民政府代区长

两天来，2019年第八届金融街论坛成功举办了全体的大会和三场分论坛，来自海内外的各界专家大咖在这场思想盛会上发表真知灼见，充分体现了金融街论坛的专业性、学术性和国际性。作为中国最重要的高端金融论坛，本届论坛以"深化金融供给侧结构性改革，推动经济高质量发展"为主题，深刻广泛地就金融业全球治理、扩大金融开放、货币政策调控、金融体系结构、资本市场、金融科技、金融人才等进行了交流探讨，为中国金融改革开放、首都金融创新发展和经济高质量的发展聚智扶政，建言献策，贡献智慧，在此，我代表金融街论坛的承办方，再次对各位来宾的支持表示衷心的感谢。

今晚本届金融街论坛的最后一个环节，金融街夜话围绕中国金融创新发展与国家金融管理中心监管沙盒这个主题展开全面的深入讨论，借此机会，结合国家金融管理中心监管沙盒的工作，我谈两点体会。

第一点体会，探索金融监管沙盒是服务国家金融管理中心建设的重要举措。

从我国金融业做大转向做强的过程当中，金融创新发展，尤其是以科技驱动金融创新的趋势在不断的加强，我们开始进入无人区和深水区，呈现出从基层到顶层自下而上的推动趋势和影响后果不确定、不清晰的特征。金融监管沙盒机制作为国际社会强化金融合规，防范金融风险和促进金融创新再平衡的最新的潮流，可以在无人区中为金融创新画出一道相对清晰的边界，创造一个可以控制的安全空间，辅以适配的风险补偿机制和高密度的过程监控，将会为中国自主金融创新保驾护航。

今年1月份，国务院批复了关于全面推进北京市服务业扩大开放综合试点的工作方案，在这个方案里面明确了可以在西城区，在依法合规的前提下，探索监管的沙盒机制，促进金融的发展，防范金融风险，收到批复以后，我们在霍局长的指导下，迅速行动，邀请国家金融管理部门和驻区的重要金融机构，专家学者召开了多轮的座谈会，广泛征求各方的意见，反复论证研究，突出试点单位和监管单位同时推进，形成了国家金融管理中心金融监管沙盒的总体工作方案，基本思路是在金融创新和有效监管之间追求科技的平衡，为中国金融科技的创新、服务流程创新和商业模式创新提供先行先试，以及复制推广的基本测试和政策评估。

监管沙盒将始终坚持金融是中央事权，或授权地方事权的原则，监管沙盒也将增强，而不是替代监管权威，确保国家和地方金融监管部门的全流程和全范围的参与，审评和监测。

第二点体会，国家金融管理中心金融监管沙盒的工作标准。

我们把这一次试点的工作方案总结为三句话："入盒有创新，试验要全面，出盒要谨慎。"

"入盒有创新"，就是对于申请和进入金融监管沙盒的金融科技创新产品和服务，包括金融模式和流程的创新，必须是实打实的金融科技创新，正而八经进沙盒，就拿出你实实在在创新的模式、流程、方案，进到这个沙盒里面来。我们欢迎传统金融和各类新技术的金融机构与企业，拿出真正有创新、有创意、有创造的金融科技创新产品、服务和模式的流程，真正激发金融供给侧结构性改革，为实体经济提供更加高效、更加便捷、更加安全的金融服务。

"试验要全面"是指对于在金融监管沙盒中进行的金融科技创新产品，我们会从他的技术性能、经济和社会效益对金融和经济系统的风险影响与冲击等各个方面，进行全方位的全面试验、监测和评估，特别是风险的识别、测定和防控，我们将建立信息披露、风险防控和补偿机制，试验期间产生的损失按试验参与各方按照约定的比例承担，确保不出现风险外溢。

"出盒要谨慎"，指对于进入沙盒的产品和服务，在每一个测试期结束以后，我们将做出"出盒、退出、留盒"的决定，我们也将综合国家和北京市金融监管部门，监管沙盒专家委员会等相关方的意见做出决定，特别是出盒的产品和服务，将按照相关的程序，由相关主体审批确认后方可出盒，真正实现监管沙盒是增强，而不是替代监管权威的目标。

以上两点是关于金融监管沙盒的两个体会。

正如科技驱动金融创新发展一样，未来已来，惟变不变，我们将始终坚持首善标准，在北京市金融监管局的指导下，邀请全区和全球的智慧和力量，以创新开放的眼光和国际一流的标准，高质量推进国家金融管理中心金融监管沙盒的工作，积极推动金融制度创新，努力把金融供给侧结构性改革推向纵深，为国家经济转型发展和高质量发展贡献我们的智慧和力量。

金融科技的本质是金融，是业务，不是技术

金磐石

中国建设银行信息总监

当前金融业创新发展已经离不开金融科技的支撑，这一点上，在2018年我们上市银行的各个银行的年报大家都可以看出来。光四大行，国有商业银行的年报中，提及"金融科技"达上百次，这其中建设银行一家就提了44次，全球大小银行都将金融科技放在重要的位置，所以加大科技的投入，以科技赋能业务的发展，已经成为行业的共识。但是，如何依靠科技力量驱动金融业务创新，我们认为需要以技术为手段，创造新的服务模式，依靠科技的性能和效率的优势，将金融服务延伸至更广阔的领域，为社会发展赋能。

基于这一认识，建设银行提出了住房租赁、金融科技、普惠金融三大战略，建立了"劳动者港湾"，组建了"建行大学"，开启了"第二发展曲线"。前不久有记者报道，建设银行"天天搞事情"，还有记者报道，建设银行"不务正业"，实际不是这样，当然记者是好意，这些都是将金融科技作为核心的驱动力。

建设银行有一个金融科技战略，简称"TOP+"。"T"是代表科技驱动，就是以技术和数据构成双要素，双轮驱动金融创新。我们将新技术概括为"ABCDMIX"，A是人工智能，B是区块链，C是云计算，D是大数据，M是移动互联，I是物联网，X是现在还没有正式商用的，像5G、量子计算等前沿技术。对于这些技术本身，作为建设银行我们不会投入太多的精力，因为我们深知金融科技的本质是金融，是业务，不是技术。所以我们的策略，就是

站在巨人的肩膀上创新，与全球知名的高校、企业、科研院所成立"中国建设银行集团联合创新中心"，融合其科技优势，和我们对业务的深刻理解，将"ABCDMIX"领域最好的技术应用到建设银行。我们在技术方面，我们不可能达到最佳，但是我们应用这些技术，我们做的银行的这些应用的系统可以做到国内最佳，国际一流。

"O"就是Open，代表能力开放，将建设银行集团的功能和数据以服务的方式向社会开放，打造建设银行应用商店。我们推出的开放银行平台，已经开放了8类，14个产品，116项服务。一方面将建设银行的能力开放出去，为第三方赋能。另一方面，借助第三方平台实现建设银行自身服务的延伸。比如，针对普惠金融，我们已延伸至20余个第三方平台的渠道。现在我们的开放银行平台，每周至少更新一个版本，大量的服务正在源源不断地开放出去。

"P"就代表Platform，平台生态，就是要构建平台，连接平台，站在平台连平台，共同构建用户生态。目前我们打造了17个社会化平台，在服务实体经济，助力政府治理，建设美好生活的同时，积极探索利用平台获客、活客和留客的新模式。在服务实体经济方面，我们推出的"小微快贷"，截至2018年年底，余额6310亿元，新增2125亿元，贷款客户119万户，新增47万户，余额和客户新增均居四行首位。我们的"裕农通"乡村普惠服务平台，已经覆盖了全国超过25%的行政村。

在助力国家治理方面，我们为云南省政府打造的一部手机办事通，将云南省30多个委办厅局的16类主题，389个办事事项，全部搬到了线上，实现了省、市、县、乡镇、村五级联网通办。截至5月中旬，注册用户已达159万户，累计办理事项545万项。建设银行在云南省的319个营业网点，1587台智慧柜员机，都成了政府的政务服务办事点，政府不用建办事大厅了，建设银行的网点就是他们的办事大厅。

在建设美好生活方式，我们的住房租赁平台上线的地市是316个，现在我们的平台上，上线的房源已经累计有1595万套，注册用户已经超过千万。我们的智慧社区平台已经上线371个社区，注册用户8万多个，进驻的商户2200多个。这只是其中的一些事例，还有我们的安心养老平台，公益教育平台，党群综合服务平台，智慧政法服务平台，等等。

"+"就是代表鼓励创新、包容创新的机制和文化，实现了面向未来的可持续发展。我们已经建成了金融科技创新委员会抓总，金融科技部组建运营数据中心，建信金融科技公司主战的格局，形成了高效、灵活，支持创新的科技管理体系。同时，正在优化金融科技人才的招聘、晋升和激励制度。对于金融监管，我认为这几年监管的态度还是审慎和包容的。正因为如此，中国的金融科技才取得了迅速的发展。但是随着金融科技的发展，金融科技的风险，金融风险也是在加剧。监管方面，我有几点个人建议，我不是搞这方面的，不足之处请各位嘉宾批评指正。

一是要引导脱虚向实。只要金融科技创新的最终目的是有利于实体经济的，我认为都应该给予一定的风险容忍度和政策倾斜度。

二是要规则先行。大量的金融创新也不可避免会导致金融乱象的存在，需要有一些政策和机制的引导来引领市场的发展。这一次金融监管沙盒就是其中一项非常有意义的尝试。

三是要加强监管科技的应用。执法人员的工具和手段也要随着金融科技的发展不断的更新，只有这样，才能进行更加及时有效的监督。

建议A股实施同股不同权制度

李稻葵

清华大学中国经济思想与实践研究院院长

今天是夜话，我们可以谈一些稍微发散一点的话题。我们今天谈一个金融的监管沙盒的概念。此时此刻谈金融的监管沙盒，其实有现实意义，就是我们的金融主要的焦虑点、痛点是什么？金融方面的痛点，从百姓来讲无非就是关心我们的人民币会不会再贬，股市能不能稳住，这是我们的焦虑点。焦虑点来自哪里？坦率地讲是国际形势的变化。国际形势的变化产生了焦虑，这些焦虑集中体现在我们的资本市场上。让我们的夜话从焦虑点开始，从各个角度来谈监管沙盒的概念。

中美的贸易摩擦，甚至可以说中美摩擦，不仅仅是贸易，现在是多个"战场"。除了电视台美女PK之外，就是我们的金融。金融是中美摩擦的一个重要的"战场"。2018年1月中旬开始，美国的股市开始跌了，道指跌了6.5%左右，不到7%，都是那最后两个月跌的，11月、12月跌的。

去年我们的股市也不是表现太好，我们跌了24%，上证综指，全球倒数第二。2019年5月初以来，美国又在贸易上跟咱们折腾，本来谈好的协议，他不愿意谈了，突然宣布要加关税，股市又是一个战场，金融又是一个战场，我们跌了10%多一点，美国人跌了3.6%左右，这个数字不够准确，因为每天都是变化的。所以我想说，客观上讲，中美摩擦还有一个战场，就是金融战场，刚开始是股票战场，只是反映老百姓的心态和信心的一个集中的窗口，还不是全面的。

汇率，目前也有，当然有一定的压力，我相信能够稳得住。

金融这个战场中美既有合作，又有斗争。

咱们的金融怎么办，几件事一定要办。

第一件事，像易会满主席最近讲的，一定要提高我们的上市公司质量，股票市场搞得好不好，就是上市公司好不好，如果上市公司都挣钱，如果上市公司都是规规矩矩办事，都分红，老百姓拿着股票着什么急啊，跌了以后我们买就是了。还不是担心上市公司质量不行。好的公司可以利用在美国上市的机会，把公司治理搞好了，报表规矩搞好了，董事会开会的方式搞好了，信息披露搞好了，从那儿练练手，再杀回来。所以我呼吁，一定要解放思想。我们的公司法，证券法还要考虑修改，不同股，不同权，可以啊，凭什么不可以。高科技公司，创办人就是担心自己的钱不够，外来投资者来了以后，把自己的估值都剥夺了，公司完蛋了，当然可以搞A股B股了，这个不是国内的A股，B股，别混为一谈，就是超级股，允许有超级股，创办人在一定条件下可以搞超级股，保护你的控制权。

还有一个是创新，相应的会计制度也该创新了。比如说我们现在搞一个上市公司的资产评估，我们主要算他的资产历史价格，购置价格，不算市场价格。比如说我这个公司，如果是房地产公司，我拿了一块地，由于各种原因，需要三年的时间开发，在我开发的过程当中，我的地价涨了，你当然应该把我这个涨的地价作为资产溢价，搞会计的都懂。现在据我了解，目前的会计制度不认这个，所以房地产公司在我们境内上市是很难的，香港认这个，美国认这个，要不要改革？要改革吧。所以我的意思是说，我们要解放思想，当然这个事比较复杂，需要证券法，需要公司法，甚至于会计准则进行调整。但是问题要摆出来，所以第一件事，要把一个好股票引进来，与此相关的，要把一些烂股票剔出去。中国经济发展快，我们一年的变化，等于美国七年的变化，我经常跟美国人开玩笑，我跟美国人曾经办过一个书院，美国人说，你们团队都是年轻人，没经验，我说不对，我说我这帮人，平均三年工作经验，我们一年抵你七年，我的团队是21年的工作经验，你那个美国团队也就是20年，除以7，三年还不到，哪有我的经验，我在中国干活，就得要年轻人。

我举这个例子就是告诉大家，中国的上市公司，大量的是十年以上，二十年以上，不是说他们不好，一个中国环境下20年的上市公司，相当于美国人140年的公司，你在美国怎么指望140年的公司坚如磐石，有，但是不多。所以你在中国发展得快，变化得快，已有的上市公司死一两个，出去一两个，太正常不过了，相当于美国道琼斯指数二三十年翻一番，股票的组成部分翻一番，成分股换一换的道理是一样的，我们凭什么这么稳定呢，这是不符合道理的。

所以我要总结，第一条，提升上市公司质量，引进好公司，修改我们相关的条例法律，同时风水轮流转，水要走活，流水不腐，要动起来。

第二条，金融该怎么办，金融该怎么改？我到处呼吁我的这个观点，我在政协也提了三次提案了，一定要加强，不仅是监管，还要加强基础性的法制建设，讲得更明白一点，股市很多，乃至整个资本，包括债券市场、资本市场，很多违规的事情，不能只靠证监会，证监会的执行能力是有限的。

我们一定要把上市公司的质量搞上去，把规矩建起来，犯罪分子，违法分子，就是要刑事论处。这个问题上，老老实实跟美国人学，美国越跟我们竞争，我们越要学他们的优点。美国人的优点就是在于证券市场的法制搞得非常好，我们缺这个，这是讲的第二条。

第三条，创新。创新必须要搞，中国的金融创新方面，我们有这个精神，而且有基础，为什么呢？因为我们有大量的科技人员，我们玩互联网，我们编程序，这个中国人牛，华为为什么牛？十几万人在里面搞研发，在美国你要搞十几万人搞研发，得花多少钱，中国工程师毕业得多，相对成本低，我们一年的工程技术、理工科的大学和大专毕业生360万以上，美国只有20万，我们有的是人，但是要监管。

所以我感到很兴奋，监管沙盒的概念，就是画出一个区域，在这个区域里面，谁要是搞创新，你可以来，我先批准你，你进这个区域，你来创新。其实想一想，监管沙盒这个概念，英国人提的，英国人聪明，我们要学英国，人家提出一个监管沙盒的概念，我们都用了。我们要反思，向英国人学习，英国人把一个复杂的事用一个简单的比喻就比喻清楚了。

金融街现在变成了一个监管沙盒，鼓励创新，但是我想补充一点。金融的监管沙盒，还不仅仅是一个区域的概念，不是一个地理的概念，不是金融街你怎么折腾就行了，其实还要有一个资金的概念，因为金融跟地产，跟其他的制造业不一样，他是玩资金的，而资金是流动的，牵一发而动全身。所以，沙盒，不仅是一个物理的、地理的概念，更重要的应该是一个资金的概念。具体说来，两个地方一定要筑牢了，这个沙盒的盒子，箱体要筑牢了。一个是你要进沙盒搞创新的机构，不能搞高杠杆，不能说建设银行金总监讲得多好，我跟他借一百个亿，然后我自己玩，我玩不起了，就跟建设银行说，对不起，我玩不起了，建设银行就惨了，他被我套住了，这就传染了，这就不是沙盒的概念。所以资金应该不允许进入沙盒的创新的企业高负债，要玩可以，你自己拿钱。

第二个概念，一定要抓住进到沙盒的这些机构，不许大规模的、高数量的借百姓的钱。一是不能高杠杆，二是更不能借百姓的钱，我们这个教训很多，P2P是好概念，前两年搞的供应链金融，好概念吧？可是我们玩坏了，为什么呢？因为这些好概念，被一些不法分子到处一说，就把老百姓的钱忽悠进来了，忽悠进来以后，老百姓吃亏了，引发社会问题了。所以这一条也要注意。第一，你不能借很多钱，第二，你借钱可以，你不能借很多人的钱，你只能借个别人的钱。所以监管沙盒在中国的环境下，要特别强调这两点，一个是不要搞高杠杆,不要影响周边的金融机构,没进入沙盒的金融机构。第二条,不要引发老百姓的一些动荡。

最后一句话,我坚信咱们一定能够在金融战场上,合理地、冷静地、精确地、成功地应对来自美国的挑战,我希望再过五年,我们回过头来看今天,我们会比较开心地回忆当年特朗普帮了我们一个忙,点醒了我们,促进了我们的改革。所以,我希望再过五年,我们有资格,有信心回过头来感谢特朗普。

在中国我们讲的金融科技，更多是普惠金融服务

黄益平

北京大学国家发展研究院副院长

最近有两件事情确实是比较热闹，第一件事情，跟我们今天讨论的金融科技有关系，我本人这几年也花了很多时间，一直在做金融科技的研究，我们在北大有一个北京大学数字金融研究中心，如果大家有兴趣可以到网上，我们有很多的产品，包括一些指数和一些研究，我们做的很多是学术研究、政策研究，还有很多国内外的交流，我们每年组织国内的这些头部的金融科技机构的高管研讨，搞一行三会，现在是一行两会的高管，到IMF去做闭门研讨，是IMF拉加德总裁邀请我们去做闭门研讨。

中国的金融科技的发展，现在已经得到世界性的关注。我个人一直比较关注，我认为，中国的金融科技和国际上的金融科技，尤其是欧美国家的金融科技有一个非常明显的差异，国外金融科技的研究和关注更多的是加密货币和区块链技术的应用。在中国我们讲的金融科技，更多的是普惠金融服务。比如说我们说的支付、投资、保险，还有其他的贷款，等等。在相当长的程度上，中国金融科技到目前为止，它所提供的主要功能，其实第一是扩大了可获得性。原来一直说普惠金融比较难做，就是因为在很多方面，传统金融对这些客户觉得有点束手无策，金融科技提供了一个好的技术手段。

另外一件事情是国内最近一直讨论的金融供给侧结构性改革，这个事情从上到下都很重视，改革也是方方面面。

我想把这两个问题合在一起，我谈谈对金融供给侧结构性改革的思路，怎么理解，为什么我们现在需要改革。

40年前，中国刚刚开始改革开放的时候，我们就一家金融机构，中国人民银行，它是中央银行和商业银行合并在一起的。后来慢慢发展到今天这样一个庞大的金融体系，应该说改革一直在路上。但是为什么到现在，从中央到地方，大家都觉得要进一步推进金融供给侧结构性改革？我们过去一直说金融改革，现在忽然加上了很多修饰词，供给侧结构性改革的原因是什么？为什么出现这样的事情？有几个方面的理由，可能是经济出现了一些问题。

第一个问题，金融的效率可能在下降。比如说过去几年经常听到政策文件当中提到的一件事情，金融不支持实体经济。因为我曾经在金融行业工作过，对于这样的说法，我一开始的时候，其实是有一点抵触情绪的。大家感觉金融部门就是自己玩自己的，不支持实体经济。按道理来说，这个钱要是不取自实体部门，没有产出，金融部门是活不下去的，它为什么要这么做？我并不是说这个说法是不对的，就是我们需要分析，具体来看它是什么原因。我们做经济学分析的，看其中的一个指标，这个指标叫边际资本产出率，每生产一个新的单位的GDP，需要几个新的单位的资本投入。我们在改革开放的头30年，这个数值一直在来回波动，基本上是在3—5之间振荡，但是到了全球危机爆发的前夜，这个数值是3.5，现在已经到了6.3，这是什么概念？意味着每支持一个新的单位GDP增长，十年前的时候，我们需要增加3.5个新的单位的资本投入，今天需要6.3个新的单位的资本投入。你也可以说，同样的资本投入所获得的产出回应已经变得越来越弱了，从这个角度来理解我们金融对实体经济的支持力度在减弱。可以从多个方面来解释为什么会有这样的现象，总之，你可以说金融的效率似乎是在下降。

第二个问题，系统性金融风险。这是我们所构建的一个中国系统性金融风险的指数，你可以看到过去一段时间，确实是来回振荡，总体来说，2007

年以后缓步上升，现在基本上处于比较高的位置。系统性金融风险上升背后有很多原因，我自己觉得可能有一个很重要的原因，我们过去改革开放40年，中国的金融体系，金融稳定，没有出现系统性的问题，为什么？我觉得最重要的恐怕是两个原因。

第一个原因，可持续的高增长。国内有一个说法，在发展中解决问题，即使你有一些低效率的东西，有风险的东西，只要你持续高增长，很多风险是可以被消化掉的，而我们过去很长时间内一直实现了持续高增长。所以有一些金融风险，有一些坏账，有一些不良，但是最后都被化解掉了。

第二个很重要的原因，政府兜底。起码在一定意义上来说，保证了投资者不会恐慌，我相信大家可能记得，在1997年亚洲金融危机爆发的时候，我们银行的平均的不良率是超过30%，但是没有形成银行挤兑，并不是说老百姓对于银行的资产有信心，而是大家觉得，只要政府在，放在银行的钱是保险的。所以这是我们过去支持金融稳定的一个基本的方法。但现在来看，这是很难持续的。

举一个例子，我们现在增长速度在不断地往下走，现在似乎是在不断地往6%走，今年能够维持在6%以上，还是6%左右，有待观察。

另外一个，政府要兜底可能变得越来越难。刚才李稻葵教授说他最担心的是跨境资本流动，这一点我非常赞同。这个如果是一旦爆发，是比较难管理的，其他的一些金融风险也有很多，举一个例子，很多人很担心所谓的高杠杆的问题，不管是看总体的杠杆率，看政府的杠杆率，看企业的杠杆率，看居民的杠杆率，在全世界都属于是比较高的，尤其让人比较担心的是持续高增长。高增长的杠杆其实是比高水平的增长更加令人担心，这确实是令我们担心的一个问题。但是我自己觉得，这样的问题可能在短期内爆发金融危机的可能性不太大，一定意义上来说，中国杠杆率最高的是什么地方？第一是国有企业，第二是地方政府。这两个高杠杆，多少和中央政府的信用是有一点关系的，不一定是完全支持，但是多少有一点关系。在这样的情况下，债券市场，债务市场崩盘的可能性不太大，但是最值得我们担心的是当我们的边际资本产出率不断上升，其实已经超过了过去改革期间正常的区间，还在不停地往上走，走到极端是什么情形？就是我们不管再怎么投资，再也没有新的经济增长了，就有一点类似于我们过去听到的日本失去的十年和失去的二十年，你的金融效率低到不管你投入多少资本，经济都不会有产出了，这是令人担忧的。但是确实是我们看整个经济当中，大家讨论金融风险，可以说是很多很多的领域。我刚才说了跨境资本流动的问题，高杠杆负债的问题，其实还有很多，影子银行，互联网金融，包括我们今天讲的，和其他的一些领域，其实还有很多。所以如果要把这些所有的风险，都由政府来承担，其实是不可能的。这就是为什么现在我们考虑要处置系统性的金融风险，甚至要释放一些局部的金融风险，来求得总体的系统性的稳定。

第三个原因，在实体经济当中一些需求没有得到很好的满足。我举两个例子，对于居民来说，老百姓过去的储蓄率很高，但是钱一般都放在什么地方？一般是两个地方，要么是放在银行，现在的存款利率大概是2%左右，要么是把钱买了房地产，客观地说，老百姓感觉这样的投资机会，要不就是越来越不令人满意，要不就是机会越来越少，风险越来越大。其实是随着我们未来的收入增长，人口老龄化和储蓄率的下降，老百姓对于资产性收入的需求变得越来越高，但是客观的说，我们的股票市场做得不是非常令人满意，债券市场也没有成为一个非常有吸引力的投资渠道。前几年，曾经有人说，如果我们发展多层次的资本市场，一部分老百姓把银行的存款拿出来去支持资本市场，这样的话，老百姓可以得到很好的回报，我们国家也就实现了发展多层次的资本市场，直接融资的比重就会直线上升。后来过了三五年回头一看，没有发生我们当时预料，当时希望的情形。而实际情形是，确实有一部分老百姓把钱从银行拿出来了，但是没有去投资资本市场，而是去了很多影子银行，去了很多金融科技的领域。这在一定意义上来说，说明了我们的资本市场不够健全，老百姓的金融服务的需求没有得到满足。

第二个例子，企业的融资问题。这个问题大概更突出，在过去几年，几乎就是每隔三到四个季度，我们党中央国务院都会出台一个文件，支持小微企业，帮助他们缓解融资难、融资贵的问题。简单来说，就是他们的融资渠道不畅通，有的时候资金的成本非常高，这是我观察中国今天的经济、金融形势，确实能看到金融没有特别好地发挥支持实体经济这样一个很重要的功能。这可能也说明了，为什么今天提出来要做供给侧结构性改革。

供给侧结构性改革最终的目的是什么？简单的来说，如果我们讲供给侧，一定是和以前需求端的政策相对应的。需求端的政策，过去我们用得比较多的就是宏观经济政策、财政政策、货币政策，一般是为了解决短期的经济周期的问题。我们现在强调供给侧的改革，可能更重要强调的是经济效率的问题，也可以简单地理解为，边际资本产出率能重新开始往下走，就是我们总体的金融服务的效率会提高。要理解这一点，为什么今天会有这么大的问题，我简单地跟大家分享一下，我们这40年是怎么走过来的。

我们在40年前，只有一家中央银行——中国人民银行，我们总体的经济体系，包括金融，都是中央计划的一个部分，所以市场机制发挥的作用很少。40年以后，金融体系，政府干预的程度，金融抑制指数，就是衡量政府对于金融体系干预的程度，这个干预可能包括对于利率，对于汇率，对于资金配置，跨境资本流动等的管理，甚至包括对于大型金融机构的控股，等等。数据显示，1980年的时候是1，市场化的程度基本上是很低，几乎没有，因为那个时候改革刚刚开始。到了2015年的时候，我们这个指数到了0.6，我们40年来，确实一直在推进市场化的改革，但是这样的一个市场化的改革如果做一个国际比较。和其他转型经济相比，我们的金融体系的市场化的步伐确实是相对比较慢的。

大家可以看一下俄罗斯，俄罗斯经济改革比我们晚十年开始，但是他今天金融抑制的指数已经到了0.4，我们的指数是0.6。我们把中国在2015年的数据和全世界同一年的130个国家的指数做一个对比，实际上你会发现，我们的这个指数在全世界130个国家当中，排第14位，虽然我们推进市场化改革40年，但是我们政府对于金融体系的干预的程度，相对而言仍然还是比较高的。再把银行在总的金融体系当中的比重，全世界做一个比较发现，中国的金融体系有两个比较突出的特征，第一个特征，银行主导，第二个特征，我们的政府的干预相对来说还比较高。客观来说，这样一个金融体系，如果作为一个学者，我可能会说，为什么推进市场化改革的步伐这么慢，如果我们把这样的指数和中国经济的现实做一个对比，你会发现我们过去相当长时期内，我们的经济表现是非常好的，增长速度非常快，我们的金融体系基本上保持了稳定，我们甚至做了一个简单的测算。如果我们在过去几十年，把我们的金融体系完全放开来了，我们在每一个阶段把金融抑制指数都拉到0，中国经济增长速度会发生什么样的变化？80年代的时候，如果全部都放开来了，我们的增长速度会减少0.8个百分点。但是进入新世纪以来，这个方向已经开始逆转了，金融抑制，政府对于金融体系的干预，它是有一些负面的效应，因为它会降低效率，它可能会遏制金融发展，同时也有一些正面的作用，它可以快速地把储蓄转化成投资，它可以支持投资者的信心。我开一个玩笑说，如果我们在1978年的时候，就像俄罗斯那样，甚至比它更加极端地把我们的金融体系完全放开来，由市场来决定，我可以肯定地说，在过去40年，我们已经发生过好几次金融危机了。所以我们并不能简单地说，有一些政府干预，它一定是不好的。市场机制是好的，但是如果市场机制是完善的，监管框架是有效的，这个也跟刚才李稻葵教授讲的他的担忧跨境资本流动有关系。很多国家跨境资本流动放开来了没有问题，经济非常健康，虽然有一些波动，但是没有出现大的问题。但是确实有很多新兴市场国家，放开来就引发了金融危机，这可能是我们需要理解我们今天遇到的这个问题。

但是客观的事实，我刚才说的是，我们确实碰到了一些新问题，这些新问题包括前面讲的第一金融效率在下降，第二系统性风险在上升，第三是一些金融需求没有得到满足。最突出的一条，就是我们讲的，中小企业和民营企业融资难，融资贵的问题变得更加突出。客观的来说，我刚才跟大家介绍的中国的金融体系，政府干预还比较多，同时银行占主导，这样的金融体系实际上是擅长支持一部分企业，但不擅长支持另一部分企业。那么我们简单地说，银行做传统银行做风控，一般看什么？第一就是看历史数据，看三张表，利润损益表、资产负债表、还有一个是现金流的表。第二看你有没有固定资产做抵押，第三看你有没有政府担保，在这样的背景下，我们传统的银行，确实是比较擅长于为大企业、制造业企业和粗放式的扩张提供金融服务。这个问题其实一直存在，换句话说，我们过去的金融体系对于小微企业和民营企业的歧视，其实一直是存在的，但是这个问题没有今天变得这么突出。今天变得很突出的一个很重要的原因，我们经济发展进入了新的时代。

2007年发生全球金融危机之前，中国的人均GDP是2600美元，在全世界大概算是中低收入水平。2018年，我们已经到了将近一万美元，已经到了中高收入水平，再过几年，我们就到了高收入水平了。这两者之间的差异，当然我们可以说，收入水平不一样了，但是同时你看到的是成本水平不一样了。过去我们有低成本优势，今天已经完全没有低成本优势，所以今天我们面对的所谓的中等收入陷阱的挑战，要克服中等收入陷阱的挑战，唯一的办法就是随着成本的提高，我们可以不断通过创新来支持产业升级，来保持我们的经济增长。

但是你知道，在中国经济当中，企业层面的创新，主要是由谁来做的？民营企业做的，70%的创新是由民营企业做的，25%的创新是外资企业做的，

5%的创新是国有企业做的。到今天这个发展阶段，你再不能很好地为民营企业提供金融服务，中国的经济增长是要出问题的。过去提供的服务不是很好，但是他不是那么致命的，但是今天就变成一个非常致命的问题。这是为什么我们忽然在这几年间，突然大家感觉到小微企业融资难，融资贵的问题变得非常突出，客观地来说，相信大家都理解，之前也并不是说他们没有那个问题，但似乎以前没有变成这样全局性的，宏观性的问题。

所以我觉得，可能是从这个角度来说，要讨论金融供给侧结构性的改革，用习主席的话来说，最后要达到的目的，是金融要为实体经济服务，满足经济社会发展和人民群众的需要。我们要构建现代化的金融体系，客观的来说，怎样为各个阶层提供各种合理的金融需求。我自己觉得，客观的来说是三个方面：

第一方面，扩大资本市场，发展多层次的资本市场。但是其实在这个领域里面，我们可能需要考虑适度调整我们的准入门槛，让更多的多样化的金融机构进来，为多样化的企业提供服务。

第二方面，增强市场机制的作用。在资源配置当中，市场机制要发挥决定性的作用，这是我们十八届三中全会的决议里面提到的。最近我们出台了很多政策，支持小微企业、民营企业的融资需求。一般来说就是两条，第一条要求企业，要求金融机构提供更多的贷款。第二条，就是要求金融机构把贷款的利率不断往下调。我自己觉得，这是出于非常良好的用意出台的政策，第一条非常重要，第二条有一点金融机构无所适从。因为在金融体系里面，给谁提供贷款，怎样确定贷款利率，应该是风险定价，风险定价的意思就是风险比较低的客户，可以享受比较低的贷款利率，风险比较高的客户，应该接受相对比较高的贷款利率，这是一个市场化风险定价的基础。如果我们行政性要求金融机构强制把贷款利率不断往下压，其实是会影响我们政策的效果。这是我们为什么下一步利率市场化，尤其是商业银行的存贷款利率市场化变成一个至关重要的步骤。不仅仅是像我们过去所说利率市场化是提高金融资源配置效率和最后控制金融风险的一个很重要的手段,今天你甚至可以把它理解为金融机构能不能很好地为小微企业提供金融服务的一个基本条件。

第三方面,改革我们的监管框架,主要是守住不发生系统性风险。具体的我就不展开来说了。

最后,我跟大家分享一下我们讨论的金融科技在这里面发挥什么样的作用。这是我们北京大学数字金融研究中心建造的一个北京大学数字普惠金融指数,我们对全国的每一个县,每一个市,每一个省都构建了一个指数,从2011年到2018年,八年的数据,反映的是一个什么样的信息?就是你会发现,金融科技真的是实实在在的,有很强的普惠性。在2011年的时候,全国各地区之间,所谓的数字普惠金融发展的水平差异是非常大的,绝大部分地区基本上没怎么发展。但是到了2018年你会发现,沿海地区似乎还是相对比较发达,但是内陆地区在快速地赶上。这个时候我们觉得我们非常自豪,我觉得也是很多国际组织非常关心我们这个发展的很重要的原因。

数字普惠金融,或者是金融科技,在这里面能发挥什么样的作用?我觉得可能就是前面我提到的,很多传统的商业银行,对于小微企业的服务会碰到一些困难。一般来说,我们在金融领域里面有一个说法,二八法则,意思就是一个金融机构进入一个市场,最好的策略,就是把最上面的20%的富裕的个人,或者是规模比较大的企业服务好了,基本上就能抓住这个市场80%的规模。这个时候你就没有太大的动力,去为下面的80%的客户提供服务,因为下面80%的客户一是比较分散。二是融资或者是金融服务的规模都比较小,简单来说成本比较高,也很难给他做风控,困难主要是两点。第一是"获客难",第二是"风控难",过去确实做起来比较困难。金融科技,我现在说的金融科技,已经不仅仅是互联网金融公司在做,很多传统金融机构也在做。你有可能可以通过一个平台,把很多的客户,黏在你的平台上,这个时候你就首先解决了一个"获客难"的问题。比如说这些小微企业,或者是个人,尤其是农户，他们散落在各地，你要找到这些客户是很难的。但是我们现在有很多平台，很多客户，已经在平台上很活跃，你能不能把他变成你的金融客户，就看你的本事，实际上第一是解决了所谓"获客难"的问题。

第二个，当然也解决了"风控难"的问题，我们知道，你既然没有历史数据，没有固定资产，没有政府的担保，我仍然可以给你提供各种金融服务。在中国，这方面已经是有世界性创举的，简单的一句话："线下软信息，线上大数据"。线下软信息，就是很多小型的金融机构，像扫地摊一样，对于区域内的所有的潜在客户都了解，都建档，这样的话，你如果来要求提供金融服务，它已经非常了解你，它可以对你做一个比较准确的金融决策。

在线上当然不可能每一个地摊都扫过去，但是只要你在线上有一些数据留下来，它可以对你做一个综合的评估。我们现在在国内看到的一些机构，尤其是一些网络银行，我调研比较多，比如说腾讯的微众银行，蚂蚁的网商银行，成都还有一家，它们都是用这样的工具来做大量的贷款，基本上都是不跟客户见面的，而且把不良率控制得非常低，一下就解决了普惠金融比较难做的问题。我只能说，这个其实是刚刚开始，这里面确实有很多事情，我们还需要进一步尝试，在我刚才说的业务里面，可能就有很好的监管沙盒的机会。比如说这些网络银行，我觉得它们自己觉得做得也不错，但是它们现在不能解决的一个问题，没有一个正规的存款客户，因为我们现在的监管还不允许远程开户。但是网络银行没有线下的分行，你不能远程开户表明就没有任何的存款客户。这个问题能不能解决？客观上说，新加坡已经解决了。我们去年8月份去新加坡调研，线上开户人家已经很成功了。在国内现在还有困难，我们能不能在监管沙盒里面做一些尝试，你的业务范围，你的空间，一开始做一个限定，但是监管部门和这个机构一起来做，起码可以尝试，做得好可以推广，做得不好，我们可以再想新的办法。

所以我特别赞同监管沙盒，我觉得一定要做。说实话，我自己觉得从过去四五年来，我们讨论国内的这些改革，国内各个阶层一直在讨论监管沙盒的问题，就是没有落地，我希望，如果我们真正能有一些好的案例落地，对于我们下一步更加健康的金融科技的发展能起到至关重要的作用。

对话交流

主 持 人：中国社会科学院金融政策研究中心主任何海峰

对话嘉宾：中国证监会信息中心副主任蒋东兴；西城区政府区长助理宋李健；中国建设银行信息总监金磐石；瑞银证券总经理、瑞银集团亚太执行委员会委员钱于军；亚太未来金融研究院执行院长杜艳；清华大学阳光互联网金融创新研究中心副主任张伟强

主持人：今天夜话的主题是"中国金融创新发展与国家金融管理中心监管沙盒"，现在由我问大家一些问题。

金总，建设银行在金融科技创新这方面，走在了国家队的前列，您从银行过来，银行的金融科技创新是否已经面临到了技术公司在金融科技创新上的冲击和挑战。

金磐石：确实是这样。第一，一些小的金融科技公司，他们对于新技术的把握，比较敏感，容易抓住机会。一有机会就抓住，一不行就换别的。第二，这些小的互联网企业，互联网公司，体量比较小，转型比较快。第三，也是非常重要的，小的金融科技公司没有那么多负担，业务模式也是新的，整个技术的架构也是新的，不像大的企业，老的企业，需要除旧做新。基于这三点，确实对于传统的银行造成了一定的冲击。

但是传统的银行业也有优势，金融科技的本质是金融，是业务，所以，传统的银行，我觉得我们对于业务的把握和业务的理解更深，更透。第二个优势，我们在风险管理和内部控制这方面，商业银行就是做融资的，做贷款的，所以我们对于风险的理解，对于业务的把握，对于合规的意识，有很深

的积累。第三个优势，金融方面的大数据，市面上有很多数据，但是我觉得金融这个数据，那是最好的一个数据，在这些方面，传统商业银行，起步的时候虽然有一些落后，但是后劲十足。所以我想，在这方面，有一定的冲击，但是冲击影响不大。

主持人：我们要建设一个规范透明、高效、有活力、有韧性的资本市场，必然要利用科技的手段，我们如何利用金融信息科技这样一个现代化的手段？

蒋东兴：中国的资本市场，一个最大的特点，就是我们投资者的数量，绝对数量是全球第一，大概有效的股市投资是1.4亿。券商是以百万数量级的，意味着平均每一个券商他的客户是百万级的，百万级的客户如果靠人去服务的话，效率和负担是巨大的。资本市场的行业机构，天生就有利用IT，利用科技去创新服务模式的驱动。在资本市场的行业机构里面，特别是头部的券商，比较大型的基金公司和期货公司，都投入了重金在这方面进行研究，基于投资者画像、公司画像、精准营销、智能投顾、智能投研、智能运维，等等，非常多的开展起来。这对于监管来说，第一是好事，包括今天几位专家在讲英国、美国，他们很聪明，实际上中国公司或者老百姓更聪明，因为他们现在要靠很多激励措施去推动创新。我们在行业里面，创新是一种天然的冲动和已然的现状，更重要的是我们怎么在金融创新的情况下，去规范发展，防范风险，这是我们现在要重点考虑的地方。

主持人：金融科技创新对于新一阶段的资本市场的主体证券公司来说，是一个机遇，还是一个挑战？

钱于军：我相信机遇与挑战共存。今天的主题是讲中国资本市场怎么更好的发展，而且要有创新，要有活力，又要有韧性。其实金融科技应该最终成为传统受监管的，开展持牌业务的金融机构的手段，更好地服务客户。

瑞银在中国不做散户，我们只做高端的对公业务，和高端的私人财富，我们服务是面对面的服务,要有跨越中国市场的全球资本配置,我们的投行团队帮助客户去做企业的收购,做其他高端的服务。我们在全球范围内,瑞士本国、亚太区的新加坡和香港,跟很多金融科技的公司建立了战略合作伙伴,我们在全球范围内跟微软,IBM,跟中国的平安,金融科技领域的企业共同探讨,我们探索区块链,怎么用trust engine做对公业务,做债券,在海外做债券发行的结算和交割。我们也在全球比较发达的市场,美国市场跟金融科技的公司合作,做网上投顾的尝试,全球财富管理,所谓机器人投顾,已经在实施当中。

我们在上海和无锡的企业服务解决方案中心做了一些自动化的处理,用大数据,支持海外投行比较复杂的结构性产品的结算,比如说股票衍生品。

主持人:清华全球金融论坛推出了金融普及的教育训练营,金融的发展需要大量的人才,金融普及训练营的背景和意义是什么?

张伟强:我来自清华大学金融科技研究院,我们这个金融科技研究院成立时间比较短,是2017年12月成立的,金融科技是金融为主的金融+科技,在我们的金融科技研究院,我们进行了更大的拓展,我们是由清华大学四个学院合作成立的金融科技研究院,五道口金融学院是牵头人,由交叉科技研究院、软件学院、法学院四个学院共建的。金融科技研究院的理事长有两个,原人民银行的副行长吴晓灵,交叉科技研究院的院长姚期智,就是得过图灵奖的华人,在计算机,在AI这个领域里面,算是国内顶尖的。金融科技研究院的成立是为了促进国内金融科技的发展,让金融科技更好地为实体经济服务,为不同消费者服务的目的。

金融普及的教育训练营,我们这个做了很久的时间了,为什么做这个事情呢?主要是两个方面的因素。一个方面,现在普通居民的金融知识已经远远不够了,因为现在的金融市场跟30年前,40年前的市场完全不同了,30年前,大家买个国库券,汇个款,也就这些了,想贷款,没有人给你贷的,想做投资，手里也没有钱，也没有其他途径，这是30年前的情况。现在很多很多的金融机构，还有金融产品也越来越多，像原先的银行理财，原先从来没有过的这些东西，普通居民的金融知识已经远远不能满足投资理财的需求了，这个时候他们就需要做一些金融知识的培训，让他们知道金融的作用。另外一方面，我们看国际的趋势的发展，全球有50多个国家已经制定了金融普及教育国家战略，把金融教育作为一个国家战略制定起来，由金融机构、金融监管部门、教育部门等多个部门参加，对全民进行金融教育。目前为止，英国、美国、日本、新加坡这些国家，已经开始制定实施，甚至进行了更新。我国和俄罗斯一些国家，已经提出来制定金融教育国家战略。2013年，在G20莫斯科峰会上，"一行三会"也提交了中国的金融教育国家战略。国务院为保护金融消费者权益提出要制定一个金融教育的长效方案，这是金融教育的背景。

我们目前做的工作，一是，进行了消费金融调研，从2008年到现在，我们做了六次消费者金融调研，调研的内容就是居民的金融资产配置，金融知识水平情况，大概调查了两万多个家庭的基本情况，这个结果确实不是很乐观。很多人对于金融的理解相差很多。

二是，我们基于金融调研和金融投资者行为的数据做了一些金融分析。三是，我们做了金融教育的实践研究。随着五道口金融学院的发展，我们做了一些公益性的活动，比如说创业的训练营，对于创业者进行培训，投资者训练营，对投资者进行培训，还做了对金融媒体公益性的培训，金融教育培训，是我们在消费者教育中间做的第一次尝试，我们也希望这些方面能够对大家做出贡献，同时也探索中国金融教育的途径。

主持人：宋李健区长助理，您对于金融监管沙盒放在西城区这件事情是怎么理解的？

宋李健：关于国家金融管理中心的监管沙盒，我想在具体的操作层面，可以用"123"来概括。

1. 在中国金融创新发展中找准监管沙盒的定位。

在金融发展进入无人区和深水区的时候，我们的金融创新发展，就需要另外一种模式了，这种模式要有一个安全空间，这种安全空间，在发展的生命周期里面，它的定位，我想了很久，用一个医学的概念，临床试验区。就是在金融发展创新过程当中临床发展的定位。

2. 在西城区搞这个试点，对国务院的批复，市里定位是做好两个连接。我们现在的产业，高新技术企业、人才，都在这里进行汇聚，这种汇聚是化学反应，不是一个人，"1+1=2"的概念，会有一系列的机制来配套。

但是这个是什么呢？就是金融科技的供方，我们今天金融机构多，另外一侧，金融机构更多的是作为需方，它是一个完整产业链的时候，这边有需方，就是金融街的国家金融管理中心，金融管理中心在新一轮金融科技的趋势下，需求是非常强劲的，因为我们这里是总部经济，现在这种法人体系，它就是总部驱动的，分行的管理权限很有限，很多东西都要到总部来集成，需求就非常强烈，沙盒就可以起到这种链接，把这个链接做好。

3. 定位到西城区委区政府，在这个沙盒里扮演的角色，就是服务。承办单位有金融街服务局，在沙盒里扮演的就是服务职能，这是三个服务，第一个是服务于监管，我们这个沙盒是增强，而不是替代监管，这个服务里面包括"一行两会"，也包括市局，要跟市一级的监管部门去服务的，证监局、银保监局、人民银行银管部，都要提供这种服务，也要了解监管需要沙盒解决什么问题，需要收集什么样的信息，了解什么样的关注点。第二个是服务所有的驻区企业，我们通过这个沙盒，也为驻区企业提供更好的服务。第三个是服务百姓，这个服务百姓有点跨越了，跨越了西城区120万的常住人口，会跨越这个，为什么？金融这个服务是跨区的，特别是这种服务，是投资者、消费者的保护，特别是信息安全和隐私保护，是跨越了，不仅仅是国内，甚至还有国外，虽然我们会划边界，但是这也是跨出了区域的概念，这也是体现国家金融管理中心的定位。

主持人：一个新的金融产品服务要面市，要经受测试，建行金总，如果首批监管沙盒里面有相关的创新案例，有可能会有您。请您站在建行的角度谈一谈，如果假定咱们有一个创新案例，来自建行，进到了这个创新案例，最有可能是哪个方面，您怎么看这件事情？

金磐石：金融监管沙盒，实际就是在一定的范围内，一定的人群，先小范围的试点，试点成功了以后，确定没什么风险，或者是风险可控，然后我们再大面积推广。现在我们有六个项目，准备进入金融监管沙盒试点范畴，像云安全、云档案、云生态，现在比较时髦的刷脸的线下支付，等等，我们都可以进去。建设银行在创新方面，自我感觉做得还是不错的，建设银行九年前就启动了新一代核心系统的建设，前后用了六年半的时间，先后投入了9500多人做这个系统，现在上线以后，效果不错。2018年我们在创新方面，又举行了首届创新马拉松大赛，效果很好，24小时孵化，我们各级机构，包括我们的子公司，海内外的机构，把一些创意的想法，在24小时内迅速孵化，然后做出系统原型，最后上线，然后再推广。2019年马上要举行第二届创新马拉松，这次再举行的时候，分行上半年先举行一个半马，下半年再举行一个全马，所以这些东西，创新这些原型，都需要在监管沙盒先运行，然后再去投入使用。

主持人：资本市场要支持关键技术创新建设，同时资本市场的创新也离不开科技创新手段的支持，中国证监会相关的政策举动有哪些？

蒋东兴：这件事跟监管沙盒也能密切的关联起来，对于我们来说，我们推动行业金融科技发展，20字方针："合规先行，风险可控，需求驱动，技术引领，分类监管"。

首先是合规，对于新的事情分类监管，我们大概分成三类，第一类是依法审批型，如果你有新的经营的业务，原来通过科技，不管怎么做，创新型的业务，必须按照法律法规走行政审批这一套。第二类是原来你已经有这个牌照了，但是你的业务模式，或者是产品方面有创新，这个时候试点再推广应用。试点，怎么去试点，沙盒就是一个非常好的模式了。第三类是自主建设型，主要是原来你已经是牌照也有了，业务也有了，主要是通过IT，通过金融科技去提高效率，改变服务的方式来加强内部管理，这一块儿你自己做就行了。对于已经有牌照的，涉及你的核心业务还跟用户打交道，你自己可以做，但是你得备案，因为你涉及投资者保护，观察你做的这些创新，是不是影响到投资者。特别是对于第二类、第三类，如果有沙盒这个模式，前面有一套规章制度，让你按照这个制度走下去，那么这种试点就更科学和可控了。

主持人：我想问一下钱总，您站在外资控股的证券公司角度来看，未来中国资本市场的监管改革，也包括监管科技的升级，您有什么期待？

钱于军：总体来说，中国在监管二级市场交易，资本市场，IT的系统我们比较过，其实跟海外比，硬件一点也不差。由于中国监管一些比较独特的思路，包括穿透式的管理，要跃过所有的中间人，知道最后买股票的是什么人，他的机构，以及他的身份，要甄别，他到底是QFII，他的身份，是法人也好，什么其他也好，都非常重要，这些我们都是蛮先进的。中国资本市场将来的长远发展路还很长，现在方向是对的，只是具体执行上，胆子要大一点，步伐要迈得大一点，步子宜大不宜小。

主持人：伟强，我听说清华大学专门组织过去英国，考察监管沙盒的源头，你也是当时的考察成员之一，你觉得英国的沙盒建设，现在韩国、新加坡都做了这样的事情，从英国来看，对中国的监管沙盒有哪些启示？

张伟强：我们是2017年11月去的英国，2013年算是中国的互联网金融元年，P2P借贷也是从英国发明出来的，监管沙盒也是英国开始提出来的。我们到英国就去看了，跟英国的监管机构，英国的央行和金融监管局召开了一次座谈会，和12家在沙盒的企业做了一个座谈会。给我们的整体感觉有以下几个方面。第一，互联网金融在国内当时是很火，很热的一个名词，但是在英国，问了很多人，他们就跟不知道这个词似的。所以我们后来反响是什么呢？因为互联网金融本身也算是一种金融创新，金融创新实际上从二战以来，一直是在创新，创新一直没有停。比如说ATM机，实际上这是一个很大的创新，原先没有ATM机的时候，取钱只能在银行上班的时候做，有了ATM机，7×24小时都可以做了，现在有网商银行，手机银行，可以实现随时随地做你的金融服务了，金融创新是一直在做的。

我还想举一个例子，大家可以想象得到吗？1993年，日本已经发明了自动贷款机，当时借款人走到一些机器面前，对面有一个单向摄像头，可以跟你通话，你把你类似社保号告诉他，过一会儿他给你审批，吐出来一张卡，到隔壁ATM机上就可以把钱取出来了，这就是今天的现金贷。当时是1993年，他们已经实现了视频通话，1993年，国内能发电子邮件的估计还不多。这是第一条，互联网金融创新并没有我们想象的这么大，实际上这是金融不断创新过程当中的一个阶段，只不过因为国内的金融相对金融市场没有那么完善，工具也没有那么完善而导致的。

第二，他们那个监管沙盒的企业确实都很小，像刚才金总和钱总说的，他们都是To B的，他们有一个进沙盒的企业，做的就是给高端自行车做互助保险，高端自行车，就是运动型自行车，大概有一两千英镑，每个人交一个小额的费用，也不能叫保险金，因为当时他们没有保险牌照，如果你的车坏了，需要修，大家可以共同分担。他觉得我们做的事是类金融业务，我需要进沙盒，需要监管机构认定我是不是违规，我是不是可以做这个事情。我们来反想一下国内，某一个大的互联网机构，直接来了一个互助保，宝和保又换了换，几天就是十万人，一百万人，金融监管部门就是把保字换了而已。

大家的重视程度，对风险的认知还是不一样的。

第三，他们对于金融消费者保护是特别重视的。第一条，你不能保证你的客户不受损，每个人都要做一个类似于生前遗嘱，每一个进沙盒的企业都要做一个生前遗嘱，这个企业如果倒闭了怎么办，这个钱怎么赔偿消费者的损失，这是必须要做的，这一块儿是最重要的。

对于西城区这次做的监管沙盒试验，我觉得是一个很好的尝试，像刚才说的，以前我们都是沙滩，不需要沙盒，整个都是试验场，都可以做，现在金融监管之后，可以做这个东西了，需要注意的是，我们的监管制度需要更细，更完善，有兴趣的大家可以看看，英国FCA的监管条例有多少页，有多少字，我们的监管条例有多少页，有多少字。出现问题该怎么处罚，我们现在很多情况下都是说不清的，他们就可以做得很细。监管的方面，要做得更细。制度方面，我不知道咱们沙盒能做到，还是需要更上一个层次来解决这个问题。

主持人：或许需要你们清华大学的法学院提供专业人才来补充我们相关的条款。

张伟强：还有一个，监管机构，做沙盒的这些监管机构，不能认为自己是万能的，在英国，他们也承认，监管机构的人力也是有限的，技术能力也不一定能跟上技术进步，他们更多的也要借助外力，借助外脑，跟著名大学的计算机系、金融系，那时候区块链也出来了，区块链技术，就请这些人来加入他们沙盒的指导委员会，或者是评审委员会里面，这个时候借助外脑，就可以更好地做一些评估。最后一条，我们国内的消费者金融保护，目前一样还是有很大的缺陷。比如说消费者知情权，消费者信息的保护权，别说GDPR这种更高端的，我们的手机信息能泄露成什么样，大家都可以知道，只要租个房子，过几天立马中介会把你的电话打爆，办过房贷，各种小贷的电话都会给你打进来。如何在最基础的方面做保护，我们也需要进一步加强。

主持人：谢谢伟强，伟强给我们提了很多严峻的话题，包括安全的问题，包括消费者保护，信息安全、数据安全，等等很多。我想顺便问一下，你第一次去看到的12个案例，最后出来了几个？

张伟强：我们去的时候，当时已经是出来了10个，还有2个进去，其中有一个第一期没出来，又进第二期了。

主持人：第一期进去的没有完全出来？

张伟强：不是，他有一个第一期，大家都没看清，继续进第二期。

主持人：留盒？

张伟强：对，相当于延长毕业了。

主持人：杜艳院长，我知道您推动了很多中外金融科技的合作，实际上为"一行两会"，相关监管部门提供了辅助的决策支持。如果说西城区做了第一个金融监管沙盒试验，就您所接触到的国际案例，刚才伟强讲了英国的情况，你觉得应该在伟强的基础上，还有哪些需要注意的事项。

杜艳：首先对监管沙盒有一个正确的认知，监管沙盒如果说是一个测试环境，对于监管者来说，实际上是增加了一个新的监管工具，这个监管工具起到的作用是什么呢？通过沙盒，可以让监管者更好地来认知创新，以此来决定他如何对他的监管的规制进行一定的调试。对于监管沙盒来说，我们要清楚，能解决什么，不能解决什么，能解决的，就是通过监管者与创新者共同在沙盒中，通过这个沙盒的试验来认知这个创新，加强监管对前沿的很多创新的不确定性的认识程度。但是不能解决什么呢？不能解决的，实际上是监管的有效性问题，这也是为什么境外提出监管沙盒，在于它是一个非常强和明确的监管制度。只有获得了金融持牌才可以做金融，如果没有的话，一定不能做，做了那个惩罚是非常重的。对于中国来说，恰恰不是这样，我们是不持牌的也做了，但是也没有任何的惩罚，这就造成了一个监管有效性几乎大打折扣，这样的情况下，你不能期待，我只是通过一个监管沙盒就解决监管有效性的问题。并且,如果不能够解决监管有效性的问题,非持牌金融机构做金融而没有得到惩罚的话,对于监管机构的推进也会构成一个挑战,别人会说,我为什么还要入盒,我既然不入盒也可以做金融,我为什么还要来做。

如果要解决这个问题,其实可能有几点。一是必须建立强有力的规制,并且规制要得到有效的执行,否则就等于没有规制。首先我们的规制是非常不完备的,导致面临很多问题的时候,监管者有时候也会被动,因为你的规制不完备。比如说什么叫银行业务,只有触碰到哪些要素的时候,就可以将一个机构定性为银行,从而纳入监管。什么叫证券,触碰到哪些核心特征的时候,被视为一种证券行为,应该纳入监管。我们现在还是整个基于的是机构,以机构为基础的监管,而不是一种真正的功能监管,这也导致监管者本身的被动。建设监管的失效性,有时候并不是因为监管不作为,而是你无法作为,所以这都是前置的条件,建立良好的规制,才能有助于有效的执行。

还有就是要真正建立起良好的消费者保护制度。中国基于机构监管的情况下,首先没有完全的功能监管的制度,因为规制本身不支持良好的功能监管,功能监管必须是对核心的词汇,核心的金融业务有良好的定义的。其次,消费者保护这一块儿,境外其实在次贷危机之后,大家有一个很重要的反思,就是建立了良好的消费者保护局,消费者保护制度,但是对于中国这一块儿来说,尽管"一行两会"下面都有相应的消费者保护局,但是这一块儿并没有真正的让消费者保护落到实处。对于沙盒的建设来说,能不能通过沙盒本身的建设和试验,总结出良好的经验,能够帮助监管规制的完备,以及进行一些良好的监管体制和体系上,探讨出一些经验,帮助他来完善这些制度,我觉得这些可能是需要在后续中进行更多的探讨和关注的地方,当然在中国这样一个环境下,我觉得确实对于实行沙盒来说,是有很多挑战的。

主持人:谢谢杜艳院长,这次我能够抓住您回答的要点了,第一个,要有正确的认知,其次,要有良好的规制,最后要有健全的消费者保护,谢谢杜院长。

再到宋博士这边,监管沙盒本身也是一个好的科技手段,习近平总书记的讲话里边也多次强调了金融发展。有几个发展,一个是健康发展,一个是高质量发展,还有一个是中国特色发展。首先是健康发展。健康发展中,监管沙盒就是一个非常好的手段。我想国务院的批复,也包括北京市相关的安排,从金融科技这个角度上看,可能给我们提供哪些相关的支持和保障。

宋李健:大家对于监管沙盒还是寄予很多厚望,包括您的问题也是,通过监管沙盒的机制建设来促进金融的高质量发展,或者是金融供给侧结构性改革,现在确实是面临一种困境。我们遍地沙滩的时候,谁还会进沙盒。其实我们也是在学习国务院的批复文件。监管沙盒是国际社会高度重视合规监管,防范金融风险和促进金融创新的再平衡,他是三者再平衡的一个产物。在这种产物上来讲,应该说我们从静态的一个角度去看,可能现在,虽然合规监管在加强,防范风险的重心在转变,创新发展的需求又很旺盛,又很迫切,这是静态地看。但是从一个发展的角度来讲,实际上这几块是越来越往一块儿聚,聚到一起来。实际上我们的合规监管,包括规制的完善,刚才杜院长讲到的,张主任也讲到了消保的问题。这些规制,其实监管部门在这些年,通过制度补短板,强化合规监管,加强执法力度,强化监管处罚,上午监管部门也都做过一些介绍。

在这种体制下,确确实实就有一个先有鸡还是先有蛋的问题,这个矛盾正好就给了沙盒一个空间。我这边强了,你在沙滩上不许玩了,如果没有沙盒,沙箱,你就没地方玩了,实际上这是先有箱子,还是先起来,可能这是需要同步走的。这边要建沙箱,这边要同步的强化监管,更大力度的去守底线,防风险,我觉得这首先是挑战,同时也是机遇,沙箱在这方面,确实还可以发挥更大的作用。今天专家们提出来的这些问题,对于我们来讲,也带来了更多的压力，需要我们再好好研究，把这些问题逐一解决，我们是尝试解决。

主持人：谢谢宋博士，其实你已经完全解答了这个问题，在动态的再平衡中，通过监管沙盒，金融科技做好合规监管，防范风险和创新发展的再平衡，非常好。刚才我们在这儿研讨的几位嘉宾反复提到了霍局，一会儿看看有没有机会，请霍局就这个话题加入我们的讨论。

两轮过了以后，进入到最后的加试题目中，我准备了三个，正好六位嘉宾，每两位回答一个。第一个话题，我想问金总和蒋主任，就金融和金融创新来说，金融科技究竟算是一个前沿标签，还是纯粹是一个生产工具。

金磐石：我觉得金融科技是一种工具，刚才讲了金融科技，金融科技的本质是金融，科技是什么概念？科技是能够代替人，然后提高效率，使金融、银行业务更加高效地运转。所以你从这个意义上讲，它是一个工具，属于生产力的范畴。但是金融科技这个工具，在当今是太重要了，重要到什么程度呢？实际是对整个金融的运作和商业模式产生巨大的影响，所以外界对它非常关注，把它当做神了。外行人一般来讲，不太明白的，把它当成神怎么办？就把它认为是前沿的标签，好像谁不说这个事，落伍了。但是本质上来讲，金融科技就是劳动工具，以前云计算、大数据，刚出现的时候，一般人不太明白，以为云计算是在云彩里计算，一样的道理，现在发展以后，你看看大家对云计算和大数据是什么认识，是一样的道理。所以不管怎么讲，这两个都应该是对的。

主持人：谢谢金总，非常同意您的观点，再回到您刚才说的"A"，人工智能这一块儿，人工智能是最典型的，把人的能力向生产能力的延伸。下面请蒋主任，您对第一个话题，怎么作答。

蒋东兴：这么大的题目，首先必须声明一下，后面的话完全代表个人。

我不太同意金融科技是工具，首先它是工具，它是生产力，但是生产力发展到一定程度,它会解构生产关系,如果你把生产关系解构了,颠覆了,你说它还只是生产力吗?我们现在是在限制这个生产力去做破坏性的颠覆。我上次去上海看数字交易所,上海禁止三年内经营,如果数字交易所带上知识产权,将来股票是不是会被解构掉了,因为这个破坏力太大,很多东西搞不明白,所以我们在已有的规制下去限制生产力的盲目发展,这是当前阶段。长远来看,随着数字货币,ICO,还有数字经济,数字交易这些之后,我觉得很可能它就不仅是生产力了。

主持人:第二个问题,我问钱总和伟强主任,监管沙盒是测试金融科技创新最好的方式吗?如何评价这种测试是成功还是失败?难道仅仅靠入盒多少、留盒多少,退盒多少吗?

钱于军:简单回答,也算是测试的其中一种方式,我不觉得是唯一的,因为我们最终应该相信市场,就是相信最终的客户端,我们现在讲的所有的都是金融行业,讲资本市场,所以最终决定的应该是市场的力量,那就是来自需求方的。

您的第二个问题,不要让个别的监管者来决定,没有人是完人,监管者也是人,他再聪明,他再能干,我们不要相信有形的手和无形的手,不要让监管者成为另外一个类似于上帝,他来独自决定。不能让监管者独自来决定,最好要靠一定的规章制度,另外还是适当的放宽,以开放的心态,因为这是沙盒,不是沙滩。

主持人:我对钱总的说法做一个总结,尊重市场,敬畏法律。伟强,你就这个问题发表你的观点。

张伟强:我对您的两个问题,今天有两个挑字眼的故事,第一个,您说是不是最好的监管方式,这个"最"字很难获得,我们知道,我是买股票好,还是买基金好,钱总会说,你只能买最合适的,而不能买最好的。分散着买,但是你不知道我的风险偏好,所以只能是买最合适的。目前的情况下,我们没有其他的可实行的对金融科技的监管方法的时候，监管沙盒可以作为一种有益的尝试，具体效果怎么样，沙盒本身是一种试验，试验好了，用小平同志的一句话，"黑猫白猫抓住老鼠就是好猫"，沙盒能真正起作用就是好的，是不是真的能起作用，我们也不知道。

第二，如何判断沙盒是好的呢？借用一句话，不放过一个坏人，不让一个不合适的监管，从这个沙盒里面出来，同时不错杀一个好人，好的创新也不会被沙盒关进去，没被放出来。我们希望两个都完成，是理论上的最优解，实际上是不可能的，我们要么犯一类错误，要么犯二类错误，这个时候就要考虑监管沙盒的艺术了，他们怎么把握这个尺度，现实生活当中，我们需要监管机构，或者说这些沙盒监管委员会和合作机构，具体操作的时候来考虑的。

主持人：谢谢伟强，最合适的才是最好的，你做了一个最好的标准的界定。最后一个问题，问杜院长和宋区长，最后一个问题是国务院批复给了金融街国家金融管理中心监管沙盒的试点，试点试验期间一定会有风险和挑战，请问这个风险和挑战，您认为有哪些，哪些是最大的，结合你所看到的国际案例，或者是前边我们沙滩这些方面已经发生过的一些事情。

杜艳：我觉得沙盒本身来说，确实有利弊，有利的一方面我们都提到了，会更有利于真正的认知创新，去更深化认识到创新。但是弊端就在于可能会导致不公平和不公允。因为沙盒毕竟是放开了让大家来申请的，在申请的时候，让哪些入盒，哪些不入盒，有人为的选择，这个自主权完全由人来决定，而不是由规制来决定的。但是对于一个创新来说，什么时候先进入市场和后进入市场，会导致获得的那个未来完全不一样，会决定一个企业的命运。所以，可能会导致不公平和不公允。

另外，挑战还在于，沙盒对监管者的知识的要求是非常高的，因为从入盒的判断，到出盒的判断，都有赖于非常强的监管对创新业务、产品或者是模式,待测试的东西的判断。往往监管对于市场的感知可能不如业者,或者是市场本身的,你又要让他来做这样一个判断,所以其实对于知识的挑战是非常大的。另外一块,由于监管沙盒是一盒一册,每一个沙盒单独定制它入盒的标准、要求、规制,等等,这些实际上是非常强的工作,那个工作量是蛮大的,实际上是非常占用监管资源和监管成本的,这个收益与收效的平衡,也是需要的,所以最后,你出盒的时候,会通过这样一套沙盒的测试能带来什么,能带来一个规制的修定和完善还是什么呢,你输出什么,测完以后,付出这么大的成本,你输出什么,这些都会是未来监管沙盒的挑战。

主持人:谢谢杜主任,杜主任给我们引到了更基础、更深远的话题,我们知道这个沙盒一定需要大量的专家专业知识的汇集,请宋博士就这个话题,如果落地执行的话,监管沙盒的风险和挑战,做了哪些考虑,有哪些准备?

宋李健:杜院长讲的这些问题,风险和挑战,我们在调研的过程当中,在准备的过程当中,有很多的专家都反映过。对于我们操作层面,实施落地的时候,他们的这些担心,有很多确实就是我们面临的真实挑战。第一个挑战,就是智力资源,虽然说我们西城区乃至北京市,包括国家级的科技示范区,聚集了大量的金融人才和科技人才,但是如何用一个有效的机制,把这些人才聚集起来,为这种监管沙盒服务,确实是一个很大的挑战。所以我们今天上午陈元主席介绍的时候,他们也专门讲到,金融街合作理事会下面会设一个监管沙盒专委会,这个专委会其实会起到一个协调和推动的作用,我们一直讲的,举全区之力,汇全球之智才能开展的工作,这确实是一个很大的挑战。

但是我觉得,如果我们要做这个尝试,国务院也批复了,在西城区是最有可能做下来的,这是一个高门槛的工作,不是哪个区域想做就能做的,放在西城做这个试点,在中央和市里确实都是做过通盘考虑的,这一点上我们会勇于面对这个挑战,做这个事情。

第二个事情,有一个挑战,跟监管的磨合,金融授权,在世界所有的范围内,都是一个授权经营的,这是不可能逾越的,如果逾越了,是要出大灾难的,一定是坚持授权经营的原则,全球都一样,没有什么商量的余地。今天全天的论坛在讲四位一体的服务模式,整体框架,这个框架里面,为什么我们特别强调服务,特别强调沟通,特别强调共商、共建、共治、共享,就是在这个框架里面要有很好的磨合才能实现。

最后一个,确实还需要一个社会凝聚共识的过程,其实您刚才讲的第二个问题,我一直想讲这个事情。比如沙盒试验产品,有八个失败了,好像这个沙盒就失败了。我们的容忍度到底在哪里?还是有一个比例的问题。我觉得就是大家对于沙盒的理解,我进来是什么样的市场定位,留盒怎么样了,出盒怎么样了,是需要不断获得社会共识的,因为我们是一种试验,试验的过程当中,参与的企业,社会公众,监管部门,甚至国家政府,他会怎么来考量这个事情,这也是一个很大的挑战,我们也要做一些精准的研究。

主持人:谢谢宋博士,讲得非常好,要有试错,容忍,要有理解,还要有认知的方面,不光是具体的风险和挑战,涉及金融的文化、金融理念,包括一些习惯的改正,本场的圆桌对话到此已经接近尾声,我相信在北京市金融监管局的指导下,在一行两局的支持下,举全区之力,汇全球之智,一定能把国务院批复的国家金融管理中心监管沙盒试点任务完成好,谢谢今天参加圆桌对话的观众和听众们,谢谢大家!

第七章
扩大金融高水平双向开放，提升金融全球竞争能力

西城区将正式启动国家级金融科技示范区建设

孙 硕

北京市西城区人民政府代区长

在一行两会、新华社等部门的指导和支持下,金融街论坛已经成功举办了7届,围绕金融重点热点议题形成了许多具有建设性的意见,并且取得了丰硕的成果,被业界誉为中国金融的风向标。我们也希望能够把金融街论坛打造成为中国金融信息监管决策的一个方向性的东西,如果你想知道中国金融决策和政策会怎么样的走向,你到2018年和2017年的金融街论坛上去找它前端性的议题。

开放是国家繁荣发展的必由之路,是当代中国最鲜明的特色,不久前,在第二届"一带一路"国际合作高峰论坛上,习近平总书记再次宣布了五大扩大开放的重要举措,为顺应新形势把握新要求,我们在首场论坛设置了"扩大金融高水平双向开放,提升金融全球竞争能力"主题,邀请各位专家共同研讨,献计献策。北京金融街是我国第一个定向开发的高端产业功能区,见证和承载了国家金融改革发展历程和发展的成果,经过20多年的努力发展,北京金融街在决策监管、标准制定、资产管理、支付结算、信息交流、国际合作等方面的优势更加明显,功能也日趋完善,2019年国务院在《关于全面推进北京服务业扩大开放综合试点工作方案的批复》中,明确了北京金融街是国家管理中心的功能定位,北京金融街是"一行两会"金融监管架构的决策承载地,区内有各类金融机构1800多家,总部企业175家,金融机构资产规模达到102万亿元,占全国金融机构资产规模的近40%,区域人民币支付业务占全国的40%，外币支付业务占全国的60%，对人民币金融市场变动产生影响的金融信息大多从这里传送到全国乃至世界各地。金融信息中心的作用日益显著，立足新时代我们进一步创新服务体制机制，持续优化营商环境，积极培育发展新兴产业，不断巩固提升区域优势，全力服务国家金融管理中心的建设。

一是创新服务模式，加快构建四位一体的服务体系。按照"政府授权+跨界共治+专业运作+市场机制"的架构模式，我们构建了北京金融街合作发展理事会、北京金融街服务局、北京金融街服务中心有限公司、北京金融街论坛年会四位一体的服务支撑体系。北京金融街合作发展理事会是由北京市政府发起成立，财政部、央行、银保监会、证监会、外管局、新华社作为指导单位，街内数百家金融各代表机构共同参加的区域协调议事机构和沟通对话平台，理事会将于明天在2019金融街论坛全体大会上进行揭牌。原全国政协副主席陈元同志将担任理事会的首任主席，我们欢迎驻区机构加入金融街合作发展理事会，大家共同为金融街的发展奉献才智，贡献力量。

北京金融街服务局是市政府的派驻机构，承担金融街区域综合服务职能，挂牌成立一年以来，围绕监管支持、机构运营、环境优化、关系促进、专业研究、人才发展等6个方面持续深化622的服务特系，全面提升服务能力。建设金融街专业互联网投资理财平台，致力于打造多元智能的金融服务空间，满足金融监管机构政策信息发布解读，金融机构兼学术交流研讨等功能需求，创办了金融街观察内刊，为金融街监管部门驻区机构提供监管和服务，通过与驻区机构合作已成功开发5期，金融街服务中心有限公司为金融街及区域的金融业发展提供更加便捷、高效、专业、优质的市场化服务，目前公司已经注册登记成立，并正在开发服务产品，加快推进食品化运营，换驻区机构多提需求和意见。金融街论坛年会，我们按照把金融街论坛打造成为国家金融管理部门和金融机构政策发布的解读平台、机构交流平台、智库研究平台和产业促进平台的要求，我们积极组织论坛系列交流活动，形成了金融街论坛一组N分多沙龙的框架体系，自2008年金融街年会以来已累计举办12场，特别是在纪念改革开放40周年金融街论坛特别当中总结回顾了发展40年的历程，得到了社会各界的高度好评，欢迎大家支持金融街论坛的活动。

二是追求首善标准，营造更加宜业宜居的发展环境。2009年我们紧紧围绕打造一类环境，优化营商配套，改善交通出行，保障街区安全启动了金融街街区配套的提升专项行动，注重内在品质和外在形象的同步提升，努力为国家金融管理部门和驻区机构营造更加良好的发展氛围。我们积极创新特色服务、全面推行服务卡、示范牌、晴雨表、光荣榜、倾听会的综合服务包，提供7×24小时的电话服务及时响应企业需求。我们提高政策支持力度，形成了"1+5+N"的高质量发展产业政策体系，制定发布了金服十条、金科十条、企业上市支持、金融人才奖励等政策，陆续开发人才公寓、教育发展、健康医疗、文化体验、商旅服务等服务产品，形成了综合性的支持计划，提升政策支持力度，建设世界优秀杰出金融人才的聚集区。

三是把握开放机遇，打造扩大金融开放的新高地，北京是全国唯一一个服务业扩大开放综合试点城市。2019年年初，国务院批复了全面推进北京市服务业扩大开放综合试点的服务方案，对包括金融业在内的扩大服务开放提出了明确的措施，金融街是中国金融开放的重要窗口。目前金融街共有外资金融机构143家，世界500强外资机构中有19家在北京金融街设立分支机构，瑞士银行、摩根大通等4家外资银行把中国区法人总部设立在北京金融街。在服务国家对外开放方面金融街努力打造服务"一带一路"建设的先驱，近年来，亚投行、亚洲金融合作协会、丝路基金、中拉产能合作投资基金、中非发展基金等先后在金融街设立，有效服务中国与各友好国家的合作交往。

根据北京市服务业扩大开放综合试点的要求，我们迅速行动，形成了西城区关于落实北京市全面推进服务业扩大开放的实施方案，其中金融业扩大开放具体措施18项，包括支持跨国公司开展外汇资金的集中运营管理，支持符合条件的财务公司、证券公司等金融机构获得接受外汇业务的资格，开展衍生品交易，支持符合条件的财务公司开展延伸产业链的金融支持服务，下一步还将出台促进金融扩大开放的相关政策，更好地对接服务国际金融机构在金融街落户发展。

四、培育新兴产业，加快建设国家级金融科技创新示范区。在去年的金融街论坛年会上面，北京金融科技与专业服务创新示范区正式挂牌成立。一年以来，中关村管委会、北京市金融局西城海淀区共同全力推进北京金融科技与专业服务创新示范区示范区的建设，我们制定了北京金融科技和专业服务创新示范区、西城区域的建设方案和金科十条，积极鼓励各金融机构设立金融科技子公司，取得了积极进展，首批15家金融科技企业完成了注册。我们可以预见，中国最富裕的一条街就是金融街，遇到创新活力最强的一个村就是中关村，相互赋能、融合形成的一个区就是金科新区一定会迸发出巨大的能量，对金融和科技产业发展带来深度变革。

在明天的2019金融街论坛年会上，我们将正式启动国家级金融科技示范区的建设，这也是落实北京新总规在更高水平上服务国家金融管理建设，支持国家创新金融建设的重要举措，今天下午第二场分论坛将以未来金融，金融业的科技革命为主题进行研讨，希望各位领导、各位嘉宾对示范区的建设多提宝贵的意见建议。

进入新时代，北京金融街站在了新的发展起点上，正迈入高质量发展的新阶段，我们将全面提升服务能力，加快完善金融街服务配套，持续完善营商环境，为国家金融监管部门和驻区机构提供更加优质的服务，全面推动国家金融管理中心的建设，更好地服务和支撑国家金融改革开放。

强化对金融机构成立初期的扶持

李 妍

北京市地方金融监管局副局长

当前，全球面临贸易保护主义抬头的挑战。但我们始终坚持对外开放的基本国策，坚持打开国门搞建设，应该说彰显了大国的担当。金融业是这轮对外开放的重点领域，去年以来，国家出台一系列的政策措施，也进一步放宽了金融业市场准入，迈出中国金融改革开放的新步骤。

习总书记指出，金融是国家重要的核心竞争力，金融业作为国际高端的服务业态，是全球化配置资源的重要手段。当前国际金融市场逐渐融合连为一体，历史和经验表明，保护往往带来低效运营，开放有利于促进竞争，提升金融业整体的发展质量。当前，金融机构的跨国化、货币的国际化、信息网络的全球化、价格信号趋同化都在呼唤着更高质量、更高水平的金融业对外开放。随着我国综合国力增强和国际地位的提升，中国金融业正在走向世界舞台。目前，中国拥有世界第一的外汇储备、世界第二大股票市场、世界第三大债券市场，人民币也进入SDR篮子（货币特别提款权）。人民币成为世界第五大支付货币，我们的工农中建四大商业银行的排名世界前十。中国金融制度、金融规则、金融支付方面，应该说地位不断提升。毋庸置疑，我们中国金融业的国际化发展水平仍需要进一步提高。目前看，很多的指标低于世界平均水平。北京作为国际交往中心，历来是国家对外经贸往来的重要窗口，也是我国金融业最早开放的地区之一。要求我们按照国际交往中心功能建设的目标，进一步提高金融业的开放与国际化水平。在国家新一轮金融

第七章 扩大金融高水平双向开放，提升金融全球竞争能力

开放中发挥引领作用。

2018年是中国改革开放40周年，习近平总书记在博鳌亚洲论坛宣布，中国进一步放款金融业市场准入，扩大金融业对外开放。北京作为服务业对外开放试点城市，177项对外开放措施里有超过1/4属于金融业的事项，占比非常高，得到社会各界广泛关注。对外开放政策发布以后，国家金融管理部门出台一系列的开放措施。北京市发挥国家金融管理中心和国际交往中心的优势，大力推动北京金融业对外开放。去年以来，有多家外资金融机构在北京落地，瑞银证券成为全国首家外资控股的证券公司，全球最大的征信机构之一益博睿在京落地，获得征信业务资格。标准普尔设立的全资子公司，获准进入中国债券市场开展信用评级公司。三大评级公司和万事达，VISA都在北京设立法人机构。新一轮对外开放政策发布以后，我们也和国际上很多外资金融机构有很多沟通。我感觉国际金融机构的朋友有一个疑虑，也与我们沟通过了，他们讲北京四大中心里没有国际金融中心。北京市到底要不要发展金融业？我想答案非常明确，习总书记在视察北京的时候明确指出，北京要建设国家金融管理中心，要发挥这一优势。在北京的高精尖产业的建设当中，金融业是非常重要的一个行业。目前北京的整个经济结构当中，应该说金融业在全市经济里的比重已经达到了17%，对北京的经济增长的贡献率是18.4%。可以说现在金融业已经成为北京市第一支柱产业，按照蔡奇书记的要求，北京市要大力发展金融业，国际上的朋友对这一点要坚定信心。

应该说上述改革开放的成果，得益于国家金融管理部门的指导和支持。我们知道，"一行三会"和外汇局等国家管理部门都在北京，主要就在西城区。总结起来，我们北京发展金融业主要有几个方面的优势：优势一，北京是全国的金融管理中心，拥有决策监管、资产管理、支付结算、信息交流、标准制定等功能于一体的优势。优势二，北京是全国唯一的服务业扩大开放综合试点城市，目前，北京是服务业的扩大开放唯一的试点城市。我们享有先行

先试的政策优势，在今年国务院批复的《新一轮服务业扩大开放试点》当中，涉及资本账户的开放、人民币国际化，外汇管理方面实施了多项先行先试的政策。这些政策都在北京服务业扩大开放政策里，我们是唯一享受这些政策的城市。优势三，北京是中国内地创新活力最强的城市。这里人力资源密集，每天产生创新型企业超过200家。优势四，北京是中国内地营商环境最好的城市。在中国营商环境评价和财富杂志对中国城市的商业环境排名中，目前北京的排名均列第一。应该说上述优势是北京金融业对外开放高质量发展的基础，也是外资金融机构来华展业落地北京的重要机遇。

面向未来，我们将对标国际一流的标准，采取更大力度的措施，积极优化营商环境，服务好外资金融机构，内资金融机构，为国内外金融机构在京发展提供高效便捷的服务。

第一，强化对金融机构成立初期的培育和扶持。符合四个中心城市战略定位的新设法人金融机构，给予各种补助，为金融机构落地提供一站式的服务。优化服务流程，缩短办理时间。最近，很多外资金融机构因为对这一轮改革开放的政策非常关注，也纷纷都有在境内设立金融机构的想法，特别是在北京发展的想法。针对外资金融机构的想法和诉求，涉及很多大家关心的问题。最近我们也一直在陪同这些机构密集与银保监会、证监会进行沟通。

第二，我们将完善金融人才的激励措施，充分尊重国际金融机构商业活动规则和外资人才工作的生活习惯。大力引进服务高精尖产业发展的金融人才。我们对高端的金融人才和金融机构给予资金激励，还有人才公寓引进落户等各种保障服务措施。我们将鼓励金融机构优化金融产品和服务供给，对服务首都重大战略和经济发展，引领首都金融改革开放，维护首都金融安全稳定方面贡献突出的金融技术、制度、产品和服务项目给予激励。促进首都金融发展具有特殊贡献和重要战略意义的金融机构，给予专项的政策支持。刚才孙区长也讲到，我们将持续优化营商环境。北京市目前对重点的金融机构建立了服务包、服务管家、服务专员的制度,对重点的金融机构有专门的服务,提供定制化的服务,不断提高教育、医疗、商业健康保险等方面的国际化的服务水平。为各类企业和金融人才在京工作、生活,提供更多的便利条件。

中国金融业对外开放将坚定不移,中国金融业对外开放的历史机遇也不容错过。我们在此诚挚地欢迎世界各地的金融机构来京发展,共同分享中国金融业对外开放的成功。有涉及各方面的问题需要咨询与沟通的,也请与金融局保持密切的联系。我们和西城区及各相关区现在也有密切的协调联系机制。大家关心的问题都会得到解答。

金融业开放也需加强监管，金融牌照必须有国界

孙天琦

国家外汇管理局总会计师

我给大家交流的内容是更加开放的金融市场需要更加有效的监管。

一、更趋一体化、更加开放的全球金融市场

各位可能清楚在WTO框架下关于金融服务承诺的亮点中间规定了"新金融条款"，这个新金融条款是什么意思？就是签约国，只要一个国家开放了某一种金融服务，其他国家也必须允许其他国家的金融机构也开展这种金融服务。这是在乌拉圭回合谈判的时候在金融那部分当时已经有了大家商议的一个结果。但是思想比较超前，在落地过程中间显得比较漫长。2018年7月17日，日本和欧盟签署的《日欧经济伙伴关系协定》中间，"新金融条款"落地了。从这个大的方向上看，咱们国家也应该顺应这种趋势。符合分论坛的主题"扩大金融高水平的双向开放，提升金融全球竞争能力"。

二、国际上金融更加开放但是不等于没有监管

在工作中间，最近我们跟几个国家的监管部门的执法部门有过多次工作上的衔接，以美国为例，其开放度越来越高，但是监管也是非常严格，其中一点就是从市场准入而言，美国要求不管是美国的公司还是国外的公司，给美国人提供服务，必须在美国注册拿到牌照，很简单的一个规定，但是执行得非常严格，如果说没有在美国获得注册、获得许可，没有拿到牌照就给美

国人提供服务视作欺诈,重罚。

美国人说:"我们是非常开放,但是我们的监管非常严格,金融乱象比较少"。而我们这方面就有问题,比如有些境外的平台,吸引中国的投资者、消费者来参与一些跨境的交易,我们外汇局,涉及跨境以后就要关注。我们的相关部门就在网上发布了"风险提示",要参与境外的A/B产品的投资和交易,我们已经开通的这个渠道,比如有××通,这些渠道是合法的渠道,但是通过这些合法渠道之外的其他渠道参加这些交易,你的权益是没有保障的。仅此而已。

是不是境外的这些公司通过这些境外的平台就可以自由的给境内的投资者、消费者提供服务?如果按照美国的逻辑是不行的,必须在中国持有牌照,所以说"持牌经营"怎么落地,还需要下更多的功夫。

三、我国跨境交付模式下跨境金融服务的开放

在《服务贸易总协定》中,跨境贸易服务有4种模式:1.商业存在。大家接触的最多的就是这种模式,国外的金融机构要到中国来提供金融服务,它经过市场准入在中国设立子/分公司拿到牌照,有线下的商业存在。2.跨境交付模式。国外公司不到中国设立子/分公司,但在国外通过一些数字平台给中国境内的投资者/消费者提供服务。3.境外消费模式。4.自然人流动模式。

在跨境交付模式下,金融机构在境外给境内投资者消费者提供服务,这种模式下咱们怎么开放?

首先,数字技术、数字平台的发展为跨境交付模式下的金融服务提供了非常坚实的技术支持,这是一个大的背景。其次,金融科技的发展加速了跨境交付模式下金融服务的开放。

国家怎么开放这类跨境交付模式下的金融服务?我个人倾向于还是应该要求外资以设立商业存在的方式提供金融服务,说直白一点就是在近期内先

不开放跨境交付模式下的跨境金融服务，必须要求它采取商业存在模式，必须在国内有商业存在。

原因有这么几个，一是我们法制尚不健全；二是市场尚不成熟，三是监管能力还较为薄弱，协同机制还不健全。我们跟境外监管部门执法部门沟通的时候他们举了一个例子，前几年大家可能也注意到了，金融机构操纵伦敦隔业拆借利率，好多机构重罚了，当这些一出来的时候美国商品期货交易委员会（CFTC）就在分析，他们感觉到一发现这个问题以后就想管，他们分析了一下，第一伦敦隔业拆借利率是伦敦的价格指数，产生于伦敦。第二违规的金融机构主要是欧洲的金融机构，美国的商品期货交易委员会有没有权限管？第三按照当时法律给它的授权，它还没有足够的权利拿到这些交易员通过社交媒体聊天室的这些聊天信息。

他们在犹豫，但是后来他们还是分析，基于什么逻辑呢？虽然这个指数产生于英国，主要的犯事机构是伦敦在欧洲的金融机构，但是这种操纵能够影响到美国的金融安全，影响到美国的投资者利益，所以他们也是坚定地禁了，和境外欧洲的监管部门一起对这些机构罚了120亿美元。咱们反过来想一下，通过金融乱象看，同样的问题产生以后咱们的监管部门会是什么样的分析逻辑。

由于投资者消费者投资经验有限，识别能力较弱，从中长期来看对跨境交付模式下的金融服务的开放还是应该按照国际上的趋势，开放度应该越来越高，随着司法完备、监管有效、初期对跨境交付模式下的金融服务的开放可以采取正面清单的方式，逐步过渡到负面清单。在实践中间这种跨境交付模式的金融服务，实际中间大大便利了跨境的投资和交易。

我国金融服务业开放中间要加强金融监管和有效监管。

1. 强调金融必须持牌经营。2. 金融牌照必须有国界。获得外国的牌照但没有在中国拿到牌照是不能通过数字平台给中国投资者、消费者提供相关的金融服务的。同时要建立有效的监管体系确保金融开放行稳致远。

在加强监管中间也要强调功能监管要真正落地，不能说牌照不是我发的就不归我管，出现问题以后部委之间相互推，中央和地方之间相互推，推来推去问题风险越来越大。

微观审慎监管和行为监管体系要有效；在监管方面最后一点是跨境金融服务全球治理也要有效推进，在双边和多边层面加强国际监管合作，探索形成全球的最佳监管标准。很简单的一点就是准入，从各国看，准入标准千差万别，从实际看，好多公司在国内拿不到金融牌照跑到国外拿，去英国、澳大利亚拿到牌照，通过数字平台提供金融服务，或者以外资金融机构的方式回到国内，甚至有些公司拿到英国、澳大利亚的牌照以后发现这些国家监管非常严，然后又拿到塞舌尔、巴拿马的牌照，这些地方监管更松，更有利于他们开展活动，所以各国的监管标准也要更加有效地协调，防止监管套利。

加强资本管制安全正确，但汇率需要多一点弹性

余永定
中国社会科学院学部委员

我主要讲两个问题：

第一，关于金融开放和资本管制之间的关系。

我们在分析问题的时候，一定要注意具体问题具体分析。回想2009年开始推人民币国际化，很快出现主导的舆论，中国应该加速资本项目自由化。在2012年，加速资本项目自由化的口号被提出，而且写入各种各样的正式文件之中。虽然没有非常正式的文件，但大家似乎达成默契，大家都认为2015年的时候实现资本项目下人民币的基本可兑换。2020年实现资本项目下的人民币的完全可兑换，也就是说我们没有资本管制。大家现在回过头想一想，如果当初按照这个计划执行资本项目自由化的一系列意向，今天会面临什么样的结果？

不难想象，情况会非常危险。幸好我们的领导机构及时对政策进行调整，我们不是在2015年基本实现，2020年完全实现资本项目下人民币的可兑换。相反的是我们大大加强了资本管制。管制加强到什么程度？有人说老余，你这是商鞅变法，自己坑自己。有一次我到银行换汇，每个人的额度是5万，我完全在这个额度之内，我想换2万美元汇到国外，因为我要到国外探亲，结果被银行制止。银行说你的年龄已经超过了65岁，65岁没有完整的证明材料是不允许把你额度之内的钱汇到国外的。我也不知道这是不是咱们央行的政策，可见许多商业银行为了执行资本管制的规矩想了各种各样的办法。比如，一

个营业部门两个窗口开,虽然有五个窗口,但只开两个窗口。各个地方都想了很多办法,为了防止资本外流。

当然了加强资本管制是一个正确的方向,我一直赞成,也一直在鼓吹这样的做法。但我们有的时候容易把事情做极端,走到另外的一个极端当中。合法的换汇也受到阻碍,当然也是一个笑话。因为我超过了65岁,今年已经71岁了,所以没有资格按照规定换汇。潜台词就是说你该死了你又不是年轻人,你干什么。年轻人去学习,你为什么换汇,有的做法过了,这样的做法应该调整。但说明一点,我们现在的资本管制大大加强。我认为大方向是完全正确的,但在一些细节上需要进行调整。

我为什么讲这个例子?为什么管理部门及很多的银行不得不采取一些非常极端的资本管制的措施?这里存在一个非常大的问题,我们的汇率不动,基本不动。我们要维持汇率稳定,潜台词是不能突破7,7是一个心理关口,只要到7就要采取不同的方式进行干预,让它不要突破7,这是个值得讨论的问题。大家都知道在世界经济当中价格是一个调节的杠杆,需求多了,价格上去。需求少了,价格下去。对于外汇也是如此,如果都想把钱汇出去,都想利用人民币换美元,这时人民币要贬值,因为对美元需求多了,美元上涨。这本身就具有调节机制的。我想强调一点,汇率是一种稳定资本流动,稳定金融跨境流动,使我们的经常项目和我们的资本项目,总的来讲就是使得国际收支趋于平衡的重要调节机制。汇率的灵活性和资本的流动,对资本跨境流动的管理要比较好地结合起来,找到平衡点。现在似乎对人民币汇率的灵活性强调得少一点,我觉得这中国的经济发展是不太有利的。

我再次强调,加强资本管制安全正确,而且现在我觉得外管局做得非常不错。另一方面,由于我们对人民币的汇率的浮动过于担心,使得我们的资本管制方面可能有的地方做得有点过了。我希望能够找到更好的平衡,让人民币汇率多一点弹性。

第二，目前宏观经济形势要求我们让汇率有比较大的弹性。

大家一般讲维持人民币汇率的稳定，有人说维持人民币汇率的稳定是什么意思？对美元的稳定，还是对人民币的有效名义汇率的稳定？我们自己讲要盯住一揽子的货币，BIS不断地公布人民币的名义调控到底是多少。我们在盯住美元的过程中，过去相当一段时间里美元是一种升值的状态，人民币盯住美元，所以也随着美元升值。在这样的一种情况下，你的名义有效汇率是升值的。日元、英镑、欧元对美元都在贬值，由于你的名义有效汇率的升值，出口的竞争能力受到损害。

根据BIS的材料，我只是看到了2—3月，人民币在3月升值了2%，就是它的实际有效汇率升值了2%。名义有效汇率升值1%。你的名义有效汇率是升值的，但这个对中国的出口是不利的。我们目前又面临着美国的打压，关税提高了，原来是500亿25%，2000亿10%，现在这2000亿也提高到25%，而且特朗普威胁说进一步提高中国对美出口产品的关税。一方面提高关税，一方面名义有效汇率又在升值，对中国出口和中国的经济增长非常不利。我们确确实实承诺，我们不把人民币汇率作为一种贸易战的工具，我们也一直在严格地遵守这样的诺言。但我们有权力根据中国经济的发展执行独立的宏观经济政策，什么意思？我们现在的经济增长速度在下降的过程，第一季度表现比较好，但4月表现不行。5月到底怎样，现在没有材料。但我们得到的许多信息的反馈情况是，我们的经济增长往下走。在这样的情况下，你应该采取怎样的宏观经济政策，非常简单，实行宽松的宏观经济政策。具体来说，执行宽松的财政政策，要有宽松的货币政策。货币政策的关键因素，我们把利息压低。我们应该让利息压低，解决企业的融资贵和融资难的问题。

我们要保持货币政策的独立性。我们不是增加出口而贬值，我们是要想保持经济的增长，这对全世界都是非常重要的。我们可能会采取进一步的宽松货币的政策。当我们一旦采取了这样的政策，迟早再次面临是否允许人民币破7的问题。有人认为，如果让人民币破7会产生恐慌，导致大量的资本外逃，情况不可收拾。我不相信这个论点。潮水往外流，水从哪里来？我们的经常项目有顺差，不会有很大的换汇压力。

资本外逃不像2015年和2016年那么容易了，资本跨境流动有一块是合法的。比如外资把利润汇回，外资撤资都是合法的，没有问题。但这是一种比较长期的决策，我不相信外资会在短期内把大量的利润汇走，一下子把资金撤走。因为你破了7，他们不会这么做的，因为这是长期的考虑。甚至在现在的情况下，据我知道，广东外资的流入比外资的流出少，有的撤资，但也有更多的投资项目进来，不会有太大的变动。过去主要是资本外逃造成的压力，现在我们加强了资本管制。我不知道如果让人民币汇率由7变到7.01，中国会出现什么样的大灾难，我认为不会出现大灾难，完全是自己吓自己。现在让它在7之间晃动，7.1、7.2又回到6.9，这样晃大家心里适应不会有大的问题。如果一旦形势恶化，我们需要大规模地采取刺激政策。如果我们的贸易形势恶化了，那这时需要大幅度的贬值，那时敢不敢破7。如果那个时候破7，那时会产生恐慌。与其等着那个时候破7，不如现在让它在7这晃动，这是可控的。我们应该利用比较自然的心理，比较放松的心理看待汇率的变动。7、7.01、7.02与6.9和6.95没有区别，我们对中国的经济发展应该有信心。

金融业开放要注重加强补短板和民生领域问题

刘 勇

国家开发银行首席经济学家、研究院院长

我们今天的主题是"金融双向开放",所以我想就这个主题深化对外开放问题,特别是金融开放问题,谈一下我的观点:

第一点,我们现在更要注重加强开放中的补短板和民生领域问题。目前外资占中国的A股市值的比重只有2%,外资占中国的债券市场3%,外资银行占我们国内商业银行资产只有1.6%,外资保险公司只占6%,因此,我还是坚持认为应该加快我们金融开放的速度,希望能够通过引进外资和国外金融机构的方式扩大我们的金融开放。比如说,中国面临的巨大的养老问题,2018年底,中国的60岁至60岁以上的人口2.5亿,占中国总人口的17.4%,我们的未富先老的情况很严重,在这种情况下,我一直感觉我们应该加强在养老保险第三支柱的对外开放。

第二点,加强这种合作关系,开发银行目前外汇总的业务是3000多亿美元,我们资产总额是2.4万亿美元,是世界最大的开发性金融机构,也是最大的外汇对外投资银行,我们共建了7个银联体,包括最近刚刚设立的中拉银联体,希望在这个时候我们加强跟国际同行的合作。

第三点,加强我们在研究领域的合作。从开行实践的角度来讲,我们在国际话语权上的建设差距很大,我们最近与联合国的有关组织研究"一带一路"投融资标准和规则问题,在这个情况下,我们在实践过程中经常会遇到一个采购问题、价格问题、生物多样性问题,以及基本设施、债务可持续性问题。这些问题我觉得我们在对外开放当中应该加强跟国际同行们加强这方面的规则和标准的研究。我们应该以开放的心态把中国的故事、国际的发展很好的结合在一起。我们始终坚持一条就是发展权的问题，我们再谈那么多高质量的发展，如果没有一个基础设施还怎么谈高质量发展？

第四点，加强在数字金融和金融科技方面的合作。因为在这个领域上我一直认为由于我们在互联网金融信息技术的采用，我们现在第三方的支付已经走向了世界先进的水平，这个方面需要和"一带一路"结合，特别是我们在境外建立转口贸易，建立仓储活动等发挥着重要的作用。

第五点，加强国际联合的监管，特别是防范穿透式风险，但是我总的感觉，开放是基础，是前提，我们是为了开放做的准备，而不应该是本末倒置。

中阿两国应该推进金融科技发展和监管合作

邓伟政

阿布扎比国际金融中心金融服务监管局CEO

今年是新中国建国70周年，中国改革开放已经走过40年风雨历程。中国取得举世瞩目的成就，不但快速提升本国人民的福祉，也深刻推动全球金融发展和治理水平。我认为未来的世界经济可持续性增长，正如今天所谈的主题，有赖于中国金融双向开放，有赖于更多国家如何通过合作推动全球经济的治理。中阿两国的经济关系飞速发展，中国是阿联酋最大的贸易伙伴国。阿联酋也是中国在阿拉伯国家最大的投资目的地国。阿联酋还是最早参与中国倡议的"一带一路"国家。2018年中阿合作论坛第八届外长级协议上，习近平主席提出，打造全面合作、共同发展、面向未来的中阿战略伙伴关系。2018年7月，习近平主席应邀对阿联酋进行国事访问，两国领导人一致决定，将双边关系提升为全面战略性伙伴关系。我所代表的阿布扎比国际金融中心是位于阿联酋首都阿布扎比金融区。我们致力在阿布扎比打造辐射中东北非地区"一带一路"投融资中心，服务中阿两国重大机构和重大项目，以及建设一个辐射中东北非地区的人民币离岸中心。促进中阿两国的经济与金融合作，我今天从中阿开放合作的角度，与大家分享一些看法。

第一，双向开放促进中阿产融合作。

2018年中国企业对全球174个国家及地区超过6500家境外企业进行非金融直接投资，累计投资超过1300亿美元，但在一些"一带一路"国家依然面临着缺乏直接的投融资渠道，间接融资成本较高的困难。中国优质产能"一带一路"出海离不开金融扶持，拿中国高铁进行比喻，产能输出是中国"一带一路"建设的引擎。金融服务是产能输出后维持动力的原料。产业园区是中国"一带一路"建设的创新，未来更大的成就将取决于高效而低成本的海外融资。2019年，中国阿联酋产能示范园区在中阿两国最高领导人的见证下发起。2018年7月20日，习近平主席和阿布扎比王储，共同见证了中阿产能合作示范园区金融服务平台的成立。该金融服务平台将利用两国金融资源和资本市场，为开拓中东北非地区产能出海企业提供多层次的综合金融服务。阿布扎比金融管理局支持该平台的金融牌照申请，整合两国的金融资源，为企业提供直接和间接的金融服务。我们期待着发展模式能够推广到更多国家去，持续帮助中国"一带一路"产能出海。

第二，中阿共建"一带一路"金融基础设施。

中国改革开放40年进入金融开放关键时刻，金融开放包括中国领先机构出海，开拓特定的区域资本市场，从而为中国企业提供更多海外投融资的渠道。阿布扎比国际金融中心正在推动两国共建一个辐射中东北非国际交易所，该交易所将立足阿布扎比，服务阿联酋以及中东企业的投融资，使得该地区与全球的投资者能够分享中阿经济长远的潜力。特别是分享"一带一路"长远投资红利。在这一重要的基础设施上，将发行人民币及其他货币的金融产品。通过股票、债券、资产证券化、衍生产品等多种不同的产品，为全球和地区投资者提供新的投资标的。帮助中阿两国企业在该地区进行投融资。

第三，通过双边金融开放，推动财富管理合作。

阿布扎比不缺乏资源和财富，阿布扎比占有全世界9%的石油储量，5%的天然气储量。在石油经济的基础上，阿布扎比拥有大量的财富管理机构，以及高资产的人士，以及两国世界上最大的主权基金。阿布扎比投资局ADIA

和穆巴达拉投资公司，成为本地区乃至全球最重要的财富管理中心之一。中国企业已经和这些机构开始紧密合作，但在我看来还可以在合作层次、结构和范围上有更大胆和更积极的尝试。我尤其认为中国企业通过阿布扎比开拓中东北非资产管理和财富管理的市场，可以从若干领域推进，包括财富管理、私人银行、不动产、信托基金、金融科技。在这些领域，阿布扎比国际金融中心背靠着阿布扎比丰沛的财富，作为中东北非的金融科技管理中心，能够很快地帮助中国企业获得金融许可，并且开展业务。

第四，两国应该推进金融科技发展和监管合作。

北京金融科技业发展走在中国的前列，我想分享我们的实践。阿布扎比国际研究中心在成立之初，就意识到数字创新和金融科技在金融服务业和在阿布扎比的经济中，扮演着重要的角色。2016年，阿布扎比国际金融中心成为中东北非地区第一个开始颁发金融科技牌照的司法管辖区，也是该地区第一个创造金融科技监管沙箱的司法管辖区。如今，阿布扎比国际金融中心的金融科技监管实验室，英文是ADGM RegLab，仅次于伦敦的金融科技监管实验室，在全世界排行第二，最活跃的金融科技监管沙箱，有超过70家全球金融科技公司进行申请到阿布扎比的金融科技监管沙箱。在我看来，新型的金融科技公司需要适当的监管，也需要在促进创新和高效监管之间保持平衡。

我的几个想法与监管机构分享：

一是为初创企业提供整体的监管支持和指导，帮助金融科技公司理解和掌握监管要求。为金融科技提供适当的监管控制，以及测试情况。二是确保机制支持初创企业与监管机构进行高效与系统的互动。三是务必引进全球专业孵化器和咨询公司机构，打造优质生态环境与生态系统，以最快速的速度培养和打造创新企业。四是通过各种手段吸引人才。人才是生态环境和生态健康发展及壮大的关键所在。五是保持监管的高度响应和自我变革的能力。

中国市场应进一步扩展外资保险公司的作用

莫恒勇

美国国际集团（AIG）首席经济学家

AIG在中国历史悠长，一百年前当时集团创办人以300日元在中国上海成立一家保险代理公司叫美亚保险，今天AIG在中国的公司也还是沿用这个名称叫美亚保险。1992年AIG回归中国市场成为第一家获得运营执照的外资保险公司。可以说中国一直都是AIG重要的市场之一，随着城市人口的快速增长、中产阶级的扩张以及高端消费群体的增加，中国保险市场有着巨大的潜在发展空间。我们很高兴看到近期中国政府在金融服务业改革开放和创造公平竞争环境方面所做出的努力和一系列承诺，例如2018年6月，国家发改委、商务部在联合发布《外商投资准入特别管理措施负面清单》时，把寿险公司外资股的持股比例提高到51%，并提出在2021年取消外资股比限制。今年5月1日，中国银保监会郭树清主席提出12条新的金融业开放措施，对于促进银行和保险领域的外商投资有着非常积极的影响。我们期待着这些准则的实施。

AIG一直致力于支持中国保险行业的进一步发展和开放，保险关系着社会和生活的方方面面，一个有竞争力的保险市场在中国区域乃至全球经济范围内都扮演着重要的角色，下面我对如何推动保险和再保险市场的活力和竞争力提出一些建议，供大家批评指正。

第一，进一步扩展外资保险公司的作用。

从风险管理、合规和承保等方面看，跨国保险公司和再保险公司都有一定的相关经验，保险业的进一步对外开放和保险公司更大程度的参与中国市场，有助于中国保险业提高产品研发水平和管理水平，对促进市场竞争、提高市场效率以及保护消费者利益都会有积极的作用。刚刚刘首席讲到了外资保险公司占中国的份额才6%，从这个角度来讲还有很大的发展空间。在这方面AIG非常乐意继续作为中国银保监会及国内保险公司的资源和合作伙伴。

第二，参与全球标准体系的制定。

随着中国保险市场的持续发展，中国在国际标准体系的制定方面发挥有利作用是非常重要的，如今中国庞大的保险市场也应该在利于国际保险监督管理协会这样的组织中拥有相当的发言权。同时积极参与全球标准体系制定，对于中国银保监会更有效监管、更有效规范国内的保险市场也会起到重要的作用，我们很高兴地看到，中国保监会程文辉副主席在去年3月成功当选国际保险监督官协会第一任代表新兴市场的执委会副主席，希望中国银保监会在各个层级上更多参与国际组织的工作，影响国际规则的制定。

同时我们也希望中国银保监会继续寻求扩大和其他国家监管机构的定期对话和沟通，分享和学习各自在保险市场监管上的经验教训。

第三，竞争中立。

《外商投资法》中规定竞争中立是一条重要的原则，中国银保监会将这一原则应用于保险领域所要采取的措施和步骤，会帮助外资保险公司树立在同一市场环境下享受与国内保险公司同等待遇和公平竞争的信心。近期中国银保监会颁布12项新准则，用于进一步开放银行及保险行业的外商投资，这些准则的落实将会是下一步中国保险业开放的重要举措。

第四，互联网保险监管。

我们支持中国银保监会的工作，规范互联网保险的销售，互联网保险的进一步发展代表着中国推动金融行业改革和创新的重要一步。我们也欢迎通过网络销售更多的保险品种，例如重大疾病险等寿险险种，我们相信更多的保险产品通过网络的销售可以减少保险缺口和支持扶贫，通过监管促进创新，不仅有助于改善保险监管，也会使监管更市场化和更容易容纳外资参与。

第五，再保险。

跨境再保险是一种有价值的全球风险转移机制，通过分散保险使其不只集中于一家公司或一个国家，通过有效分散风险可以大力支持本地保险市场的发展，本地规模较小的保险公司通过国际再保险和约可以帮助他们和大保险公司竞争，在合理成本的基础上给客户提供更多的选择，满足他们的需求。中国目前的监管体系偿二代，规定国内公司和评级良好的再保险公司订立代保协议时，要求较高的资本充足性和资本担保，一定程度上影响了跨境再保险业务的发展，影响了风险分散和市场发展，我们认为中国银保监会也可以通过其他途径，例如和再保公司所在的5国监管部门进行咨询和对话，来保证再保公司财务的稳健性。国家外汇管理局的孙天琦总会计师也提到了要加强全球监管机构的对话与合作，在这方面同样是发展中国家的巴西，近年来做了一些有意思的尝试。

2017年，巴西监管机构采取措施进一步放松对跨境再保险限制，2017年12月20日，巴西国家私营保险委员会修改了第353号决议，取消了强制再保险和集团内再保险以及转分保的限制，这些规定的目的在于促进巴西再保险市场的更多竞争，使其与全球趋势相一致。

第六,数据。

对于跨国保险公司而言,跨国传输数据的能力是其商业战略的重要组成部分,同时数据安全关于保护客户数据的隐私也是关注的重点,我们理解中国对网络安全风险以及保护消费者数据的担忧,但是过严的管制会让数据的跨境传输更加昂贵,最终会给保险公司带来更多的安全风险,消费者数据保护和保险公司有效的跨国信息传输之间如果有适当的平衡方案,可让外资保险公司给中国的消费者带来更多高成本效率的保险产品。

最后一点,我想提一下健康险和养老险的发展,刚刚刘首席也提到这一点。我们非常赞赏中国银保监会对发展健康和养老市场所做出的努力,在这些领域发展强健市场将会对中国人民的健康和安全有重要的意义,同时支持中国扶贫和发展壮大中产阶级的目标,外资保险公司可以给这些市场带来有价值的专业知识。

最后我想说,AIG一直致力于支持中国保险行业的进一步发展和开放,帮助追究落实核心政策包括"一带一路"、粤港澳大湾区等,发展坚固的中产阶级以及普惠金融,我们过去在中国创立,现在在中国发展,将来也希望乘着中国金融业对外开放的东风与中国市场一同成长。

改革势在必行,应建立国家金融战略

万 喆
中国黄金集团首席经济学家

今天与大家分享中国国家金融战略问题。讲到金融关乎很多政策层面的宏观和微观问题之间的互动,并不是过去有些人所认为的只是一堆数字模型或者是一个统计的结果。我认为,金融是需要有态度的,同时要有厚度和高度。我说金融是军事,是政治,也是国策。

我们认为国家的治理和金融在目前来看,应该是相互交融的关系。我们要拥有强大的经济实力,这是我们的立足点。我们产业链和我们的产业实业的发展,这是我们的关键。牢牢掌握国家资本,并且要有足够的储备和预备。我们当然要有一个金融体系化的战略思维做我们的底线。中国目前的金融战略面临的挑战,包括金融市场全球化带来的挑战,包括全球化、金融化、网络化带来的挑战。这些挑战当然实际上不只是对中国有,在全球也是有的。但对中国目前的系统来看,因为在发展和改革的过程中,有的挑战可能显得尤为尖锐。

金融和国家安全。过去讲金融和国家安全主要是讲经济安全和金融市场的安全,金融和国家安全是全方位的,它和政治安全、公共安全、经济安全、金融安全、网络安全都有着非常密切的关系。政治安全上可以看到,实际上金融手段已经成为了美国对外进行政治颠覆的非常重要的利器。从政治安全的方面来看,还是树立一个总体的金融安全观,使我们的政治稳定有一个基础性的保证。从公共安全来看,这也是大家想的比较多的,但没有想到与金融有关系。

金融与反恐。恐怖活动如果是一种个人行为的话，那可能是另外一回事。但如果有组织，没有钱搞不了恐怖组织。史上最强大的恐怖组织都有非常雄厚的财务基础，也有非常详尽的财务报表，尤其是IS的报表还是公开公布的。而且还有非常好的一整套的生财方式。有了这些以后，实际上才能保证整个恐怖组织运行。因为现在的恐怖组织可能是遍及全球的，而且还会采取各种现代的宣传方式招募方式和培训方式，以及派遣的方式。这些都是需要钱的。目前，在电子化的形势下，反恐是通过金融，也就是通过资金流的追踪从而追踪恐怖行动，以及回溯、监控恐怖行动。树立金融反恐大旗是保障国家安全的重点。

金融与经济安全。中国的金融改革势在必行，市场化是一个改革的方向，大家讲市场化和法制化，金融系统也是一样。在改革当中，我觉得改革是根本，开放是大势。即使全球贸易保护主义和单边主义兴起，我们还是以更加包容开放的心态进行中国经济的发展。我们应该看到，金融如果改革不适当，很容易引发经济安全危机。深化和对外开放没有问题，但如果盲目地改革，容易引发经济的安全危机。因此，中国金融改革包括汇率的改革、利率的改革、资本市场的改革、银行市场化的改革、资本市场深化多元化的改革。这需要有合理的次序。

金融与网络安全。我们看到了金融数据，金融需要捍卫中国第四空间的安全。

金融与外交安全。中国目前有世界领先的经济影响力，也需要转化为政治影响力。怎么搞好与邻国周边的关系，金融上需要有全球战略布局，进行多样性的金融战略，对不同的国家和地区，以及不同的盟友或者伙伴需要有不同的金融战略的方式，包括"一带一路"，我们一起开放包容，一起创新供应。

构建国家的金融战略。党的十九大报告里提出来中国金融新时代，建设现代化的经济体系，深化金融体制的改革。在2019年2月，习总书记在政治局会议集体学习时专门指出，中国特色金融发展之路。他特别强调的这句话非常有名，现在大家都说金融活，经济活；金融稳，经济稳。经济兴，金融兴；经济强，金融强。认清国内外的形势，把握金融的本质，完成和深化金融的供给侧改革，平衡好稳增长和防风险的关系。

中国国家金融战略思维的构建图，主要的战略目的有三个全局性的目标。第一是巩固和提高党的执政地位，这是目前的第一个全局性的目标。第二是积极稳妥地改革社会治理方式，包括市场化与法制化。第三是倡导预防和巩固国家金融安全体系。提出了辩证的相互统一，又相互互动的关系。

对话交流：

议　　题：金融供给侧改革与中国金融全方位开放

主 持 人：中国人民大学重阳金融研究院执行院长王文

对话嘉宾：中国社会科学院学部委员余永定；美国国际集团AIG首席经济学家莫恒勇；中国黄金集团首席经济学家万喆；香港上海汇丰银行有限公司中国股票研究主管、董事总经理孙瑜

主持人：现在中美经贸战正酣，我们今天又讨论金融的双向开放，余老师您认为现在经贸战打到今天会不会衍生为金融战？如果衍生金融战下一步我们应该怎么看待它？

余永定：我觉得这种可能性是存在的，由贸易战、科技战转到金融战，我觉得这是完全可能的。

这个时候会具体表现为什么形式呢？现在很难说，我觉得比较容易想到的第一个是汇率问题，美国对于人民币的汇率一直是长期紧盯着的，虽然我们非常小心翼翼，我们花了大量外汇储备维持人民币汇率的稳定，美国一直威胁要对中国采取某种行动，我们不能掉以轻心。一旦我们政策有某种变化的话，有可能把中国定为汇率操纵国，当定为汇率操纵国之后，根据美国法律就可以对中国采取报复措施，其中报复措施是对美出口产品进一步加关税。

还有一个，比较容易的是，找办法对中国的企业罚款，即长臂管辖，这是个非常重要的问题，长臂管辖跟所谓的属人管辖权是有关系的，这是法律问题，时间关系不多讲了，但是我现在提这么一条，英国经济学家发表了一篇文章提到2009—2015年美国对外国公司的罚款总额是1610亿美元，光是罚

款。经济学家有这么一段话,"世界上获利最多的敲诈勒索,最大的敲诈勒索者是美国监管体系,它贪得无厌"。这是经济学家2012年一篇社论上的文章。中国企业已经有这样的经验了,通过长臂管辖,中国某个企业利用中国银行有一笔交易,中国银行不是很清楚,但是中国银行在美国是有机构的,它由于中国银行某个客户做了某些美国认为是违法的生意,美方让中国银行交付罚款,美国这套是经常使用的,不但对中国使用,而且对它的盟国也使用,对此,我们应该是高度警惕的。

还有一个我提示一下,有个英文词detain"扣押",中国有大量的金融资产储备,等等,当然这是最后手段,如果这么做了的话美国就一点儿信用都没有了,但是不能排除这种可能性,它扣押你的金融资产,这些东西都需要我们有所准备。

主持人：余老师刚才讲了很多设想,我们当然不希望看到,但是美国很多时候确实是让我们看到了无底线的情况,如果这个情况发生,我想问一下孙总您一直从事中国股票的研究,对中国资本市场对股票来讲会有什么影响？

孙瑜：大家最关心的还是中国跟美国能不能达成一个临时性的协议,至少不希望看到烈度,有可能向金融战发展。国际投资者对A股市场犹豫的态度也反映出对未来不确定性的担忧。我们也相信6月底的时候两国领导人都是有智慧的,还是能够把中美合作共赢关系继续下去,只有在这个大的背景底下才能进一步谈到金融市场继续的改革和开放。

主持人：有些舆论认为,过去中美经贸摩擦的过程中我们面临开放的时候,美国的在华企业是中国利益的利益攸关方,很多时候都会为中国利益游说,但是现在有一些,比例不详,美国在华企业,甚至会成为中美经贸战的怂恿者,不知道您有没有听说类似这样的。在您看来美国的公司在中美经贸战,尤其为了防范未来进一步恶化到金融的层面上,美国企业有责任做一些努力，有哪些对于美国企业的建议？

莫恒勇：谢谢主持人，首先我刚刚讲话里面也讲到了，作为AIG来讲，我们过去在中国创立，也在中国发展，希望将来跟中国市场一块成长，作为我们企业本身，我们是从经营的角度当然是不希望有那么多不确定性，也希望中美两国的领导人有大智慧，能够找到一条解决关切双方各个利益点，能够找到一个合作共赢的发展。

我们过去经常讲，美中经贸关系是两国关系的压舱石，这个压舱石受到一定程度的动摇可能也是我们大家可以观察到的。

主持人：在面临中美经贸大背景下，中国金融的战略，战略是从中长期来看的，那么战术呢？我们有没有一些回应回击的方式呢？

万喆：在战术上有一点我觉得是非常重要的，我们不应该因为美国现在步步紧逼而使我们自己产生一种保护主义，他的民族主义、民粹主义兴起的时候我们不应该跟他成为一样的人。另一方面我们可能要做更多的工作，还是要在我们的内部，包括资本、资产或者实业，可能对于现在中美贸易前行的不确定性产生了非常大的担忧，或者对于市场预期的不确定性产生了非常大的担忧，因此就逡巡不前，但是这可能是我们一个机会，也许我们可以使营商环境做的更好，有些方面甚至可以倒逼我们的改革，包括人才的培养、产学研的结合，过去路径没有完全打通，现在可能产学研，包括产权的所有权、交易权都有一个突破的话，我们还有很大的政策红利的发展空间，我认为我们的战术实际上是应该聚焦在这一方面。

主持人：万喆刚才讲的战术层面，我们还有很多牌可以打，还有相当多的事情可以做。第二个问题想请孙总回答关于提升金融全球竞争能力的问题。在整体的金融市场里，中美之间从人的角度，我们中国人金融从业人员比他们的能力差不到哪里去，我们很聪明，专业。我们从技术和资金的层面，我们和他们的差距不是遥不可及，人家第一大股票市场，我们是第二大。有一个竞争能力，我们的社会心理预期和心理双方对垒的时候内心的竞争力，我们的定力，我们的团结度，尤其在资本市场。您对我们市场的预期和市场的心理竞争力怎么看？

孙瑜：中美都一样，不光是A股市场会发生因为贸易冲突而产生的暴跌。去年12月美国市场暴跌，触发美国国家的干预，就是成立了防暴跌小组，形成这样的机制。我觉得大家不能说谁对谁有特殊的优势，更重要的就是我们在制度上的比拼。回过头具体地看，今年的A股市场最大的事情当然是贸易战。其次，从制度改革来讲，最大的事情就是科创板，我们国际投资者最关注A股市场的发展。科创板也是体现国家智慧的地方。全球过去两年的交易所都在搞制度创新和制度改革，因为全世界的交易所都要争夺下一批能够驱动全球，包括中国经济增长的新公司。

如果今年按照自己既定的步伐能够顺利地推出科创板，我觉得这件事比跟美国人打口水战或者说想着怎么互相升级报复对方更有意义。现在看创业板确实培养了一些，尤其是消费电子行业的标杆公司。如果科创板三五年以后看，能够在某种程度上解决中国高端制造缺芯少药的情况，我认为这是现在最好的，也是最应该做的工作。我非常认同华为任正非先生讲的话，把自己的事情做好。

主持人：的确，孙总刚才讲的归为一句话，做好自己的事，推进自主改革与自主创新，这是提升全球竞争力非常重要的必不可少的路径。请问余老师，我们近几年一直在推进改革，也一直在稳步地推进改革。应该说过去的40年，中国是全世界推进改革措施最多，落实最好的国家，也是改革过程中犯错误最少的国家。这是我自己的想法，大家也都在改革，但很多国家的改革都失败了。美国在改革，但很多的改革推不下去或者又失败地反复摇摆。整体前进的过程中，全世界对我们改革前进的话语权好像掌握在他们的手里。余老师，怎样才能提升中国在全球竞争中的话语权。

余永定：我认为这是比较困难的，非常具有挑战性的问题。首先，中国在国际上到底有多高的话语权，我觉得应该全面地看。中国不是没有话语权，而且话语权的增长速度是比较快的。我们建立了亚投行，它的影响力在一定的程度上可以与亚洲开发银行相提并论。我们在金融上的话语权离着我们国家作为世界第二大经济体的地位有一点距离，但我们在不断地上升。我强调这一点是因为我们需要有耐心，美国话语权的确立经过一百多年。建立这样的一种话语权是经过长期反复博弈的，而特朗普在破坏这种信用。全球价值链，本身有一系列的明的或潜在的规则。供应商和购买者或者说是销售者之间的关系是建立在信用的关系上，突然因为政治的理由不提供产品，就破坏了全球供应链。以后美国的高科技企业作为华为的信用商，信用到哪里了。他们本身不愿意这么做，政府强迫他们这样做。特朗普的一系列行动，在短期内可能会造成一些影响，但他正在摧毁美国经过百年以上经过反复博弈建立的信用。

我们中国确立这样一种信用和话语权，需要经过更长时间的努力。我非常同意刚才两位讲的，我们要推进我们的改革，推进我们的开放政策。比如，咱们中国现在对资本管制是比较严格的，为什么不能开放？因为我们现在国内的一系列改革并没有完成，我们一些企业家对财产的安全性有疑虑。美国也好，日本也好，当国内发生危机的时候，资本不是外逃而是回去的，日本1995年就是这样的，金融危机严重了日元回流，所以升值。美国全球次贷危机的时候，也是资金回流的，所以说不存在强烈的资本外逃躲避什么的想法。中国需要做一系列的改革，这种改革是我们已经早就开始的，但还没有完成。我的意思是要加强这样的改革，就是向着市场化的方向。只有当我们把这些条件准备充分的时候，我们金融资本在国际上的信用，包括我们自己对自己的信任也会不断地加强。改革开放是我们的出路，当然了我说的改革开放不是盲目的，不是没有一种非常清醒头脑的改革开放。我同意他们刚才几位讲的，通过改革开放，我们可以进一步地加强话语权。

主持人：剩下几分钟时间在座的听众或者媒体朋友们有没有问题，有问题大家请举手。

问题一：中美贸易受目前政治因素的干扰，从中长期来讲，中美贸易将来的规模是不是有可能在没有达成协议的情况下萎缩，这种趋势有没有？

余永定：我回答这个问题，我觉得中国的贸易总量肯定是要继续扩大的，但是中国的贸易总量占GDP的比以后我认为是会有所下降，中国现在出口占GDP的比例是17%—18%，这个已经跟2008年相比下降了很多，但是和美国日本这样一些大国相比，我们的比例还是比较高，太低了不好，太高了也有问题。所以我觉得我们现在正在调整的过程中，要想使得中国的经济一方面能充分利用国际分工的好处，同时要减少风险，我认为这个比例还要下降一些，不光是针对美国。那么中国贸易顺差的大部分，相当高的比例，或者最大的比例是来自于美国，咱们对美国有很大的顺差，同时我们对其他国家有很大的逆差，所以中国总体来讲，它的贸易顺差占GDP的比并不高，经销差占GDP比是40%，去年可能更低，所以总体是平衡的，现在需要减少对美国的贸易顺差，这个时候怎么办？我觉得必须要采取一些其他的方法，比如在国际产业链中中国的地位可能要调整，可能需要增加对其他国家的出口，但是对美国的出口肯定是要下降的。由于我们经济增长速度还在上升，所以下降的速度可能是逐渐的，但是我觉得下降应该是不可避免的，而且在一定程度上、一定时期上总量下降是不可避免的。

孙瑜：我补充一个小的例子，如果大家看一下，每年中国大陆企业从创汇角度来讲前20名，这里面6—8名是中国台湾的企业，台湾计划吸引外商回流，回流超过一千亿台币，制订这个计划的时候，中美贸易战或许没有这么激烈，去年制订的目标，目前为止4月底的时候已经做到超过两千亿台币融资的回流，说明将来我们看到产业链会发生重新的建构，包括台商回到台湾本土之后，这部分中美贸易额变成台美的贸易额了，当然这个过程会比较漫长。

问题二：我是中国国际广播电台的记者，有两个问题，第一个问题问佘老师，其实我们关注到美国财政部最新的报道，没有将中国列入汇率操纵国，想请您说明一下是不是说明了中国的外汇管理越来越与国际接轨，越来越公开透明？第二个问题提给莫首席，想请您评价一下当前中国金融业对外开放的力度和水平，以及现在咱们公司是不是已经根据现在的开放措施采取了一些相应的部署和调整，在对中国的投资方面？

余永定：简单回答一下，我觉得美国商务部还是比较实事求是的，比起特朗普周围一些非常疯狂的人物他们是比较理智的，这能说明什么呢，能说明就是一条，中国没有操纵汇率。

莫恒勇：外资在中国保险市场或者银行业上面占的比重非常低，还有很大的空间可以发展，我们对郭树清主席今年提出来的12条准则非常期待。当然了，准则到具体落地实施有一个过程，这个具体实施从外资来讲的话这是唯一可以运作的，当你有具体的措施出来我们才可以运作，所以从我们这个层面来讲是非常期待能够看到有细则下一步出台推进的。

主持人：我也非常赞同莫首席的看法，现在外资在中国保险市场大概6%左右，银行大概3%—5%，可能还不到。股票市场大概1.6%—3%左右，所以非常非常低，从这个角度来讲，恰恰证明了，我认为我们的双向开放，金融对外开放包括走出去引进来，这样一个开放市场如果利用好两个市场、两大资源的路还非常漫长，我们的潜力还非常大。从历史角度来讲我们也可以证明在中国三千到五千年的中华民族历史里面，越开放越强大，中华民族不惧怕开放，恰恰开放使得我们所有的产业、所有的行业，每个人也变得越来越强大，这就是今天我们分论坛讨论的一个共识。今天上午的分论坛到此结束。

第 八 章
未来金融——金融业的科技革命

金融科技是运用现代科技成果为金融发展增效

杨富玉

中国人民银行科技司巡视员

金融虽然是古老的行业，但一直对新技术保持高度敏感，是科技成果应用最广最深的行业，也是应用最审慎，风险要求最高的行业。近年来，新一轮科技革命和产业变革给金融科技发展带来前所未有的历史机遇，金融业的科技革命正如火如荼，金融机构运用大数据、云计算、人工智能、物联网等技术革新业务模式、创新参与服务，使科技成为践行普惠金融，推生消费需求发展数字经济的新动力，为破解金融发展的难点和痛点提供了新思路、新方法和新途径，对未来金融发展产生深远影响。

一是在金融战略方面，金融机构由普遍遵循二八定律，重视20%高端客户转变为更加注重均衡客户资源配置，将碎片化、分散化的小微市场通过技术手段低成本高效率的聚集起来，提高盈利能力。同时，借助现代科技成果，连接各类金融服务，推动金融服务从账户为中心到客户为中心，再到场景为中心的转变，不断优化支付、信贷、保险、财富管理、供应链金融等众多业务场景。

二是在组织管理方面，传统金融机构按照业务条线划分部门的组织形式无法适应快速迭代，复杂多变的金融服务需求，目前部分金融机构已经尝试通过引入敏捷开发、开发运维一体化、灰度发布等新方法打破部门壁垒，促进协作与创新发展。同时金融机构逐渐意识到科技人才对金融创新发展的引领作用，积极探索新型金融科技组织架构和人才结构。

三是在服务渠道方面，商业银行从物理网点为主的水泥银行到以网上银行为代表的鼠标银行再到今天以手机银行为代表的指尖银行转变。近期兴起的开放银行服务模式以 API、SDK 为核心，综合人工智能、大数据等新技术通过业务整合结构和模块封装，支持合作方以乐高拼接的方式在不同应用场景中自行组合与创造，将进一步推动服务场景化、业务扁平化、主题多元化发展，提升金融服务效率。

四是业务流程方面，金融科技以科技为杀手锏，通过金融科技手段优化业务环节，重塑业务流程，给金融业态带来深刻变革，针对引起信息不对称、风险识别不精确、融资成本较高等痛点探索利用大数据、人工智能、物联网等技术，优化信贷流程和客户评价模型，降低信贷业务成本，提升信贷服务效率，推动融资审批更加自动化，产品营销更加网络化，风险识别更加智能化。

五是在技术架构方面，为适应互联网渠道业务量的增长快、资源弹性需求高等特点，金融机构技术架构正在从大型主机、结构化数据库、集中式数据存储为代表的结构逐渐向并行运行、数据分布存在、负载均衡的分布式架构演进，其灵活开发和敏捷部署提高资源共享率，降低信息化成本。

总体来看，金融科技的合理应用能够改造和优化金融产品经营模式和业务流程，提升金融服务的质量和效率，具有广阔的发展前景，是推动未来金融高质量发展的有利之器。但客观上，金融科技发展仍然面临着一些风险和挑战，一是受技术、成本、风险等因素影响不同市场主体的金融科技发展程度参差不齐，总体上仍处在初级阶段。二是金融科技背景下跨行业、跨市场金融服务关联渗透，金融风险更加错综复杂，风险传染性更强，传播速度更快。三是部分机构抢占流量入口，大量汇集金融数据，使得信息金融风险高度集中。

面对上述严峻的发展形势和广阔的发展机遇，如何牢牢把握金融科技发展的历史机遇，如何在风险可控的前提下推动我国金融科技实现高质量发展，是我们当前需要研究解决的关键问题，借此机会分享几个看法与大家交流：

第一，要着力提升金融科技安全可控水平。安全是发展的基石，发展金融科技要始终绷紧防范风险的安全弦，牢固树立以安全为根基的发展理念。一是加强信息技术合理选型，深入研判技术的适用性和安全性，审慎选择相对成熟可靠适合业务发展的信息技术，不能将技术神化、盲目追新求变，避免选型错位带来的业务风险。要坚持技术中性，以科学理性的态度审慎应用。二是建立完善适应创新发展与风险防范并存的长效机制，完善新技术在金融领域应用的可行性分析、安全性评估、风险补偿、应急处置、消费者保护等制度建设。三是强化金融科技应用风险管理，明确金融科技应用的运行监控和风险处置策略，准确掌握和有效处理应用过程中出现的问题，切实防范金融科技自身领域应用传导风险。

第二，着力增强金融服务实体经济能力。金融科技的关键是运用现代科技成果为金融发展提质增效，为实体经济服务是金融的天职，是金融的宗旨。当前部分金融机构为了创新而创新，有的打着金融科技旗号搞非法融资，扰乱金融市场秩序，损害了消费者的权益，是彻头彻尾的伪创新，因此，要把服务实体经济作为金融科技发展的首要任务和根本遵循，着力解决实体经济发展过程中的痛点和难点，确保金融科技创新不偏离正确发展方向。继续运用科技手段破除金融发展瓶颈，降低金融服务门槛，增强金融普惠能力，提升公共服务便利化水平，促进实体经济借助金融与科技双翼展翅高飞，实实在在增强人民群众对金融服务的获得感。

第三，要着力解决金融服务最后一公里。对于践行数字普惠金融的重要途径，金融科技不断缩小数字鸿沟，解决普惠金融面临的成本较高、收益不足、效率与安全难兼顾等瓶颈问题，因此发展金融科技要贯彻以人民为中心的理念，找准定位，精准发力，使创新成果更好地惠及民生。一是提高金融服务的可得性，充分发挥移动互联网、大数据等技术优势，降低金融服务门槛，加大对长尾客群的服务力度，努力实现金融服务光复感。二是提高金融服务满意度，探索金融惠民创新模式，借助移动金融、情景感知等手段提供公共服务便利化水平，将金融嵌入衣食住行、医疗教育等重要民生领域使老百姓享受到兼顾安全与便捷的金融服务。

第四，着力构建合作共赢的发展格局。发展金融科技应以互利共盈为基调，坚持多方参与的发展模式，鼓励多元化市场主体开放合作。一是加强机构合作，通过推动金融业数据共享、系统互通，促进不同市场主体的优势互补，融合不同要素的市场力量，形成布局合理包容开放的发展格局。二是加强产用合作，通过强化金融科技企业与金融机构之间的合作构建产用相互支撑的良性循环，为产业部门协同发展提供良好的生态环境。三是加强国际合作，把握建设21世纪数字丝绸之路等历史契机，以金融科技为突破口，增进金融领域数字经济网络安全等方面的国际交流与合作，为实现人类命运共同体贡献力量。

党的十九大报告提出要加快建设实体经济、科技创新、现代金融、人力资源、协同发展的产业体系，希望我国金融科技百尺竿头更进一步，充分激发科技潜能，持续创造金融科技产品和服务。为服务实体经济，践行普惠金融，增进人民福祉做出新的更大贡献，以新的成绩迎接共和国70华诞。

互联网金融是市场与效率有机地结合的最佳实践

钱 斌

中国工商银行网络金融部总经理

借此机会,向大家汇报工商银行如何利用科技能力建设智慧银行向未来金融转型。

首先,金融与科技融合发展正当其时。

金融需要科技提供在客户服务、客户体验、产品设计、风险控制上更加精准、更加有效、更加人性、更加理性的支撑。新技术、新产业,也需要找到正确与合适的应用场景,规模化实现商业化的应用。因此,金融与科技的融合,将有助于破解传统金融的痛点和难点。将市场与效率更有机地结合,所以说互联网金融正是这种结合的最佳实践。

互联网金融从我的理解,大约有以下几个特点:

一是新技术得到了充分的应用和广泛的发展,极大地改变了整个社会的生产经营、消费生活、组织管理。我们通过AI技术尝试推出智能投顾,通过区块链技术使得贵州的扶贫资金和雄安的动拆资金得到有效管理。通过云计算与大数据使得客户风险控制由事后向事中,并逐步向事前进行延伸。金融与科技的融合发展,焕发出强大的生命力,推动互联网金融产生爆发式的增长,推动银行向线上化、数字化和智能化等更深层次的改革进行转型。

二是互联网业务出现新趋势和新变化。从最初的消费娱乐,衣食住行起步,向跨产业的数字生态,向社会治理转变。我们以往通过电子商城,足不出户地将全球高品质的商品搬到家中;我们不再把电影院和VCD、DVD作为娱乐生活的唯一选择；微信更是改变了人与人的交往方式。所有这些都是消费互联网带来的冲击。良好的体验感受，满足了老百姓对美好生活的追求，也提升了获得感。正是这些感受极大的推动B、G端相向而生，通过互联网制造业、现代农业、要素市场更好地结合。以数据和新技术为基础原料，推动传统产业的转型升级，促进营商环境、市民服务、社会治理能力的不断提升。全球最大的前一百强企业60%的企业收入来自平台商业模式，中国131家独角兽企业平台型企业的估值占比44.7%。因此，平台经济将快速崛起，平台化的合作将成为趋势，并将引领未来商业模式的重要驱动力。

三是互联网金融也存在挑战，信息安全面临日益严峻的挑战。"道高一尺，魔高一丈"，技术在进步，欺诈手段也在不断升级。防护难度在不断地加大，目前也出现了一些黑产联盟，拼多多遭遇成体系的薅羊毛。2016年，美国最主要的服务商遭受到大面积的攻击，近百家网站停止服务。客户的维权意识以及政策法规，也要求我们在发展互联网金融的同时必须将安全放在更高的优先等级。

四是当前互联网的特点出现了强监管，严监管，进一步促进回归本源。2014—2018年，政府工作报告五提互联网金融。从最初的促进发展到规范发展，到警惕风险，然后是健全互联网的金融监管。2019年再次提出，加强金融风险监测预警和化解处置。国家政策正在进一步的规范，这将有利于互联网金融更好、更快、更理性、更加规范的创新发展。

如何面对变化与挑战？如何应对未来，既符合国家互联网金融发展的规律和本质，又贴近市场符合未来的发展趋势。唯有转型与创新，也唯有用科技打造智慧金融。

工商银行秉持着建立金融与科技高度融合的全新生态体系的理念，致力于打造生态开放化、服务智能化、交易全球化、创新自主化的智慧银行。作为智慧银行建设的周期组成和落地，《eICBC 3.0》应运而生。2015年3月，工商银行发布了《eICBC 1.0》战略,我们提出互联网金融的战略规划和基本框架。2015年9月发布了《eICBC 2.0》战略,构筑其以"三平台,一中心"为主体的覆盖和贯通金融服务,电子商务,社交生活的互联网金融整体架构,实现三融合一。2017年6月再次确立3.0战略,突出以B端、G端为主攻方向,以"开放合作共赢"的理念实现新突破,全力实现智慧银行的转型。截至目前,我们自有流量的主渠道都取得了非常不错的市场业绩和规模。"开放合作共赢"是工商银行3.0战略的核心理念,唯有开放,才能更有效地实现内部联动和外部合作。唯有合作,也才能实现相互赋能,营造共生、共融、共创的生态圈。唯有如此,最终实现共赢的价值生态。

基于3.0战略,我们提出了5个转变。服务客户向服务用户转变,降低门槛,延伸服务,增加金融供给,为生态建设奠定基础。由聚焦银行的产品向聚焦客户的体验转变,产品的好与坏最终由客户体验,由客户满意度评价。由专注自有流量的入口向场景生态,向金融赋能转变,实现自有流量入口与外部生态圈的双轮驱动。通过数据整合与加工应用,更好地实现数据运营、流量运营、客户运营和产品运营。兼顾客户体验与安全能力,在平衡好便捷高效与风险控制的基础上推动业务发展,建设智能化的全流程风控体系。在"开放合作共赢"的理念指导下,工商银行陆续推出我们的金融生态云API开放平台、聚富通平台,由易到难提供服务与G端、B端、C端的综合性金融解决方案。服务G端,我们希望成为有大行担当的金融重器。服务B端,我们希望营造有共生共赢生态的开放银行。服务C端,我们希望打造有客户极致体验的身边银行,心中的银行。基于自主研发大数据云平台,我们精准绘制了客户画像,提炼行为偏好的标签,为智慧营销奠定基础。我们全力构建一体化的运营流程、智慧节约的运营后台和信息化的现金物流体系,为互联网金融全面发展提供更加专业的运营保障。

在产品的打造上,我们结合新技术提供千人千面的差异化与个性化的服务。运用生物识别,平衡便捷与安全的辩证统一。随着《eICBC 3.0》战略不断推进与实践,智慧营销和智慧产品、智慧运营和智慧风控将迸发出蓬勃生机。市场的取得、客户的认同、产品的提升都有强大的科技队伍做支撑。2013年起,连续6年银保监会信息科技监管评级中,我们居全行业第一。正是科技团队积极运用金融科技先进手段,不断地构建未来竞争所需要的综合化、智能化、生态化的现代金融产品服务体系。为创新领跑,为转型赋能。

为了更好地支撑未来金融,更好地实现智慧银行总目标,我们成立七大创新实验室,从不同的领域、不同的路径实现技术突破,为开展企业级应用做好了充分的准备。

互联网金融所走过的各种历程,以及取得的成绩,让我们充满信心。展望未来,我们也更加坚定地立足金融科技,我们希望坚定不移地做创新的领跑者。坚定不移地做金融赋能、产业赋能者,坚定不移地培育跨界思维,坚定不移地打造合作开放、共生共赢的生态。因为我们相信,唯有如此,才能将金融与科技更好融合,将工商银行真正打造成为无界银行、智慧银行、创新银行和您心中的银行。

金融科技发展趋势

雷 鸣
建信金融科技有限责任公司总裁

我今天的题目是《金融科技发展趋势》，大家知道有一个品牌The North Face，北面，大家都喜欢穿着它的运动衫去登山。其实The North Face的正确翻译是北坡，这是指珠穆朗玛峰从背面爬山的时候，那个北面就是The North Face。今天金融科技得到充分发展，特别是以互联网企业为代表的很多科技企业在金融领域做出非常有益的尝试。特别是C端高品的交易，利用技术的能力解决到极致。工商银行的钱总也提到了工行做的很多努力，传统的银行业正在从南坡向金融科技的高峰爬坡。我今天与大家汇报我们在这些方面的看法与理解。

我们知道，2G、3G、4G、5G，所有这些新科技的东西都不是今天突然出现的。20年以前，很多东西都有了。大家今天热议的区块链，区块链的概念和技术在20年前就有了，它是密码学的一个分支。包括人工智能，1994年、1995年的时候就有机器学习，就有神经原网络，就有图象识别。但到今天才开始热，背后的原因是通信能力和存储能力大幅度地提高。有几个问题大家能够感受到，大家现在每个人手上有一部手机，其实你的手机是一个200G的硬盘，是一个显示屏，同时也是一个输入器。这个时候把原来需要完成所有的计算任务和处理任务，由客户和服务提供者之间两端来完成，任务进行重新分配。重新分配以后，等于改变了我们和客户之间打交道的节点，也改变了我们和客户打交道的方式。大家可能会有一个印象，二维码什么时候流行最快？2003年世界上就有二维码了，而且2003年在日本和韩国二维码就已经用于支付。但在那个时候二维码是需要一个单独的设备，就像咱们今天到一般的小的商店里看到一个POS机，看到一个刷码的机器，原来就有这个东西。2003年各家银行已经开始尝试，但都失败了。原因非常简单，你要采购设备，整个推广的过程中有很多的利益环节需要打通。2014年4G开始全部普及，每一个人都戴了一个识别器，每一个人都戴了图象识别一整套的东西。在4G的大发展下，二维码立刻普及。珠穆朗玛峰的半山腰有一个小店，店主是一个藏族青年。他说以前要下山十几里交钱，今天所有的爬山到这只要刷码就可以了，现在有聚合支付等，很多互联网的企业促进了这件事情。各家银行跟进了这件事，事实上是对我们整个老百姓消费方式和支付方式给予很大提高。生产工具的变迁，在我们通信和存储技术大幅度提高的基础上会有一个比较大的变革和革命。今天说ABCDMI，A是人工智能，B是区块链，C是云计算，D是数据，大家都认识到数据的重要性，M是移动，I是物联网，最主要的是5G，4G—5G的通信。达沃斯论坛的主席，对第四次工业革命的定义，他认为第四次的工业革命推动的力量是"物联网+5G"。大家知道5G传输速度上万倍的提高，今天为什么无人驾驶还有很多的问题，等到5G上来以后，全方位地感知的时候，无人驾驶很有可能会成为现实。当无人驾驶成为现实的时候，大家会想现在的很多行业会受到冲击。我们未来的商业模式也会发生变化。

刚才讲了技术，现在讲金融。我们准确地定义它，比较简短地讲，银行的功能是什么？银行的功能是让货币在时间和空间两个维度上进行错配。什么意思？货币在空间上的错配，就是把你的钱给我，我的钱给你，转帐是最简单的支付功能，就是空间上的错配。时间上的错配，意思就是把今天的钱放在明天花，或者说把明天的钱放在今天花，贷款和存款就在里面。金融最核心的两件事，这才能融通，让整个社会要素融通起来。在互联网金融新科技的驱使下，很多的东西开始数据化，很多的东西原来不可能的高频交易被发现了。当你没有互联网支付的时候,大家没有想到我在购物上还有多少需求。当你可以利用互联网购物的时候,你会发现高频的需求对很多人来讲是不可拒绝的诱惑。大家说有剁手党,把高频交易通过技术的方式都实现了。未来会实现客户生态整体的迁移,这就是说越来越多的事情是在天上,是在线上做的,需要天地对接的时候,需要我们真正网点进行见面的时候,我们会通过技术的手段进行O2O的连接。原来的企业工商注册登记,企业做税务登记要补打税单,我们在运单做智慧政务,我们可以做到所有的企业网上登记所有的事情,一部手机办所有的工商登记和税务注册,等等。到银行的网点里去领凭证,等你方便的时候可以领,这实现了O2O的概念。年轻人结婚可以在手机上登记结婚,到网点领结婚证。未来社会的整体生态,我们几家银行都会走出去。银行业务一定有这些服务需求,但不一定发生在网点里。我们会把这些业务挪到社会的节点上,产品递交,风险定价,风险监管,以及整体的运营模式都会发生改变。

我们觉得对未来社会的生态和金融的生态,随着金融科技的发展,会有非常大的变化。特别是几大技术同时成熟,金融科技成熟的前期讨论这个问题非常有意义。

我们存在一个新的问题,监管科技也要发生变化。我们知道传统的监管是面对银行网点进行监管,面对银行内部流程进行监管。当未来很多的业务是发生在社会的节点上,并没有发生在网点里的时候,你如何监管,如何实现获得服务的公平性,如何实现远程监控的有效性,如何实现对新技术的技术风险的控制权。这对我们是一个挑战,未来的过程中我们会利用更多的监管沙箱的方式来做这件事。我们要讲一些非常实际的例子,举建设银行的例子,我们金融科技的变化中对银行的生产组织方式产生非常大的也是根本性的变化。刚进入建设银行是在网点里做对公业务的柜台,所有的企业支票拿过来进行兑付。我们的岗位上的内部是对公结汇。我刚进入银行是实习生,也不懂，师傅在旁边说这张支票拿过来了，你来做研定。这张支票是真的还是假的，我需要两个印章匹配的。支票上一个印章，原来留存的一个印章，一样的就认为支票是真的。怎么印的，印章放在这，我们沿着对角线折，在银行里这是折角验印。往上一配，配起来了，那这张支票就认为是真的。这个时候我的师傅整天说，你帮我看看吧，这两个对没对上。我当时开始看，看完了以后说对上了。后来才知道如果判断是错的，那一百万的钱我得给，将来考核是在我身上的。其实这个是一个高风险的岗位，这是20年以前的事。今天怎么做？我们今天各大银行都已经采取了更新的云生产的方式，什么意思？你拿一张支票过来，这边摄像头拍了照相，拍完了照片以后，这张照片撕成很多条，通过网络同时传到了我的业务处理中心，那边重新组装。组装完了以后，它会人工智能识别这里的所有东西对还是不对。人工智能可以解决90%以上的问题，剩下的10%组织业务专家看对不对。然后把处理的结果返回到网点，建设银行有1.5万个网点随时随地发生。我告诉大家的就是，这个功能5s之内可以结束。客户可以立等可取，这是金融科技，云计算，云服务的传输能力和知识图谱的能力，以及图象识别的能力对整个运营的根本性改变。这样的例子在我们银行里很多，我们认为未来的过程中，它的应用可以让我们走得更快。

普惠金融。大家知道我们在2018年重点做了普惠金融，普惠金融有两个难点。大家知道中小企业贷款说了很多年，我们原来在基层干的时候，对大企业放款多，小企业放款比例不够的时候，我们的KPI要受批评。但我们有很多的难点，难点在于小的企业到底是什么样。信息不对称，大量的小企业是没有发生过业务，也没有信贷记录的。同时，大量的小企业没有抵押品。在这样的情况之下，我们怎么判断？2018年推出了惠懂你的APP，背后是强大的中小企业的数据处理能力，正面授信能力，以及我们整体的风险控制能力。举一个比较简单的例子，我们对在东北土地上的农民怎么放贷？我们根据他们农业厅提供的化肥销售的数据判断有没有种地,根据水利厅提供的数据判断有没有利用水,根据农业机械局提供的信息判断有没有租用农具。中国大规模的农机具农民买不起,这些机具都是租的。每年这些机具从5月开始自江南一步一步地往北边移,我们根据这些数据倒算这个农民种了几亩地,种了多少庄稼,然后这些庄稼可以贷多少款,细到这样的程度。类似的事情还有烟草和税务,我们都是利用大数据的情况进行全面的收集。我们不仅仅对建设银行已有的客户进行征信,只要是在这些地方有数据记录和行为记录的,我们都可以倒算出你可以拿到多少授信。如果今年是企业主可以下APP,把你的注册登记号放在那一查,你的预授信的数字已经出来。我们通过这种方式解决很多普惠金融当中传统银行力所不及的地方。

开放银行。我们一直讲银行要开放,但我们要比较坦率地说,在开放银行和信息保护两个方面是需要同时解决的。在欧洲比较典型的是欧洲同时出了两部法典,GDPR,限制你个人数据的无序泄漏。在今天的社会里,数据泄漏是个很大的问题。除了我们这些大的商业银行对这件事情看得很紧,其他的数据泄漏还是很厉害的。另外就是开放银行,因为当银行把你的组件和接口,把你的一些业务流开放给其他的合作伙伴的时候,你才真正地把大家聚集在一起。随着金融科技的发展,我们会在金融机构之间,包括我们所有类金融的这些金融机构之间,我们把银行所获得的授信能力,银行所建立的这种风险评价的模型会与这些机构分享。最近跑的客户比较多,见了一家信托公司,我问他们,信托公司的风险怎么防范?他说对客户的风险很重视,但我特别关心的就是他们有没有打官司。我说怎么查?他说我天天有专人上百度查,我说这件事情和一般的老百姓掌握的这个没有区别。我有整体的法院判决的数据,整体的所有金融诉讼的每一个流程的东西,我们要对他们进行开放。因为银行业掌握的东西比较多,我们的授信也授信模型,风险数据都是买过来的,我们和很多的官方机构都有采购,我们会有相互的保密协议。

在进入保密协议的情况之下，我们有选择性的开放。同时，提高我们整个金融的生态，每个节点对风险的把握能力。这就是开放合作的共同生长的生态。

比尔盖茨曾经说过一句话，人们往往高估一年的变化，低估十年将发生的变化。这句话是2005年说的。今天和2005年相比的时候会发现，我们和2005年一个天上，一个地下。未来的十年会怎样，我想我们会做出更多的努力和更多的尝试。

数字化转型不能用一套模板，也不能"一蹴而就"

谢锦生

京东数字科技副总裁、金融科技事业部总经理

对比2018年参加金融街论坛，我们在2019年最明显的一个变化是公司改名了，之前叫京东金融，现在叫京东数字科技。但对于在座的金融机构伙伴，我们做的事其实没变，我们仍是将数字科技应用于金融领域，帮助金融机构在数字化转型过程中找到新的业务增长点，打造完整可控的业务和技术能力。

以下是我的几点思考和分享。

现在很多人讲产业数字化转型，其实银行业一直走在数字化的路上，领先于其他多数产业。在过去的几十年间，我们能看到银行所经历的四个发展阶段：

Bank1.0时代：物理网点是银行获客、展业的主要渠道。

Bank2.0时代：银行开始出现网上银行和各类自助设备和服务，即便是在网点关门之后也能为客户提供服务。

Bank3.0时代：移动互联网的普及给用户带来更多便利，用户可以通过APP等入口，随时随地获得金融服务，从支付、到信贷、理财、账户管理等，都可以利用碎片时间实现。

Bank4.0时代，我们称之为数字化及开放银行。是指银行通过应用程序编程接口API，将服务嵌入更多的线上线下场景，为不同的客户群提供有针对性的服务。

举例来说，大型国企、跨境电商、小微企业主、白领、学生……这些机

构和人群都可能是银行的客户，但他们的金融需求和风险标签千差万别。现在，这些人都在统一的银行APP上使用相同的产品。而开放银行是要进入客户的细分场景（比如企业自己的ERP、垂直电商平台、在线教育网站等），让用户不需要切换APP，就能获得"柔性定制"的金融服务。

Bank 4.0和以往信息化进程的不同之处在于，它不只是把银行业务搬到网上去，而是重塑了业务流程和底层技术架构，创造了更贴近客户的产品。银行与合作伙伴处于一个开放的生态中，共同经营场景和客户。

但目前多数银行还停留在2.0时代，只有少数银行在3.0时代获得成功。我们希望，在Bank4.0到来的时候，可以为所有银行提供助力。

银行在向Bank4.0转型的阶段，主要是三个方面的问题：

一是IT架构问题。传统银行的IT架构，我们常称之为"竖井式"或"烟囱式"。不仅重复性投入成本高，而且资源无法共享，更新、维护的成本也很高，很难适应互联网业务高并发、产品快速迭代等需求。因此，可以弹性供给、灵活调度、动态计量的私有云平台成为下一阶段的主流选择。

二是产品和运营的数字化问题。面对场景和用户快速变化的需求，银行需要把过去以"年"为单位的业务周期，改成以"天"为单位，适应完全不同的打法。不仅要建立产品的数字化能力，也要在制度、流程、运营模式等方面迭代。这是传统IT服务商难以为银行提供的。

三是对场景的理解和对接问题。产业环境是一个非常复杂的系统。俗话说，隔行如隔山，金融机构要深入理解每个产业的特征，提供有针对性的金融服务，仅凭一己之力是无法实现的。因此，能否通过一个开放平台模式，依靠大量有产业Know-How的服务商，金融科技公司，去填平产业环境和金融服务之间的鸿沟，这是Bank 4.0时代取胜的关键。

京东数字科技在金融科技领域，持续探索多年。我们可以为金融机构提供从金融云平台，到数字化转型，再到场景对接的立体化解决方案。不仅帮助银行搭建一个高效、安全、合规的私有云平台，更是要帮助银行建立起技术中台、数据中台和业务中台，以及面向场景的open API平台。

技术中台是指从传统的、各自孤立的"竖井"式IT架构，转变为分布式的中台架构，实现IT系统的规范化、流程化、平台化。银行可以对计算、存储资源灵活配置，实现分钟级别的扩容或缩减。

数据中台，是要帮助银行搭建数据治理的中台体系，将跨部门的数据进行统一管理、分析挖掘，让数据发挥最大价值。

业务中台，是将支持业务快速上线的功能模块进行标准化，打造不同的引擎组件，帮助银行快速实现产品设计、产品运营、客户营销、风险管理等核心功能的调用与整合，缩短产品上线和迭代的周期。

API开放平台，可以将金融机构和场景端企业无缝连接，将金融机构的底层服务，以API集市、标准产品或行业解决方案等不同形式，开放给各行业中有需求、有场景、有客群的企业商户，降低金融机构拓展场景和客户的成本，提升服务效率。

"一朵云+三大中台+开放平台"的全新架构，支持内部资源的灵活调度，和外部场景的无缝对接，银行可以根据互联网场景中用户快速变化的需求提供定制化的服务。类似于实体制造业所说的柔性制造，在4.0时代，我们想要帮助银行为客户提供柔性金融服务。

每家银行的业务基础不同，战略重点不同，数字化转型不能用一套模板，也不能"一蹴而就"。在技术和服务输出的过程中，京东数字科技提出"组件化"理念——上面所讲的"一朵云+三大中台+开放平台"的架构可以根据银行的实际需求灵活解耦，模块化输出，让银行可以将技术服务柔性组合，真正实现"自主可控"的技术应用。

同时，我们强调，技术类组件搭系统，业务类组"带业务"。我们不是以IT系统的短期交付为目标，而是带着对业务的理解和场景、客户来服务银行，在带来新用户的同时，关注老用户的运营与转化率提升。

比如，我们可以为银行提供手机银行APP、微信小程序等终端的开发、测试、运营等全技术生命周期支持，新程序最快两周就可以上线运行，每两周可以实现一次版本迭代。

而在程序上线之后，不少银行其实还面临着线上获客成本高、使用频次低等问题。为此，我们还可以整合京东生态内的账户、营销、会员等多种资源，帮助银行降低对多个终端维护运营的成本，给银行客户带来更好体验，增加用户黏性。

在行业里，我们率先将机器学习算法模型应用在白条风险评估领域，是国内最早将AI技术大规模应用于金融风控业务的企业之一。同时，我们的技术能力经历了多次"618""双11"的实战考验与迭代，可以支持千万级的日活量，可以保障银行日常业务及大型营销活动所需。

在过去几年间，京东数字科技以"组件化"输出，累计服务700多家各类金融机构，积累了大量经验。以"零售信贷整体解决方案"为例，截至去年11月，这一方案已经服务超过100家金融机构，已上线的机构达到40家以上，产生的信贷资产规模超过百亿元。潍坊银行就利用这一套解决方案，在短短两个月内搭建了一整套零售信贷核心业务系统，具备了开展互联网信贷业务所需的自主风险管控能力。

成立五年来，京东数字科技一直坚持共建、共生，与行业共同进步。我们希望通过我们的服务，推动银行业的数字化转型，帮助银行在这一轮的信息技术迭代中占得先机。

金融科技可以提高传统银行运作效率

牛新庄
民生银行总行信息科技部总经理、民生科技有限公司总经理

我们身处一个技术变革的时代，技术变革驱动了各个行业深层次的变革。当然，我们今天是说金融行业的科技革命，不仅是金融行业，还涉及我们物流行业、零售行业、农业、教育等各个行业，所以我觉得技术的变革驱动了整个数字中国，因为在这背后的逻辑是，我们整个客户的生态和整个商业生态发生了很大的变化，或者是一个剧烈的变革。大家可以看到，这整个的业态都发生了很大的变化，那也就要求我们整个金融行业要做出科技变革，民生银行也提出了一种科技金融的战略，我们是希望做民营企业的银行，这是我们的客群定位，希望做综合化服务的银行，那么我们用什么来支撑这两个战略？那就是要搞科技金融。

我们在分布式技术上做了很多探索，民生银行已经把分布式的支付和分布式的核心，分布式安全和分布式的运维完全在分布式的架构上实现。同时，我们数据层面上，实现了智能营销、智能风控、智能运营、智能决策。可能很多人会说技术的分布式跟我有什么关系？我们常常会说一家银行的科技能力强或者说整体科技金融的能力强是由两部分组成，一部分是技术能力，一部分是业务能力。技术能力与业务能力相匹配，他们才能形成一个整体对外的能力。经常我们行业内的人说你搞的那套分布式跟我有什么关联，我就跟他们解释，像装修房子一样。所谓的对外就是精装，对内的你的土建结构和水电、防水等都是技术的架构。而技术的架构更加重要的就是思维意识的转变，思维意识的

转变是从传统的那套架构转移到一种新的，更加开放与更加便捷的架构。2018年11月9日我们提出，做金融服务。今天讲到了科技金融，其实科技和金融的结合由来已久，大家想想90年代的时候，人民银行有电子银行，那就是最早的科技与金融的结合。大家在2000年左右，中国银行业变革驱动了一个数据大集中。2003年左右，我们市场上出现了网银和ATM，出现了手机银行，今天出现了整个的一些ABCD技术的产生。大家可以看到整个的演变过程，我们是从最早的金融电子化再到金融的移动化，再到后来金融的数字化。今天我们又说是金融科技，可能下一个阶段我们认为这是一种智慧金融，智能金融。字面上的意思可以看到整个深层次的变革，这个变革是技术对业务的影响，由过去的渠道端由浅入深，由点入面。今天的整个银行变革，科技刚刚开始，没有大量的触及银行深层次的变革，这也是我们说将来是希望智能金融，在智能金融领域可以看到有大脑，就是数据支持的平台。我们希望开放，我们希望更加敏捷生态，我们有感知平台，相当于说你的一个触达的环节，有我们的核心能力。我们提出了仿生金融的概念。

分布式的核心，2018年的1月28日，我们民生银行成为中国第一家能够把银行的核心系统完全地利用去IOE架构实现的传统银行。我指的是传统的银行，其实背后的理念，就像刚才我们提到了连接，连接谈何容易。大家知道很多的事情都是这样的，亚马逊一年几百万次的变更，我有时经常跟领导说，科技敏捷不是科技的敏捷，架构的敏捷只是一部分，你的采购要敏捷，财务要敏捷，法规要敏捷，审计要敏捷，这只是必要的条件。即使全部都敏捷了，你的架构不敏捷也不行，我们的分布式架构完全实现了这样的架构。很多的时候背后是一整套的体系的框架，所以我们可以看到过去的成本用了ICP系统，非常昂贵。一套系统整个下来一年基本上一次性的投入需要8000多万，每年的维保费用3000多万，上线以后利用华为的PC服务器。我们和华为联合研发数据库，4月22日上线。大家也看到这件事2014年搞的，今天处于这样的大的贸易政治和市场环境里,我们认为一定要增强我们的自主可控。整个下来,我们基本上交易的成本700多万。有人说带来了什么,你需要养一些人,但我们宁愿把投入在固定资产的这些软硬件的固定资产投入到人上,这是一家银行在未来科技金融变革里被认为是最最核心的竞争力。我们自主研发很多工具,刚才雷总也讲了,我们讲整个的金融科技的革命,其实就是生产力和生产工具以及生产效率的变革。我们可以看到,我们的分布式的数据库的访问组件在市场是与蚂蚁金服打,包括MSQL DB2、orack,我们完全是自主研发的。在这个过程中,因为我们是银行,我们完全是基于很多银行的一些场景和金融的场景。过去传统的架构里,我们往往是要买一个中间件,相当于iPaaS层。同样,我们是希望数据来驱动整个科技银行的建设,我们是希望一切的业务数据化,一切的数据业务化。过去大家说银行一定要利用数据,其实我们过去银行的很多数据,先天是有一个缺陷的,我们的维度是不够的。我们的价值密度是比传统的互联网企业高得多,但我们在维度上要差得远。我们是连接了很多的内外部的数据,在我们内部是希望借助数据来驱动,我们是希望智慧洞察,智慧的识别,场景的理解,实时的响应。民生银行是小微之王,我们做很多的小微,也有很多的坑,我们把自己的数据的一些能力应用到小微客户上,在小微客户那利用的一些实时推荐的引进,根据客户的金额实时推荐。我们利用机器学习算法做的一个效果,在这个效果里可以看到,我们通过机器学习采用的是一个微软研究院的算法。我们会提前地预警退出高风险的客群,主动通知避免临时性的一些逾期。过去说金融科技带给银行什么?

其实这里就是一个例子,我认为有几方面:第一,可以改进用户体验,就是金融业的科技革命可以改进用户体验。过去我们银行把对客户的服务以及客户的体验,是部门利益割裂化的,很难享受到。第二,可以提高传统银行运作的效率。第三,可以减少传统银行的一些成本。一个成本就是刚才讲的,我们通过去IOE每年可以节省很多钱,通过利用更加先进的智能算法,可以提前预知风险并且退出，也节省了很多钱。同样，我们希望科技公司能够赋能全行，5月15日民生银行成立科技公司，我们成立了科技公司的初衷和战略定位，也希望民生银行利用科技公司来践行民生银行科技金融的战略，能够成为整个科技金融战略的桥头堡和轻骑兵。我们希望有效率的协同，传统的银行做项目的流程是层层审批，每个部门都要有存在感。如何保证效率，如何与业务部门协同。传统的就是点到点的，业务部门接收需求层层到科技，科技没有与业务部门融合在一起。同样，我们也看到利用创新，创新是合起来。今天本身处于强监管，但很多的时候很多的创新，我觉得是需要试错，也需要迭代的。我们也是希望能够借助我们的生态，我们是希望能够与外部的创业公司合作，共同打造创新的产品，输出到一些中国的中小银行。最近我们也正在与一家小的城市商行做分布式的能力系统，我们是希望把我们的一些能力输出到中小银行，助推它们的科技金融的转型。

我们希望科技加速金融业务的扩展，因为今天银行在To C端没有任何优势，对股份制的银行来说To B端希望借助科技的手段进行拓展。我们在供应链金融和产业圈，以及在场景端，希望科技与业务在一起，加快业务的扩展。金融服务为核心向外辐射，同时构建平台，形成长远的沉淀，聚拢同业产业，形成生态。大家可以看到在过去的一年里，我们民生银行科技公司也研发了很多产品，在产品的最下层可以看到这是整个的云，我们的金融云，开放银行。在上层是我们自己研发的一些产品，包括我们EDA与阿里的MQ竞争。我们的分布式数据库访问中间件，我们的交易系统开发和数据开放平台，我们再往上的金融核心，我们的分布式贷款系统和分布式的支付系统，分布式的核心系统，我们的智能投顾都是我们自主研发的。金融场景和场景金融，供应链，智能运营，智能风控，智能工具。再往上是感知层，每一层都提供了很好的工具，并且不断地迭代，不断地优化。我们觉得科技金融的一个变革刚刚开始，我们是希望能够借助整个科技金融的变革和革命，从而共创共赢共享。同时，我们希望能够利用金融科技来为所有的用户提供更加有个性的、更加特色化、更加差异化、更加有温度、更加智能的服务。

科技创新成为保险业竞争的焦点

谷 伟

人保金融服务有限公司总裁

当前以互联网大数据为代表的数字经济正成为推动经济发展、质量变革、效益变革、动力变革的重要驱动力,习近平总书记在中央政治局第13次集体学习时发表重要讲话,特别强调:"要适应发展更多依靠创新、创造、创意的大趋势,推动金融服务机构和质量来一个转变,大力推动金融保险科技创新,积极融入创新驱动战略,数字经济发展是保险行业加快向高质量发展转型的必由之路。"

一、金融科技创新正在深度的影响保险行业的转型发展。

近年来,人工智能、区块链、物联网、基因技术等多种呈现出指数级发展的技术正合力改变全球保险业。前不久,中国人保缪建民董事长在金融40人论坛上发表重要的演讲,他提出,目前保险行业正在面临保险业态重构、保险价值链重塑、保险体验重新定义、保险经营基础重整的困境。这也正是科技革命对传统保险行业转型带来的巨大冲击。

一是金融科技创新深刻变革了保险的传统业务流程。科技创新与场景应用的不断渗透正在加速改变传统保险的销售、承保和理赔流程,比如在销售端,场景化、平台化的保险产品和服务正在迅速涌现和快速增长,互联网时代的流量入口已经成为保险行业新的获客和服务渠道。在承保端传统直销渠道和数字化直销渠道依然是传统保险公司必须强化的核心优势,但能否实现客户在线、移动交易和数字化连接逐步成为传统保险公司服务触达、产品复购和维系客户的关键。在理赔端保险科技和反欺诈引擎正在嵌入各个环节，但随着一站式自助理赔、智能理赔以及快速理赔工具的普及应用以及服务的链接，培养处理流程将得到大幅简化，基于白名单制度的快速线上自助理赔和授信理赔将很快得以落地应用。

二是金融科技创新不断提升保险客户需求。随着金融科技创新的广泛应用，保险客户对保险和产品的服务需求不在仅仅是满足于基本的经济补偿功能，而更加趋向服务功能的多样化、专署化、便捷化，在寿险业随着人的预期寿命不断增长，客户在关注保险公司对人身事故赔付的同时，更加期待保险公司对生活质量的关怀，比如美国恒康人寿保险公司去年9月宣布将停止承保传统寿险，转而销售基于可穿戴设备、跟踪健身和健康数据的交互式新型保险。在财险业，人工智能和物联网技术的快速发展正在驱动保险业创造高度定制化的产品，推动财产保险从损失后的经济补偿转向阻止损失发生，以及损失后财产的复原和迅速的恢复。比如基于车联网技术的发展，车险定价不再只关注车型、车零等从车风险因素，而更加关注驾驶行为、驾驶习惯等从人风险因素。自动驾驶包括Level4和5的成熟推广等驾驶技术的成熟应用更加从根本上改变传统驾驶的风险模式。

三是科技创新是保险业竞争的焦点。在国家大力实施创新驱动战略的背景下，得知金融监管机构有序规范和积极鼓励的监管，金融科技创新已经成为保险行业新的竞争赛道，保险科技企业投资大幅增长，2018年仅国内保险科技领域发生并购融资42起，同比增长24%，共38家保险科创企业获得有利的资本支持。竞争主体日趋多元。近年来，几乎所有的传统保险公司都启动了数字化战略，并与一线互联网企业建立了深度合作关系，一批新涌现的互联网保险公司也正在产品研发、产品销售、理赔改进方面进行了多元化的探索，传统保险公司、互联网保险公司、基于互联网的中介平台公司、专注保险科技赋能的技术服务公司以及知名互联网企业都已快速进入到了保险科技的赛道，多元化的保险生态圈正在形成并不断走向融合发展。

总体而言通过人工智能、云计算、大数据、物联网等底层技术在保险行业的创新应用，使新技术、新模式、新业态跟保险融合并持续对行业赋能，已经成为整个保险行业加快商业模式变革的共识。

二、以金融科技创新构筑保险行业转型发展的新动能。

金融保险科技未来已来，在资本推动和科技革命的双轮驱动之下金融保险科技创新已经成为行业向高质量转型发展的必然趋势，作为传统保险企业，我们必须知势而行、因势而为、顺势而为。

一是切实转变发展理念。随着金融科技的快速发展，金融供给侧结构改革的深入推进和金融保险监管的不断趋严，保险行业新的竞争势态已经表明，单纯靠人力、废物投入的粗放增长已经难以维继，新旧动能转化迫在眉睫，成本的边际效应将越来越低，必须依靠新的科技业态和模式持续创新，加快向高质量转型发展，金融科技的快速发展正在深刻改变保险行业的生态。随着互联网企业等新的市场主体加入到保险领域，金融科技能力将成为未来获得竞争优势的关键，只有加快数字化转型和创新驱动，运用科技赋能保险彻底放下原有的传统的模式和产品竞争渠道竞争思维，形成新的"互联网+"和"+互联网"背景下以客户用户为中心的思维，构筑保险业持续发展的新动能，才能在未来的竞争中占据主动。

二是优化商业模式。金融科技创新应当是最新的科技与商业模式融合的创新，传统保险企业作为金融科技创新赛道的相对后入者，要跨越资源博弈型和第一博弈型的浅层次思维，坚定采取开放、联合、共赢的策略，用开放连接共享的合作理念，以资本和资源为纽带，打造与保险业上下游产业链合作企业间的利益共同体，努力实现资源互补效应，可以通过公司联合发起、技术联合创新、市场联合推广、资本联合支撑的方式构建基于合作伙伴的商业模式，将传统保险业对保险逻辑的深刻理解与金融科技企业市场化的科技能力、流量、场景、客户深度融合，推动同创共赢。

三是聚焦战略风点。中欧商学院张华教授指出，"互联网+"不是把传统行业搬到互联网上，而是让互联网科技技术融入价值链，改造价值链，整合行业资源，优化配置，掌握客户需求，按照客户的需求开发产品和服务。在推进金融科技创新过程中，保险业要深度聚焦取得未来竞争优势的三个关键点：首先要聚焦数字化转型。对于传统的保险企业而言，开展金融科技创新的基础前提就是实现数字化和在线化，即加速向客户为中心的用户在线、移动交易、数字连接模式的转型，坚定实施保险、营销、承保理赔服务，各项业务全链条数字化、在线化，是传统保险企业加速变革和适应未来数字化经济时代竞争的基础。只有实现数字化和在线化，保险企业才能与外部资源主体实现以信息流动为基础的网络连接和同步响应，才能真正以客户为中心发挥协同效应。要以提高效率、优化客户体验为出发点和落脚点，建立统一的数字化账户体系，把对客户的精准画像、需求分析、产品供给通过数字化账户体系及时、准确呈现推送出来，从而把数字变成数据，把数据变成资产。挖掘数据的潜力，释放数据的价值，真正实现从保单管理向客户管理的转变。

其次要聚焦科技赋能。科技赋能与传统的 ERP 观念、概念完全不同，不是简单的 IT 基础设施建设和互联网渠道的开拓，而是内部管理视角和新兴技术应用的结合，是以科技创新支撑推动运营升级，从而大幅改变传统企业管理链条和运营方式。简单讲，就是以移动交易和客户在线的目标，通过科技创新对传统保险业务流程进行优化和变革。着力推动保险全链条、新型数字化，在企业内部之间，企业与外部之间，建立起以信息流动为基础的网络连接，进而实现效率提高、成本降低、收入增加等绩效目标。比如，在产品端用多维大数据辅助保险精算准确度量风险，进一步细化风险颗粒度，实现更新的产品创新和更有个性化的定制。在营销端通过人工智能的精准画像、个性推荐和线上客服降低内部运营成本优化客服体验。在理赔端以图象识别和AI技术实现机器的快速定损和反欺诈的迅速识别。

再次要聚焦构筑生态。从更大的维度讲保险是金融生活消费的一部分，是在特定场景下的客户选择，场景销售服务正在以独立的金融产品销售服务共同发展，未来传统保险企业与上下游产业之间不再是竞争和此消彼涨的博弈，而是以大数据为基础通过资本资源的连接共同搭建起更好的服务客户、更多的连接客户和平台的桥梁。构建保险产业链上下游企业的深度合作机制和多元化网络，打造"保险+产业"生态圈，立足客户生活的不同场景，以"风险管理+财富管理"为核心，通过更有黏性、更具价值、更加全面的服务，满足客户的不同需求，实现更强的获客和留客能力。

最后是创新体制机制。金融保险科技创新不单纯是技术创新，更是人才、机制、体制和技术的联合创新，是在企业战略总体指引下统一策略的政策支持，分工协作和保护一线创新积极性和大胆实践的系统工程。特别是对于国有保险企业，走金融科技创新之路将面临着传统体制机制如何与新型业态连接，国企精英如何与互联网文化融合等全新课题，只有与构建国有企业传统优势相适应，同时符合互联网企业特点的独特管理运营模式，遵循互联网取得成功的关键规律，用市场化的方法谋划探索实践才能获得市场认可，才能取得可落地、可应用、行业满意、客户满意的创新成果。只有通过多元化、跨领域的人才碰撞组合，实现专业、资源、营业的共享，才会对保险逻辑深刻理解，与互联网技术的相互融合，催生新的能力倍增的化学反应。4月11日，人民银行党委书记，银保监会主席郭树同志调研人保时指出，保险业要严守定位、回归本原、转型发展、坚持服务实体经济的根本导向，坚守长期稳健、优先管理和保障的基本属性，中国人保董事长在金融40人论坛上也明确指出，保险业未来要努力成为数字社会的保障者，风险减量的管理者、高品质服务的提供者。

总之，传统保险企业走向未来必须加快利用数字科技装备自身，不断增强保险的存在场景，深入挖掘保险的价值功能，才能在激烈的金融科技变革当中完成向高质量的转型发展的历史重任，来满足人民群众对美好生活的保险需要。

金融行业每次重大创新背后都是重构科技的过程

李 镭

华为EBG中国区金融业务部首席架构师

我们看到金融行业每次进行重大创新，背后都是重构科技的过程。最近的一次感受，我们做开放银行的过程中可以为银行业务带来更多的流量。互联网冲击的流量，给银行科技系统带来新的挑战。传统的集中式的架构对浪涌的冲击访问，需要储备大量的处理流量。在这样的背景之下，银行纷纷向分布式的架构转型，为未来承载更大的处理容量做好准备。

谈到开放银行，我们看到统计表明，亚太地区68%的银行都已经在为连接外部生态提供服务。93%可以通过互联网实现。我们会看到还有一些传统的业务现在由于监管的要求，还是需要在传统的线上实现，但现在这个比例已经到了93%。从用户年龄层次的分析来看，App用户当中年龄用户占总用户的70%。走向智慧金融的过程中，我们把智慧金融的科技改变影响分为智慧的体验，智慧的决策，智慧的架构。

对智慧体验的感受。华为pad携手金融服务活动做一系列新的创新移动支付体验，2018年HUAWEI Pay支持了93家银行。1600万台受理终端可以直接支持。2018年的卡量增加了350%，交易量4倍增加。我们看到二维码支付的领域，金融科技公司在前面占先机，银行也开始奋起直追。HUAWEI Pay手机上既能够通过二维码的方式进行支付，也可以通过钱包的方式进行支付。我们现在在注册拓展一些云前的服务，可以让用户在HUAWEI Pay当中通过零钱完成支付的体验和机会。不光是支付方面，HUAWEI Pay可以捆绑一些卡券、证,甚至是电子包的钥匙,通过开放能力打造共赢的数据生态圈。我们一起开拓移动支付的新体验。

现在还有一部分的业务没有完全在互联网或者说移动客户端完成,我们会看到有一些挂失、开户或者说发放优盾的操作需要在网点办理。城市里去网点办理是比较方便的,但如果来到一个水电站的工地去提供这样的金融服务,可能不方便。5G技术发展带来另外的可能性,在监管允许的情况下提供流动的服务,监管允许我们改变服务网点的地址,我们把金融服务送到工地的农民工兄弟的身边,为他提供这样的服务。这里用到的5G技术,包括5G的网络接入到车上,我们可以让使用银行服务的人可以在车上用一些自助机办理服务。这是未来5G网络可以探讨的体验。

除了这些体验的改变以外,我们还会看到决策的改变。在保险领域当中,骗保的行为现在越来越专业化,也体现了团伙化的特征。传统的甄别骗保的行为模式不容易判断串案的作案形式,我们通过引入关系图谱与太平洋保险合作,构建了多元异构的关系图谱网络。打通数据边界,让运营理赔人员能够通过关系图谱当中的信息传递过程,然后找到潜在的欺诈行为,识别出异常模式,找到潜在的犯罪团伙。找出一些同日作案、同车作案等一系列潜在的骗保行为,改变着保险的反欺诈的一些做法。

招商银行在挖掘数据价值方面,与华为展开了一系列的合作。从比较早期改善历史数据的管理,在线数据历史查询13个月提升到7年以上,大大地改变老百姓在查阅代扣水电的历史记录,可能知道两三年前租客住房的时候代扣的费用。信用卡需要办卡的人,用卡的场景,可能在两周以后就过去了,现在通过大数据的方式做到了实时的核准,包括了对小微贷一系列的预测。这些变化都是从传统的数据仓库中转移出来的,走向了一个大数据的新数据平面,对征信改变和在线历史明细的查阅都有很大的提高。

招商银行在交易风控方面观察到了移动互联驱使下的一系列新挑战,包括线上交易的渠道多样化，客户行为多样化，事后向事中做欺诈拦截需求的变化。还有数据量以及探测维度的增长变化，以及欺诈行为多样化的情况带来的挑战。应对这样的挑战，整个银行做统一灵活高并发的风控平台，需要全行性的风控平台，面向借记卡等零售业务系统进行接入，形成公用的统一平台。希望通过灵活的方式，让业务操作人员能够及时地响应风险的变化，对业务的规则进行在线的更改。同时，也希望平台是能够提供高并发能力，在业务高峰的时候能够应对来自互联网的冲击式的浪涌式的访问。由此，在2016年的时候，招商银行和华为共建了实时风控的平台。过去的几年，根据统计拦截了50%的风险案例，节约成本超亿元。而这样的一个风险的拦截体验，基本都在50毫秒的延时范围内。这是我们在智慧决策方面和银行以及保险公司做的一些探索。最后在智慧的架构方面，很多的架构是对前面这些体验和决策有一系列的保障和支撑。首先，云的架构对农信社在中间业务开发方面带来的改变。过去农信社的情况是每一个地市开发一套应用，对省联社维护很多套各个地市州的农信社的应用环境。广东省联社构建了中间业务云，22个地市的应用集中在中间的业务云，使得开发和需要的硬件成本有很大的改善。开发周期方面，有了1/4的缩减。

网络也在现在的环境下面临了一系列的挑战，这个挑战首先是来自于人工智能大量的应用。人工智能大量的应用，使得我们对网络的可靠性，丢包率带来了新的挑战要求。一旦产生了丢包，很有可能使得训练过程有很大的影响，这是人工智能应用方面对网络带来的要求。大量的互联网应用，需要按照经营环境市场变化快速上线。过去看重的是虚拟机和容器资源的快速上线，其实网络也需要经常做变更，看到这样的变更过程，业务上线变得不那么敏捷。从运维的角度来看，网络的故障提前的预测和发现变得非常重要。我们过去是靠事后的处理抓包分析问题，我们也希望利用数据的手段，帮助我们的网络提前预测发现问题，然后进行处理。

华为Cloud Fabric在构造网络的支持能力，实现零丢包，充分发挥AI计算能力，实现基于软件定义的一个上线的能力，使得业务快速上线。最后通过100%的网络数据的可视化，从而实现风险的提前预测。

我今天向大家报告智慧体验，智慧决策和智慧架构的探索。我们希望降低AI门槛，在全场景的业务范围内利用华为全栈的AI能力支撑金融业务系统。我们希望让各种异构的数据在同一个环境中进行管理，实现融合化的数据服务。希望通过一种线上公有云和线下私有云打通的方式，提供无缝混合云的能力。我们希望华为生命周期的服务能力和华为的移动支付体验，能够携手金融机构开创一些新的智慧体验。

金融创新能影响整个经济的增长

余剑锋

清华大学五道口金融学院教授、清华大学金融科技研究院副院长

金融市场发展的比较好经济增长就会快,所以,金融市场的发展肯定是对经济长期增长是有利的,金融市场中的"金融创新"这一块它影响将来整个经济的增长。根据过去的研究结果发现,很多金融创新的原因对GDP影响是很大的。

金融科技有可能影响一些政策监管的有效性。我们2013年末有一个政策上的变化,把首付比例提高,其实就是为了想控制一下杠杆,降低一下金融风险,这是政策上的一个决定,但是你看这个变化,这里面有两根线,当时不是所有城市都要求首付提高,绿色是没有压迫提高的,但是红线是要求提高的。P2P借贷的情况,两组不同的城市,红色是对首付要求提高的城市,北上广深,还有武汉等城市。绿色是没有的,发现它的P2P借贷都是网上找的,但是能看见红线对首付要求提高的这些城市明显是借贷就更多了,明显是完全不一样的,能看出明显的区别。一个重要的原因是通过P2P借贷最后导致规避一些监管,虽然首付提高了,但是看到别人借贷这个东西可能影响一些政策的有效性,金融创新有时候也会有些负作用。前面讲的是好的,但是负作用监管层也要注意一些。

前面很多专家讲过风控,主要讲框架性的东西,下面我讲一个细节性的东西,因为我是老师,很多时候做研究是很在乎细节的,记得中国有句古话"相由心生"你们觉得有道理吗?但是你们觉得也有人说过"人不可貌相"是

对的,古人经常说很多有哲理的话也不用科学的方法去验证,可能那时候没有大数据,现在我们有大数据可以验证一下很多让我们思考的话,这些东西可以用在风控里面。

先看看是不是相由心生,如果相由心生的话是不是长得忠厚老实的人就不容易违约?这个风控是有用的,最近我在五道口教过很多跟风控有关的学生,他们大数据、人工智能都用、都算,大多数用的东西都是找你,你用什么手机、上什么网、朋友圈、消费各种东西,这些都是大数据,他们主要是看这些个人偿还债务的能力,如果是公司的话,大多数都是看偿还债务的能力,是用大数据研究这些东西,但是相由心生是偿还债务的意愿,有些公司提这个概念,但是没有见到他做,说不定业界可以有个相由心生的启发,别人做的研究,用的是美国的数据,美国人都有相由心生,中国人估计更会有,很难隐藏。把人基本上分成两组,中间线可以忽略不计,上面的黑线是看起来忠厚老实的那波人,下面的是看起来不忠厚老实的,其他的方向都一样,其他所有的都对称上了,信用分数、收入、是否单身、颜值都对上了,颜值很高的人有的看着老实、有的不老实,所有的合上之后,上面是看着老实的,下面是不老实的,看着老实的三年还钱的概率,上面50%和下面的50%三年之内还钱概率差很多,把所有的东西信用分数都控制了,这就是相由心生的体现,说明我们古人说的相由心生是有科学依据的。以后我们可以用科学的方法算命,这是大数据的结果。但是这个东西并不代表人一定可以貌相,因为看着很老实的人也会违约,这是大数据统计的概念,这对公司来讲,因为它在乎的是大样本的东西,所以就没有关系,当然它平均判断对了,对公司来讲风控就可以提高很多,但是可能会判断错。当然有些看着不太老实的人其实非常老实,也会判断错,这些人比较吃亏,这是一个研究结果也是用大数据做风控、做提高借贷水平的研究。

下面再讲一下在会计里面的应用,这是个比较早的应用,还挺有意思的,也算大数据,因为只要用点大数据、AI的话就归到金融科技,这个叫会计科技。因为各个地方的会计有时候会做点假,我们怎么去发现?或者做交易怎么发现做假的人,其实会计数字里面有个特有意思的规律,这是Benford发现的准则,如果是自然产生的数字,第一位数字是1的概率大很多,2要小一些,9的话更小。比如你挣钱的话,看你的工资水平,到一百万涨到两百万要涨很久,翻倍的话一般好几年才能翻倍,但是两百万到三百万只要涨50%可能时间比较短,三百万涨到四百万更快。如果是自然提出下产生的数据,它1开头的会多很多,有个数学规律,这里面规律不讲了,大概率是对数分布,出现首位数字是1的概率基本上是30%左右,9的概率只有不到5%左右,如果你的会计数字是自然产生的应该有这种规律。但是如果随机数,12345678910都是随机的概率是一样的,不是随机产生,敲键盘产生可能是5和6,因为敲键盘动作不一样,分布也不一样。下面看看用的美国的数据,只看一个,因为要看会计里面账户很多,可以把财务报表拿过来,大数据这些数据拿过来,把这些数字抽出来,所有数字抽出来,结果发现有些年份看起来可疑的账户里面补贴款项,资产负债表里面其中一项,发现1出现的概率在那些看起来比较可疑的公司里面概率不是30%是40%多,其他的东西年份都是比较一致的,但是就这一项不行,基本上从大数据角度来看发现公司在做假,这是分布上的东西。

其实很多大数据里面人工智能可以用来做策略,因为现在数据很多,最简单的一个可以用各种评分,现在有"顾客评分",一个产品评分比较高、公司满意度比较高,都可以用这些东西做交易测试,这个是在亚马逊里面对各种产品顾客的评分,用爬虫把评分找出来,找评分比较高和低的公司,基本上是控制脉冲之后的策略,而且这个策略不太亏钱,从2004—2015年基本上每年都是赚钱的,策略是非常稳健的,是利用大数据做二级市场上的策略。

当然更复杂一点,每个公司基本上每个季度上市公司都有一个报表,打电话宣布自己公司的业务怎么样，将来什么计划。如果公司业务不太好，CEO心比较虚，业务能力没有那么强，打电话可以用语音识别的技术找说话人的语气是强、弱、正面、反面，把好的东西全都放在一起，找那些看起来非常自信，相对过去来讲更自信的东西，比那些公司的股票基本上平均卖空听起来比较弱的公司股票，60天平均收益率会5%左右。这是非常高的，但是这个东西要用比较复杂的语音，测谎仪之类的东西，这里面是用语音软件识别这些东西，今天我把这些挺有意思的研究跟大家分享一下。

对话交流

主 持 人：国家金融与发展实验室副主任杨涛

对话嘉宾：广发证券股份有限公司副总裁杨龙；民生银行总行信息科技部总经理、民生科技有限公司总经理牛新庄；Plug and Play 中国区合伙人、高级副总裁陈志新

主持人：刚才来自银行、保险、金融科技公司及学者，他们从不同的角度结合自己的研究和实践，对金融科技都进行相关探讨。在场几位嘉宾既有持牌金融机构的代表，也有技术企业或者是技术合作平台的代表。他们结合不同的角度，把刚才谈的问题进行深入探讨。我先结合嘉宾背景提出问题，他们作更多的解读，后续再进入金融科技领域一般共同面临的问题，试图做一点分析和展望。

刚才没有证券业的代表进行发言，第一个问题想交给证券业的代表杨龙。金融科技给整个金融业态带来深刻的影响，影响到金融要素，也影响到金融功能。从您的角度来看，您认为金融科技究竟给证券公司（券商）带来什么变化。现有的证券业又在如何应对这些变化？请您进行分享。

杨龙：谢谢主持人。金融科技的发展，应该说给证券行业带来巨大的变化，也是非常猛烈的冲击。证券和银行保险有很多类似的地方，应该说也跟我们日常生活的感受一样。我们的生活其实因为科技的进步已经发生翻天覆地的变化。对金融机构来讲，最明显的感受和原来不同的就是客户的行为发生了变化。也就是说前两年有一首歌《时间都去哪儿了》，对金融机构来讲经常唱的就是客户都去哪儿了。我们和客户之间的关系逐渐地弱化和断裂，借

用刚才几位嘉宾提到的区块链,在银行3.0和银行4.0书里的定义,证券处于证券2.0和3.0的过渡期。当客户不来我们的网点,我们发现守株待兔的一种服务方式已经失灵了,我们和客户的关系发生了断裂。在使用新技术手段与新的模式重塑客户关系,整个证券行业来讲,应该说近些年来不断地加大在金融科技方面的投入。广发证券为例,2017年到2018年年底在证券的投入应该说增加了近50%,各大头部券商所采用的做法应该都差不多。围绕着重建客户关系,围绕着服务、运营和业务模式以及商业模式的转型。在数字化、网络化层面不断地向前推进,应该说在服务和客户体验的提升,以及在运营效率的提高,以及对风控能力的提升方面都取得非常明显的进展。

主持人:大家也都充分地看到了证券业面临的变革,技术对资本市场对证券业的冲击也是非常早的。与当年电话的产生对纽约证券交易所带来的影响一样,大家对金融史都有所研究。

刚才牛总结合着民生银行的实践已经作了非常多的分享。这个分享我觉得还可以进一步深究一下,请您把科技金融、金融科技作为下一步银行发展的重要战略方向再进行一下细化的分享。

牛新庄:其实刚才讲了,传统金融银行无论是它在服务的广度、深度,用户体验和效率上都是有很大改进,技术变革导致客户生态和商业生态发生很大的变化。传统的银行有这些问题,我们在座的都是普通的用户,可能会用手机银行网银,哪家银行可以让我支持查过去20年的转账记录。我想查查过去给杨总转帐20年的记录,非常普通的需求。今天看哪家银行可以查?很难,这就是用户体验。我们可能会用其他的银行,会用到互联网的东西,其实背后很复杂。因为银行就像我们现在交易量一天大概有1亿笔的交易,通常为了保证交易性能,可能每年都会把上年的转账记录放在另外一个库里,过去是放在光盘库里存着的。很多的时候我们要查阅两年前的交易记录的时候会发现,柜台说要写一个申请到银行后台数据中心,数据中心再调出来。大家可以看到，这是多么的复杂，用户不知道复杂，用户说就是需要这样的体验。传统银行的金融变革就是一个数字化，像我们现在支持所有的查询，背后很复杂的工作。有的时候业务部门就这一个需求要做很多的事，要把过去存储在光盘上和磁带上所有的历史账目线上化，线上化入库，然后再跟现在的生态系统连接在一起，做各种场景。不光查这个，还查通过建设银行汇出去的钱，转给工行的钱，这些都是体验。但你会发现这都是传统银行需要做的。

民生银行有一千多家支行，准备70多亿元的现钞。但我们实际用到的现钞每天7个亿，每天60多亿元的现钞不生息，一年一万多亿元。为什么这样？因为过去现钞放在哪，大家有取现金的经验，现钞放在ATM里，所有的这些信息是没有打通的。我这个ATM的钱用完了，第二天早上保安押运有很多的成本，我们现在的系统是把所有的网点、柜员和ATM机打通。今天ATM现钞缺了，网点有很多的现金，他们往里放不就可以了吗，大家可以看到这是一个简单的例子。我们做出来了以后，我每天可以节省很多的保安押运的成本。我每天能够给行里节省多少现钞，因为银行有的时候为了保证流动性准备现钞。我们把这个现钞再拿过去放贷款，这是很多钱，这是典型的利用数据和系统的连通带来的一些效率的提升。这也就是说由于技术的变革，由于金融科技的革命，我们需要对银行整个的全生命周期的流程做端到端的改造。过去的改造更多的就是今天有手机银行了，我今天是一个渠道端的变革，这个路很长。而且这个路更加重要的不仅仅是技术，而是我们传统银行科技人员意识的转变，思维意识的转变。因为人是有惰性的，每个人都有肌肉记忆。可能说为什么要改，不挺好的吗。但有的时候不改，趋势已经放在那里了，所有的东西倒逼着银行必须得做创新，做金融科技的变革。

主持人：谢谢牛总分享。我特别同意他的一些观点，过去银行跟技术结合可能有很多的概念，银行IT化、信息化、数字化，等等。但技术好像始终没有真正地在促成银行全面变革当中发挥核心的作用，更多的就是跟随的作用。现在面临金融科技的挑战，这里带动的不仅仅是技术融入到某些业务和流程渠道中，而且需要在战略、组织架构和文化、产品服务各个层面都需要更加深入的嵌入，这值得我们更加深入的探讨和思考。

第三位分享的嘉宾来自 Plug and Play，背景是一家全球化的科技加速平台跟投资机构，也在全球28个城市都有所布局。在金融科技、保险科技等十多个垂直产业领域都在开展科技项目的加速和投资，也为几百家的企业客户提供外部的创新服务。你们更多的就是在整个金融科技产业链中提供第三方中介的支持或者是服务。您从创新服务平台的角度谈谈，从国际也好，国内也好，众多的包括银行、保险、证券在内的持牌或者说传统的金融机构，在数字化的转型、金融科技转型或者说在利用技术有效地提高自己服务方面，现有的有哪一些不足之处。如何弥补这些不足之处，有哪一些发展方向值得思考，请您进行分享。

陈志新：谢谢主持人。像刚才杨主任所说的，Plug and Play 在过去的20多年的时间里致力于产业端的需求，打造科技创新的平台。相信可能今天台下在座的各位，包括我们两位嘉宾可能对 Plug and Play 不是那么熟悉。但我相信其实对我们投资的企业，今天在座的各位应该都了解。我们其实是 PayPal 和 Lending Club 的第一种子轮的投资者，所以在1992年（艾伦马克、彼得迪尔）找到我们的创始人的时候，我们在斯坦福大学的办公室里收了房租以后，我们又加了钱，然后投给了 PayPal，Lending Club 也是我们从种子轮的投资一直跟到了 IPO 上市推出。除了 PayPal 和 Lending Club 以外，包括 Dropbox、谷歌都是我们投资孵化的企业。

Plug and Play 在过去的20年时间里，我们一直致力于帮助创业企业成功，帮助创业企业成长的时候，我们发现他们的技术和他们的需求，尤其是 To B 的创业企业需要的不仅仅是早期的种子轮的投资和办公室的空间以及基础的服务，更多需要和产业的链接。2006年开启了帮助初创企业和传统的产业做链接的商业模式，我们通过头部企业合作伙伴的筛选和加速的模式，找到我们认为非常有投资前景的科技创新企业。我们在硅谷的模式已经20多年，近两年在全球移动出行和新零售领域搭建的平台。回归金融科技领域，在Plug and Play的全球体系里，在我们内部保险和金融领域是分开的两个事业部。现在在PPP的平台里金融科技的板块也是全球做最大的金融科技板块来说，我们与全球50多家的世界大的银行，VISA、美联航、花旗和法巴都是合作伙伴。全球大的保险和再保险都是我们的平台合作伙伴。谷总坐在我旁边，我们探讨和PICC的合作。过去的20多年里，我们积累了非常多的在整个中国和欧美之间科技创新初创企业新技术的资源，我们在过去的几年里加速了一万多家的早期科技企业，可以与我们的保险和金融进行连接。

回归到主持人问的问题，中国和欧美之间的金融机构在科技创新上的一些差异。我觉得其实差异也是蛮多的，今天主要分享两点。第一点，关于国内的金融机构对于技术的趋势，对技术需求和技术趋势方面的一些关注度差别很大。这点可能很容易理解，因为不管是保险还是金融板块来说，欧美可能还是走在中国的前端，因为他们的发展相对来说比较成熟，竞争更加激烈一些。他们关注的技术点可能与国内的机构会有点差别。举个例子，保险科技为例，因为保险板块在国外相对成熟，竞争激烈程度也非常高。从客户端衍生出来对保险科技的一些需求，可能更多的是集中在核保、理赔和客户管理的技术方向。我们很多的客户伙伴，多寻求在这方面有没有技术或者说跨界的技术应用。国内的保险企业，其实单一体量都比较大，但其实整个的保险在国内的渗透率没有那么高，所以国内的保险公司更多的是在于获客或者是理赔和客户管理上需要找到一些新的技术。这点我今天不想进行过多的阐述，因为在座的都是专家，相信每年我们都会做很多的中国和欧美之间在金融行业领域技术趋势的分析。如果今天在座的各位想在具体的数据端希望得到一些支撑的话,我相信Plug and Play在过去十几年积累了大量的实践数据,也可以给大家提供一些支持。

中美之间科技创新领域的创新路径和创新的阶段的不同。因为今天各位分享的时候都提到了一个词,金融科技一定要创新,我们做开放式的银行,一定要开放。这是各大银行和金融机构必须做的事,但通过我们这两年在国内帮助金融机构进行创新的时候,我们发现其实大家对我要做创新的这件事认可,但怎么做才能把这件事做到最好,效率更高,其实没有非常科学合理的架构体系。结合着我们在过去多年与国外的这些金融机构合作,也跟大家分享几点。创新的路径,国外的很多金融机构更多地采用了与外部合作的创新路径。国内的机构可能更多的是内部孵化,以及内部设立我的研发团队,研发新的技术。但从去年下半年,这两年我们也发现了国内的银行也开始变得更加开放,所以现在在五大行里与建行和交通银行都在开放式创新上进行合作。在2003年Chesbrough教授提出开放式创新的理念以后,开放式创新的理论体系一直被欧美的这些大的企业在十几年的过程中进行非常激烈的讨论和实践,这个方法是非常行之有效的。随着全球市场的竞争,我们企业的发展如果单纯依靠企业内部的创新,没有办法面对外部的科技日新月异的趋势。因为有可能你花了大力气投入了很多人力和物力研究一个新的解决方案,其实外面早就已经有了,你拿过来应用就可以了,这需要非常好的眼界开始对外合作。我们与法巴银行在巴黎建立欧洲最大的开放式的金融板块的创新平台,成果很好,每年会与法巴在巴黎做二期的加速模式,我们与14个业务部门全部参与开放式创新的合作中。第一个月征集业务的创新需求,经过在全球征集一千多个技术解决方案,最后筛选20个。这20个做三个月的加速器,加速器以后,每期有非常多的POC和加速成果的落地。法巴召集上下游的合作伙伴加入平台,成为非常开放的创新平台,非常活跃,效率非常高。国内可能因为强监管的原因,可能受一些限制。但我们也感受到了这两年国内金融机构也变得更加开放，但可能在创新的路径上，很多的银行可能还有一些需要向欧美银行学习的地方。

关于创新的发展阶段。大家讲开放式创新，我想与最前端的技术或者与高校机构合作获取一些新技术支持金融机构的发展。这其实是容易的，但难的是获取了这些创新的新技术以后，怎么进行内部的转化。采购和法务可能都要发言，这会导致新技术在落地的时候遇到层层阻碍。国外的金融机构非常明确的创新战略和创新体系，以及内部创新的转化上都非常科学。最重要的是高层支持，下面有一整套完整的体系。对创新的绩效考核也是有一个严格的量化指标，不是说我今天要做这个创新，那怎么衡量年底是不是有成绩，国外的机构做得比较好。我们之前与金融机构合作的时候，更多的偏重后面，就是你有什么技术解决方案我与你合作。但后来发现前端的问题还没有解决，根本就谈不上后面做创新。如何有一个合理开放式创新的架构体系和战略以及策略，开放平台，这其实很重要。我们觉得中美之间的金融机构差异也是比较大的。对国内金融机构的建议，可能还是落在平台上。我们要开放，不是一个口头上的开放，这一定要由高层推动，非常有魄力地推动开放，开始与外部很多的创新机构进行合作。而且内部转化的时候，大家要有一定的决心进行变革。这是我们做开放式平台的感受。

主持人：所谓春江水暖鸭先知，作为投资机构来说跟一线企业是直接联系，所以对于相关的创新更加深刻，全球对于金融科技的概念、范畴、模式都在探索过程当中，金融理事会成立了一个研究小组，开始讨论Fintech，后来讨论Techfin，近期讨论RegTech，无论是中美与欧洲，比对是动态的，比如您谈到的开放问题，整体来讲国内确实在开放方面有不足之处，比如合作开发银行，欧盟在自下而上推动，另一方面也有很多压力和难题，也不是预想当中那么顺畅。国内我举一个例子，很多人可能没有想到，我们的快捷支付，是不是严格意义上已经成为银行跟第三方金融机构出现的所谓开放银行的接口，这种东西在海外正在激烈的讨论当中，这里面我们如何看到规范、创新、法律各方面的边界，值得在新的视野下进一步探讨，这也很有意思。第一轮几位嘉宾都有很精彩的分享，第二轮我们进一步深化一点，首先回到证券业，整个证券业面临的不仅仅是应用新技术的问题，而且要面临原有的业务模式发展跟转型的问题，无论财富管理、其他方面真正发挥证券业务的核心价值，这个核心价值最终体现为所谓智能化、更加自动化这样一些方向跟领域。比如智能投顾、智能投研、智能财富管理，等等。从您的角度，如果对券商、证券业未来如何真正实现更加智能化、真正的业务转型这方面有没有更多的分享？

杨龙：接着刚才陈总关于创新我想补充一点，证券公司从2012年开始就在全力投入到金融科技的增长过程当中，一直到今天，应该说还在不断的提速过程当中，我们对于技术是这样一个态度，一是拥抱最新的技术，并且持非常合作开放的心态。但前提是我们要用相对成熟的技术而不是拿我们金融来试错，这是金融把风险控制当成第一要素考虑的出发点。所以这是我们开放的心态。

智能化肯定是我们未来一个发展方向，我们整个社会都会在长则八年十年，短则三年五年就会迈入到一个智能化的社会当中。我们的证券行业其实已经强烈地感受到了智能化不仅仅是已经扑面而来，实际上我们已经在身体力行地尝试。以广发证券为例，2012年就组织了全新的来自BAT多元化的研发团队，基本都拆开开源的技术，从零开始一步一基因开始，证券行业的自研发，自2014年推出了新零售式的线上线下结合的销售服务平台。2016年年底，新零售的概念才出现，而我们在2014年已经完成了传统网点和数字化技术的整合，把线上线下打通，能够实现快速地把我们的产品、我们的服务、我们的员工以及客户进行有效的连接，提供了7×24小时的证券服务。

2016年我们又是行业里面首家推动"贝塔牛"的智能投顾的服务，至今已经累计各种策略上百万条，应该说在行业里面是个开创性的工作。

接下来我们打算在ABCD各方面的应用，在提高人工效率、提高我们服务的针对性、个性化以及运营效率、客户体验等方面，已经有非常多成熟的应用。

对于多数金融机构来讲，我是觉得智能化虽然说并不遥远，但是从哪里入手确确实实又是一个难题，我们以自身的体会跟同行进行一些探讨和分享。我们认为，所谓智能化肯定不是说上一个智能客服就实现智能化了，其实它有一个非常重要的基础也就是说数字化。数字化我也看到了各种概念、定义，没有统一的说法。我们的理解，它至少具备三个特点：1. 它是在线的；2. 它是可记录的；3. 它是可度量的。我们经常遇到把电子化、信息化和数字化混为一谈，如果我们觉得不同时具备这3个特征的话就积累不下数据，积累不下数据，数据化的运营就无从谈起。数据化运营如果没有基础，那么在此基础上的自动化、智能化也就失去了根基。所以数字化是我们的一个起步点和切入点，是后续的迎接智能化基础当中的一个基础。而实现数字化在我们看来就是首先我要把内部的人财物事全部连接起来，先连点成线，然后再连线成面，再连面成体，形成这样的过程，很多公司特别是金融公司它的数据化过程是劈柴，不是一个有机整体，不是参天大树不可能长大，有些稍微好一点把这些劈柴捆在一起，所以我们觉得这个数字化要先把所有业务、流程、前中后台，把你的产品、你的客户以及你的外部环境包括监管、供应商全部进行有效的数字形式的连接。全部具备全在线、可记录、可度量这样的方式，才能积累下有效的数据，通过这个数据的运营不断去优化原来的方法，通过不断优化方法，通过机器学习等各种手段形成智能化的优化，不断地从转化到优化到进化，到自动进化的阶段。所以这是必须的、不可跳跃的一个阶段，就是把数字化做扎实、做到实处。

主持人：谢谢杨总的分享，对于数字化我们可以看到整个证券业最早都感受到了这种挑战,比如券商营业部是最先开始的。投资者都慢慢不太去网点,更多依靠移动端来解决问题,于是我们也可以展望会不会未来银行分支机构也会遭遇类似的挑战?与此同时,我们现在谈整个经济都在走向数字化,与之对应的金融服务的组织机构、金融服务的模式是不是也要往这方面走?这些都值得我们思考,数据本身的安全性、价值的发掘里面的技术也是我们讨论的重要的基础,因为是重要的生产要素跟生产资料。

下一位请牛总分享一个方面的问题。谈到银行的金融科技创新,现在既有银行内部的金融科技创新,又有通过银行的金融科技子公司,是否能够把银行的科技能力进一步予以拓展,不仅仅是服务于内部,而且有可能做技术输出?当然,我们看到银行的金融科技子公司也是千差万别,当逐渐在市场上出现之后,我也听到不同的声音,有的说大行一出来之后就一统江湖,有的说肯定不可能,因为它的商业模式、它的思路、它的技术重点跟市场化的机构完全不一样,所以我觉得观点差异比较大,从您的角度来讲,结合民生银行的金融科技子公司的情况,谈谈如何看待银行系金融科技子公司的发展前景以及民生在里面是怎么思考的?

牛新庄:杨主任问题问得特别好,因为大家可以看到我现在的身份是双重身份,既是科技部的老总,又是科技公司的老总,某种程度来说我既是运动员又是裁判员,这个边界我这两天正在梳理,刚好问到这个话题了,我就先讲一讲。

大家知道现在整个金融行业处在大的变革环境,技术的变革、外部的环境、经济的环境、技术的环境、外部竞争的环境,大家都希望变。你会发现,今年看各家公司的年报,大家都不约而同地提出来要做科技金融的银行,但是这个事情有几个层面:1. 认知。大家都说希望将来科技金融能够成为商业银行竞争变革的重点,每家银行成立了自己的科技金融子公司,从招银网络、星业数金、建行、北银、平安科技,等等,包括5月8日的工银科技,首先大家都有这样的认知，希望能够通过科技公司成为引领银行业变革驱动的一股重要的力量。

2. 是战术。科技公司是战术中的一部分，也是一个手段。

3. 做这件事情的决心、勇气和魄力如何，这就是说你对科技公司的定位是什么？因为大家都在做，你市场上有什么呢？刚才杨总也说了，确实现在市场上可能有三种类型的公司，一类是传统的科技公司，像过去很多银行，先进数通、语信传统的科技公司。第二类是新型的金融科技公司，像京东金融、蚂蚁金服、平安一账通这样的公司。第三类是银行系科技公司，银行系科技公司能走多远，某种程度上取决于每家银行对这家科技公司的一个战略定位，以及它能不能坚定地落实整个金融科技战略的决心、勇气和魄力。

我曾经有一个观点，其实虽然说我是金融科技公司的老总，但我不太看好银行系的金融科技公司，因为我觉得它是半市场化的。现在大家对科技公司的定位，有的银行科技公司只对内不对外，有的只对外不对内，有的既希望对内又对外，这三种模式，背后体现全行对科技金融公司的战略，我觉得有几个方面。第一，高层重视。这个高层是董事会层面，中国做任何事情都是这样的，一把手重视，高层重视，必须是第一层董事会层面的战略。第二，文化意识。我们很多时候有很好的工具最关键取决于我们员工的意识，这个意识要去变，不然也很难的，这是文化意识的转变。第三，流程管控。很多时候我们要做一个创新的时候，有时候做一堆事做完以后审计你来了，这个东西必须要改变。第四，外部环境。我们所有的变革是自外而内，由内而外，就像今天的银行，为什么我们改善金融服务了，因为互联网金融给我们提供更好的用户体验，有时候你发现，我们在淘宝上买个东西，会发现它的快递信息非常详细。所以银行是外部环境。第五，科技能力。很多行说，我重视科技，但一提招人、投入又没戏，所以科技能力的建设，今天科技能力必须人财物机制体制的投入。第六，精益求精的思维。大家最近关注一个事件就是华为，发现华为这家伟大的公司，背后就是求真务实，踏踏实实做事情。现在很多创新不是真正面对客户的，而是领导喜欢不喜欢，这怎么行呢？所以我们要用精益求精的思维，把这几件事情做好以后，银行系科技公司才可以做。我还是充满信心，觉得只要把这些东西理顺，相信我们一定能在市场上走出自己的特色。

主持人：谢谢牛总的分享。他非常坦诚地表达存在的问题和挑战，也对未来表达出期望和发展机遇的认可。我特别赞同他提到的创新路径，比如，如何由外及内，再由内及外产生动能转化。如果看市场化的金融科技企业，同样也感受到这点。一方面由外及内，可能来自客户，来自市场的压力。但到了内部以后，大量的创新都是内部的部门之间在一个市场化基础上，通过相对良性的竞争得出的结果。金融科技时代的银行应该从管理模式，营利的中心等各方面逐渐脱离线下，如果还依靠线下分支机构作为重量的衡量中心，很难实质上产生脱离。

牛新庄：民生银行是民营企业的银行，我们可能过去二十多年一直是中国金融业的创新和黑马。其实我们董事长高度重视，在2015年的中国企业家年会上率先提出，他说未来民生银行十年以内，要成为一家金融科技公司。其实这也是在这样一个大的背景下，我们成立了科技公司，而且现在整个董事会层面给科技公司很高的战略定位。我刚才也直言存在的问题，更多的就是信心和成就。

主持人：金融科技的转型一定是最高战略层面的东西，这肯定是必然的。最后给陈总提一个小问题，刚才您也谈到了对相关金融科技创新领域的很多认识。这些认识是基于您作为第三方的机构或者说投资的平台，与金融科技企业的交流产生了认识的总结。我想问一个可能略微带有一点敏感的问题，如何看待资本与金融科技创业企业之间的关系。因为在现实当中，其实我们也都看到了,一方面尤其是在互联网的金融时代,有一些知名的投资机构确实在选择投资对象的时候遇到很多问题。金融科技创新发展过程中,一方面确实需要资本的介入,有的时候资本和企业会产生良性的互动。有的情况下,如果遇到了资本比较短视化会在ABC轮更加注重商业模式的炒作,希望进一步地在这个过程中有所增值。即便现在面临创业板这样的一些东西,同时我们也面临着一种挑战。一方面推动技术创新,另外一方面更加公开透明的过程中是否还产生其他方面的问题,如知识产权的问题。如何看待资本与金融科技的一些企业之间的关系,请您简单地补充分享。

陈志新:我分享一下我们的投资逻辑,我们从1990年偶然投了PayPal到真正做投资,其实是在2006年。我们的投资逻辑一定是跟产业端结合的投资,2006年开始跟大的头部企业合作以后,我们关注技术的方向会偏重To B端,就是硬科技的项目。过去的十几年里,投资的90%项目都是硬科技To B的技术,我们的投资逻辑大部分一定是看到项目跟技术端,与产业端有链接的时候,至少在加速营跑两三轮的时候,我们才决定要不要投资。我们作为一个投资机构,我们最早跟创业企业沟通的时候,我们先问的不是你是不是缺钱,我们先问的就是你是不是缺客户。我们基于对市场和对产业端的需求,帮它进行链接。因为在过程中,很多的To B端的项目对投资机构要求很高的,因为对投资机构的合伙人也好,投资经理,不可能对每一个行业都是很了解的。但我们有行业端的头部企业在加速的过程中帮我们识别,当我们认为这个项目很值得投资的时候,我们再切入地谈投资。有可能需要钱,有可能不需要钱。但当它不需要钱的时候,看重我们背后跟它链接很大的行业平台的时候,也会愿意让我们加入,甚至很低的估值让我们加入,这是我们的投资逻辑。

说到投资机构跟企业,因为其实我们跟一般的VC和PE不一样,我们加速器和孵化器模式的投资机构,帮助创业企业成功。我们成功一定是看着创业企业成功的。在整个的逻辑过程中，我们希望资本是一方面，然后通过产业端和其他的一些需求帮助赋能，这样企业才会跟我们走得更加长远。Dropbox 和 PayPal 投资过程中，我们中间有很多的机会，但我们一直是想在成长的道路上帮助它们赋能的，最后它们成功，我们也成功，这就是我们的投资逻辑。

主持人：谢谢陈总分享，让我们进一步了解什么是健康的资本与创业企业之间的逻辑关系。刚才几位嘉宾从几个问题进行简单的分享，最后请三位嘉宾用一二句话对下一步的金融科技的发展或者说您心目中的一些认识进行简单的归纳和总结。

杨龙：智能化时代即将到来，为此，所有的人、财、物、事及数字化准备应该开始了。

牛新庄：希望金融科技能够为大众提供更加有温度，更加个性化，更加特色化，更加有广度和深度的金融服务。

陈志新：我们希望能够帮助更多的金融科技领域相关的创业企业，我们也希望更多的金融行业，大金融机构和保险机构更加开放，拥抱创业企业，与它们合作达到共赢。

主持人：谢谢陈总分享。现在请现场的朋友提问。

问题一：有个问题问牛总，刚刚您说了关于我们自己怎么做的，请您比较概括性地谈一下金融科技是如何助力银行变革和转型的？

牛新庄：金融科技如何促进银行变革和转型，其实我刚才谈了很多，我觉得归纳一下，金融科技是一种趋势，只可顺势不可逆取，传统银行的深度广度体验可能都需要做一些改变，今天的金融科技我们希望几个方面，第一，改善用户体验，在改善用户体验的过程中间，我曾经说过，过去很多银行把对用户的服务割裂化了，当改变用户体验的时候要做很多事情不仅仅是技术端的，有很多是跨部门之间的协同。第二，提升效率，为什么市场上有各种网大、P2P各种东西呢，因为传统的银行可能做贷款的时候门槛高、各种信息不对称，所以第二个方面要提升传统银行运作的效率，当这种效率提升以后，我觉得它就能够为客户提供更加便捷的服务。第三，金融科技因为毕竟现在整个经济环境，银行要求我们运作的时候越来越强调投入产出的效应，我们希望能够既对金融科技怎么样减少银行的运营成本，相信今天在座的各位极少去网点了，大量在线上，但是看看这些网点有多少成本？每个网点每天人去的很少，所以还有很多像分布式架构，能够让一个账户成本从2.2元降到8分钱，包括刚才讲的现金交易，这些只是冰山一角，整个商业银行的数字化转型刚刚开始，这里面有大量的事情，我们是通过用户体验、通过效率、通过成本的减少来驱动整个商业银行金融科技的变革转型。

问题二：请问一下广发证券的杨总，您提到广发证券近年来一直加强对金融科技方面的投入，想必您作为证券业的代表也关注到了近期金融科技的乱象对于完善金融科技发展，完善监管方面有什么建议？

杨龙：虽然由于科技的发展给金融领域带来了一些问题，一些乱象，也包括杨主任提到的数据安全以及各种违规，各种越线，"打擦边球"之类，但是我觉得，首先，证券行业的金融监管、金融科技实际上是在监管的一手倡导和推动下走到今天的，可以说我刚才提到的2012年就是证券行业一个重要的时间点，那个时候开始，一是拥抱新的特别是移动互联的到来，再一个是整个证券行业结束了原来的方式，开启了创新发展的阶段，在这个期间，应该说证券行业有了突飞猛进的发展。那么在这个过程当中，一个是科技的运用，在证券监管部门的各项的政策包括分类评价、各种增发、各种承诺都有非常具体的要求，也就是说监管部门对于证券公司的KPI考核里边是非常重要的一项，所以金融科技的运用首先是这个推动的结果。其次，出现的乱象并不是很可怕，我觉得通过科技的手段来减少和逐步的消除这种乱象是非常有利的工具。特别是数字化现在大数据工具已经在监管的过程当中发挥了非常有效的威力，在一些对违法违规的查处、打击方面应该说发挥了震慑作用。最后，对于执牌机构来讲，金融是强监管的行业，合规守法是它经营的一个基本宗旨，在这个规范当中发展金融科技，刚才我也讲了，我们是用成熟的技术在提高效率、提高客户体验、提高服务客户能力的这方面，充分利用技术手段，把它作为提升我们的武器，通过效率的提升来防范和化解相应的风险，而不是利用这些技术去冒各种各样的风险。

问题三：在刚刚您介绍的很多数字化的东西都收获良多，想问一下，广发证券整个数字化过程中碰到的难点主要是有哪些？另外对于一些刚刚起步开始做数字化的公司有什么对数字化落地比较好的建议和措施？

杨龙：首先我们遇到这个难点应该说行业里面头部券商可能大体都遇到过。1.原来从证券行业来讲基本是靠供应商的，我们没有自主研发的力量。我们从零开始，组建多元化的研发团队，这实际上就非常困难。现在绝大多数券商，一百多家证券公司绝大多数券商是没有自主研发能力的，打造这个能力的过程是非常痛苦的。2.这个新的研发团队和原来的运维，基于运维要求的技术团队这两者是两套班子、两套体制、两套管理方法、两种管理逻辑，这既要融合配合，同时我们在物理上都是区分的，不在一块办公的，所以这实际上也是一个非常大的难点。先说你形成你自己的技术能力，再说刚才几位嘉宾提到的，金融科技或者数字化转型它自上而下高举高打，这个国内国外都永远很难免俗，一定是一把手工程，所以属于一把手不重视这个事是干不了的，看一家公司它的金融科技发展到底是什么情况，基本就代表了这位一把手是不是跟得上时代。所以要由一把手来推动才有机会成功。除此之外像我们在人员配备、岗位设置、组织架构，成立领导小组，董事长就作为领导小组的组长，人员配备，新招聘的员工要优先招有技术背景的，而且要制定目标，多长时间你的部门，不管是不是技术部门，技术背景的人员要达到一定的比例。那么从岗位设置，除了在信息技术部有工程师以外，在业务部门、中后台有BA的岗位，也就是说业务分析师他作为技术使用方和技术的提供方之间的桥梁，他用两种语言的翻译，并且我们最近又设置在各个业务部门线的信息官，按照信息技术管理办法6月1日必须在公司设立一个高管的首席信息官，现在我们把它进一步延伸到各个主要的部门。那么从人员、从体制、从配套的机制、从文化、从培训、从方方面面应该说这是一个非常复杂的系统工程，只有齐头并进才有机会取得成功。

第九章
培育集聚优秀杰出金融人才，推动金融业高水平开放、高质量发展

努力营造国际一流的人才发展环境，培育集聚世界优秀杰出金融人才

程昌宏

西城区委常委、组织部部长

金融街论坛自2012年创办以来已成功举办七届，在国内外金融界引起了广泛反响和高度关注。自去年开始，我们首次举办金融人才发展分论坛，旨在深入研究金融业人才发展的新方向、新思路，搭建北京金融街政策发布、理论研究、实践交流的新平台。今年，我们继续深化主题，紧扣中央对深化金融供给侧结构性改革、增强金融服务实体经济能力、防范化解金融风险、推进金融改革开放等要求，围绕落实首都城市战略定位，增强国家金融管理中心功能，就金融人才的集聚培养展开深入对话，形成发展共识，为推动金融业高水平开放、高质量发展提供更有力的智力支持。

金融业的核心竞争力是人才。长期以来，西城区委区政府坚持人才引领发展战略，大力实施国际金融人才集聚工程，持续推动北京金融街世界优秀杰出金融人才集聚区建设，全面打造金融人才发展战略高地。2018年，我们进一步深化人才服务体制机制改革，加大对金融人才的激励和服务保障，出台了"金服十条""金科十条"等一系列政策措施，百余家金融机构约一千名金融人才纳入金融人才服务支持计划，享受教育培训、医疗健康、子女教育等人才奖励服务，13名金融人才被授予第三届西城"百名英才"荣誉称号，组织高层次论坛交流、学术讲堂、海内外招聘活动等20余场，全年区级层面办理金融人才引进落户人数占比达到55%。截至今年3月底，北京金融街金融

第九章 培育集聚优秀杰出金融人才，推动金融业高水平开放、高质量发展

机构总数达1851家（法人机构854家），金融机构资产规模达到102.3万亿元，占全国金融机构资产规模近40%，区域金融人才达到23.3万人，1.6万人具有海外留学经历，50%以上具有硕士以上学历，劳均产出率超过300万元/人。金融街进一步呈现出产业结构逐步完善、金融体系日益健全、发展环境更加优越、规模总量逐年递增、高层次金融人才加速聚集的良好局面。

2019年2月，习近平总书记指出："金融是国家重要的核心竞争力，要抓住完善金融服务、防范金融风险这个重点，推动金融业高质量发展。"2018年12月，北京市委书记蔡奇同志到西城区金融街调研时强调，要坚持以首善标准做好首都金融工作，努力在推进金融改革和高质量发展上走在全国前列。2019年2月，国务院正式批复《全面推进北京市服务业扩大开放综合试点实施工作方案》，其中超四分之一措施涉及金融业，北京金融街的发展又迎来新机遇，《方案》明确提出：要强化金融管理中心功能，服务国家金融改革开放和风险防范，西城区要着力强化国家金融管理和服务功能，聚焦人民币国际化、金融科技、风险管理和金融监管，积极承接国家金融改革开放任务；建设国家级金融科技示范区。这对北京金融街人才配置结构提出新要求，需要我们进一步加快资产管理、风险管控、标准制定、金融科技等专业领域世界优秀杰出金融人才和高层次金融监管人才的集聚培养。同时我们也看到，全球金融人才竞争日趋激烈，近年来北京金融街高层次管理人才的流动率明显加快，基础金融人才供过于求、高层次人才"一将难求"的结构性矛盾非常突出。人才工作在发展全局中越来越具有基础性、战略性、关键性作用。

面临新形势、新机遇、新挑战，我们必须紧紧围绕首都功能核心区建设目标，从加强"四个中心"功能建设、提高"四个服务"水平的高度，站在国家金融改革的战略层面来推动国家金融管理中心服务功能提升；必须强优势补短板，认真贯彻落实中央、国务院和市委市政府关于金融街发展的决策部署，紧抓发展机遇，不断完善服务举措，进一步优化营商环境；必须树立

人才引领发展的战略地位，深入落实首都高质量发展人才支撑行动计划，牢牢把握金融业对外开放新机遇和金融与科技融合发展的新趋势，团结凝聚广大金融人才，点燃高质量发展的"人才引擎"。下一步，我们将重点围绕打造国际一流金融人才生态发展区，突出做好以下三方面工作：

一是坚持首善标准，构建开放包容、高效便捷的人才服务体系。紧紧围绕提升国家金融管理中心服务能级的要求，按照"政府授权+跨界共治+专业运作+市场机制"的架构模式，加快建设金融街合作发展理事会、金融街服务局、金融街服务中心有限公司、金融街论坛"四位一体"的服务支持体系，大力培育专业化人才服务主体。充分发挥金融街各类社会组织桥梁纽带作用，丰富人才发展服务内涵，促进共商共建共治共享，提升综合服务能力和水平。加快建立优秀金融人才培育体系，充分统筹区域资源优势，立足金融人才发展需求，搭建金融专业人才育成平台。精心构建"互联网+人才"服务体系，加强金融人才服务信息化建设，建立集政策宣传、资讯交流、线上招聘、培训服务、项目申报等功能为一体的"金融人才服务管理系统"，打造统一、规范、高效的"金融人才之家"网上平台，实现线上线下相互补充、相互促进。

二是坚持政策创新，营造更加富有活力的人才发展环境。近年来，我们调研发现，对优化营商环境的工作，各企业主体和人才更加看重人才的发展环境和服务保障条件。人才工作的本质是服务人才，我们将对标国际标准和世界水平，加快营造国际一流的人才发展环境。紧紧围绕推进世界优秀杰出金融人才集聚区、国家金融科技示范区的建设，建立人才引进绿色通道，大力支持引进金融科技、风险防范等国际高层次金融人才；研究制定《西城区〈北京市工作居住证〉管理办法》。有效落实《关于促进金融人才发展的奖励办法》，切实加大对贡献突出高层次金融人才的激励奖励力度。着力打造与国际对接的人才服务措施，加强国际学校、公立学校国际部建设，全面提升教育供给能力，建立适应高层次金融人才需求的国际化教育配套。加快提升医疗保障服务水平，支持具有国际医疗保险结算服务的高水平医疗机构在西城落地。制定优化住房支持政策服务保障人才发展的实施办法，为优秀金融人才提供住房保障。我们将更加注重创建良好生态，改善金融街的人文环境，健全商务、生活等配套设施，积极培育金融街区域文化，不断增强广大金融人才对金融街的认同感、归属感，让来自世界各地的金融才俊在金融街施展才华、成就梦想。

三是坚持政治引领，团结凝聚各类优秀金融人才。加强金融人才的思想引领，打造"聚力·金融街"党建服务中心升级版，强化"一楼一品"基层党组织体系建设，进一步强化党建引领、凝心聚力。有效落实党委联系服务专家等人才激励关怀制度，加强金融人才联系走访，切实解决实际问题。充分利用北京金融科技研究院、西城区专家顾问团等智库平台，积极吸纳优秀金融人才参与地方的决策咨询，充分发挥金融人才服务首都"四个中心"建设的引领作用。支持金融人才全面发展，共享区域公共服务资源，积极搭建文化体验、休闲娱乐、公益活动等平台，更好地满足广大金融人才多层次精神文化需求。大兴识才、爱才、重才、用才之风，深入开展"弘扬爱国奋斗精神、建功立业新时代"活动，开展国情研修，树立和宣传金融人才典型，充分激发广大金融人才的报国情怀、奋斗精神、创造活力。

"功以才成，业由才广"。金融业的高水平开放、高质量发展，离不开勇于创新、善于经营、精通业务的高层次金融人才队伍。为金融人才营造良好的发展环境，是西城区委区政府的重要使命和责任担当。我衷心地希望今天与会的各位嘉宾，积极建言献策，分享真知灼见。我们将把大家的宝贵意见和建议带回去，用起来，切实转化为推动金融人才队伍建设、助力优秀杰出金融人才集聚培育的务实举措！借此机会，再次对长期以来关心支持金融街发展建设的各位领导、专家学者、业界精英和媒体朋友们，表示衷心的感谢。

抓住用好首都金融新形势新机遇，推动首都金融人才队伍跨越发展

王 颖

北京市地方金融监督管理局局长助理

2019年给我的题目是"抓住用好首都金融新形势新机遇，推动首都金融人才队伍跨越发展"。做事情、干工作要树立全局眼光，要观大势、谋大事，只有对全局了然于胸，才能因势而谋，应势而动，顺势而为，所谓"不畏浮云遮望眼"，这样才能促使制定的措施更加符合实际情况和需求，更好推动工作开展。下面，我首先介绍一下首都金融的最新形势以及面临的竞争和挑战，然后再谈谈我对推动首都金融人才工作开展的认识。

一、充分认识首都金融面临的新形势新机遇，牢牢抓住机遇，因势而谋，应势而动，顺势而为。

习近平总书记在2018年底召开的中央经济工作会议上指出，我国发展仍处于并将长期处于重要战略机遇期。不久前召开的中央财经委员会第四次会议进一步指出，要抓住用好新机遇，加快经济结构优化升级，推动高质量发展。抓住用好新形势下的新机遇，对于我们保持战略定力、集中精力办好自己的事情具有重要意义。同样，认清北京经济社会和金融发展的形势，抓住推动首都金融人才工作开展的机遇，也具有重要意义。当前，北京城市发展、经济社会发展、金融发展均处在一个重要战略机遇期，可以说是"机遇与挑战并存，荣耀与艰辛同在"。要利用好重要战略机遇期，抓住机遇推动工作

第九章　培育集聚优秀杰出金融人才，推动金融业高水平开放、高质量发展

开展。

城市发展。 北京有三千多年的建城史，建国以后成为新中国首都，北京抓住社会主义建设初期各项事业发展的机遇期，城市面貌发生了深刻的变化；1978年以后，北京抓住改革开放的机遇，加快发展，城市建设再次迈上新台阶；进入新时代，在习近平新时代中国特色社会主义思想引领下，北京踏上了建设伟大社会主义祖国的首都，建设以首都为核心的世界级城市群的历史新征程。十八大以来，习近平总书记四次视察北京，五次对北京发表重要讲话，体现党和国家领导人对北京的高度重视和深切关怀。北京新版城市总体规划明确了"四个中心"的城市定位，对北京城市未来发展起到战略引领作用。京津冀协同发展上升为国家战略，北京城市副中心和河北雄安新区规划建设高标准推进，都与城相互呼应，"一核两翼"打开广阔空间。抓住疏解北京非首都功能这个"牛鼻子"，北京进入减量发展、绿色发展、创新发展、协同发展，转型发展的新阶段，减重负，展新颜。

经济社会发展。 2018年，在改革开放40周年之际，北京经济社会发展各领域取得重大成就。综合经济实力率先进入高收入国家和地区行列，2018年，全市地区生产总值突破3万亿元人民币，是1978年的40多倍。改革开放以来，年均增长10%，人均地区生产总值接近2万美元。经济继续保持平稳增长，经济结构更加优化，第三产业占比达到80%以上，消费成为经济增长新引擎。城市面貌极大改善，更加绿色宜居，轨道交通的运营里程由改革开放之初的24公里增加到608公里；绿色覆盖率由16%提高到61%；生活垃圾基本实现无害化处理，污染处理率达到92%。城市综合竞争力朝着世界前列大步迈进，根据权威机构全球化与世界城市研究网络（GAWC）排名，北京仅次于纽约、伦敦、香港，位列全球第四大城市。

北京金融业发展。 2018年，北京金融业实现增加值5084.6亿元，同比增长7.2%，占地区生产总值比重为16.8%，对经济增长贡献率达18.4%，实现三

级税收4252.7亿元，占全市33.6%，实现一般公共预算收入1009.8亿元，占全市17.5%。金融是占比最高的第一大支柱产业，也是全市税收贡献最高、对经济拉动最明显的行业。2018年，北京金融业增加值占地区生产总值16.8%的比重，与纽约、伦敦、法兰克福、香港等国际金融中心城市的金融业占比相当。

北京金融业发展独具特色，具体表现在以下5个方面：一是金融管理中心功能突出。国务院金融稳定发展委员会、中国人民银行、中国银行保险监督管理委员会、中国证券监督管理委员会和国家外汇管理局全部设在北京。截至2018年末，北京金融业资产总计约143万亿元，占全国金融资产总额的45%。二是金融机构高度聚集。北京法人金融机构数量全国第一。截至2019年4月，北京拥有"一行两会"审批的法人金融机构总部822家，居全国首位。2018年，全球财富500强榜单中，中国有20家金融机构入选，其中10家来自北京（工、农、中、建、民生、光大、中信、人保、人寿、泰康）。三是国际金融组织快速发展，国际货币基金组织、世界银行和世界贸易组织在北京设立代表处，全球各大金融机构基本都在京设立营业性分支机构或代表处。近年来，亚投行、丝路基金、亚洲金融合作协会等一批国际金融合作组织在北京设立。四是金融市场体系加快完善。在股票市场方面，北京拥有继上海、深圳之后的第三家全国性证券交易场所——全国中小企业股份转让系统（新三板）。在债券市场方面，北京是中国最大的债券发行定价中心，由国家发改委审核的企业债、中国证监会审核的公司债、银行间市场交易商协会注册的债务融资工具及资产证券化产品的发行监管和登记注册机构都在北京。在保险市场方面，2017年，北京地区保险密度达到9080元，是全国的3.43倍，保险深度达7.03%，是全国唯一破7%的地区。五是上市公司数量多、规模大。截至2018年底，北京地区境内上市公司316家，居全国第四；总股本2.56万亿股，占全国A股上市公司总股本的39.38%，居全国第一；总市值14.49万亿元，占全国30.31%，居全国第一。

第九章　培育集聚优秀杰出金融人才，推动金融业高水平开放、高质量发展

北京金融业最新发展形势。市委市政府主要领导对金融工作高度重视。2018年年底，蔡奇书记和陈吉宁市长亲自主持召开第二次金融街座谈会，与百名金融机构负责人面对面座谈交流，形成每年一次的固定制度。蔡奇书记、陈吉宁市长、殷勇副市长全年会见外资机构负责人60余次，不遗余力推介北京金融。蔡奇书记亲自致电各大银行负责人，争取其理财子公司在京落地；陈吉宁市长亲自谋划推动金融科技示范区、财富管理等具体工作；殷勇副市长多次到"一行两会一局"做工作争取政策支持。北京市四套班子主要领导赴上海学习考察期间专程到上交所调研。市领导对金融的关注和支持是推动首都金融更好更快发展的直接动力。

一是金融开放实现新突破。营商环境大幅度优化，在世界银行《2019年营商环境报告》中，中国的全球排名从上期78位跃升为46位，一次跃升32位，在全球大型经济体里表现最为突出。2018年8月，在中国营商环境首次评价中，北京排名全国第一。北京市与光大银行、SWIFT（环球同业银行金融电讯协会）、泰康人寿等签署战略合作协议。工商银行、中国银行、农业银行理财子公司、光大银行消费金融公司等金融机构落地北京，各大银行在京设立证券公司正在积极推进。外资金融不断发展，2018年，30家外资机构确定落户北京，瑞银证券成为全国首家外资控股证券公司，万事达、VISA、标普、穆迪和惠誉等国际知名支付和信用评级机构均已完成在京工商注册。中荷人寿资产、英杰华互联网保险、安顾保险地区总部在京筹建，亚马逊拟在京设立支付机构，凯雷人民币二期基金、龙星基金、麦格里投资等国际知名基金已在京落地。在本轮金融开放中，北京走在了全国前列，为国家金融改革开放当好标杆示范。

二是服务实体经济取得新成效。制定《关于进一步深化北京民营和小微企业金融服务的实施意见》，推动设立总规模约350亿元的纾困基金，北京市小微企业金融综合服务平台建设积极推进。完善企业上市综合服务体系和激

励措施，推动组建北京启元资本市场发展服务有限公司，打造企业上市综合服务平台。2018年，北京新增9家A股上市公司，20家境外上市公司。进一步强化"一带一路"金融大本营功能，做好对亚投行、丝路基金、亚洲金融合作协会的服务。切实服务京津冀协同发展战略，北京银行成立副中心分行，华夏银行成立安新支行。推进大兴区和平谷区农村承包土地的经营权抵押贷款试点，贷款余额超过3700万元。

三是深化金融改革迈上新台阶。强化金融改革顶层设计，《落实中央金融工作会议精神的实施意见》《关于加快培育发展首都现代金融服务业的若干意见》等一批政策密集出台，首都金融发展和改革的政策支撑进一步强化。出台支持金融科技创新发展的指导意见和发展规划，在西城区、海淀区相邻地区正式启动金融科技与专业服务创新示范区，四达大厦正式投入使用，光大云缴费等企业正式入驻。在监管科技、金融安全等领域一批优质企业脱颖而出，推动"监管沙箱"机制与国际开展合作。绿色金融体系不断完善，绿色信贷规模9786.05亿元，同比增长7.4%，绿色债券数量和规模均位居全国前列。金融功能区布局不断优化，通州成功举办2018国际财富管理论坛，城市副中心正大力聚焦发展财富管理等新兴金融功能，建设具有国际竞争力和区域辐射力的财富管理中心；金融街服务局、金融街合作发展理事会、金融街服务中心有限公司、金融街论坛共同构成的"四位一体"服务平台体系；海淀科技金融、朝阳国际金融、东城文化金融各具特色；金融街与丽泽商务区一体化发展；石景山银行保险产业园、房山互联网金融安全示范产业园和基金小镇、顺义空港离岸金融功能区多点开花。

可以说，当前北京金融业发展迈入了新阶段，为推动金融人才工作提供了良好的基础环境。

二、充分认清首都金融面临的竞争和挑战，发挥特色优势，补足短板，开拓进取，不断开创新局面。

要辩证地看待客观事物，在充分肯定成绩的同时，也要看到存在的问题，增强忧患意识。当前，金融中心城市竞争还是存在的，既有国内的，也有国际的。尽管北京"四个中心"的城市定位没有经济和金融中心，但是作为首都，经济是不能短腿的，金融更是经济的核心。

国际方面。国际金融中心具有金融市场齐全、服务业高度密集、对周边地区甚至全球具有辐射影响力的基本特征。2018年，英国独立智库Z/Yen集团与中国（深圳）综合开发研究院联合发布第24期全球金融中心指数(Global Financial Centers Index GFCI24)，从营商环境、金融体系、基础设施、人力资本、声誉及综合因素等五大指标对全球重要金融城市进行排序。本期"全球金融中心指数"共有100个金融中心进入榜单，其中前10大金融中心城市排名依次为：纽约、伦敦、香港、新加坡、上海、东京、悉尼、北京、苏黎世、法兰克福。"纽伦港"全球金融中心第一阵营地位进一步巩固，上海金融中心评分大幅上升，已经取代东京进入全球金融中心前5行列。北京排名第8，还存在一定差距。

纽约汇集了世界500强中绝大部分公司的总部，也是联合国总部的所在地。华尔街是世界上最重要的金融中心，有纽约证券交易所和纳斯达克。伦敦是服务细致周全、业务灵活多变、开放较早的多功能金融中心，不仅在资本交易、外汇买卖、银行贷款等传统国际金融领域中是世界一流市场，而且也是最能适应金融变化的市场。新加坡是世界重要的国际金融市场之一，是主要经营亚洲美元业务的交易中心，拥有短期资金市场、长期资本市场、黄金市场和亚洲美元市场等体系完备的金融市场。对标这些国际领先的金融中心城市，北京还存在一些差距，我们仍需加倍努力，才能实现从跟跑到领跑的转型。

国内方面。2018年，中共中央、国务院发布的《关于建立更加有效的区域协调发展新机制的意见》明确指出，以京津冀、长三角、粤港澳大湾区等城市群为重点推动国家重大区域战略融合发展。以北京、天津为中心引领京津冀城市群发展，以上海为中心引领长三角城市群发展，以香港、澳门、广州、深圳为中心引领粤港澳大湾区建设。北京作为环首都城市群中心城市和国家核心增长极，环顾三大城市群和北上深港四大城市，从金融业来看北京有优势，也有短板。

上海是长三角的核心城市，长三角一体化上升为国家战略，中国国际进口博览会永久落户上海，上海证券交易所获科创板并获得试点注册制的资格，央行等八部门印发《上海国际金融中心建设行动计划（2018—2020年）》。这些都为上海金融发展获得巨大空间。

深圳是重要的金融中心城市，深交所中小板和创业板两大平台的辐射效应，平安保险、招商银行等金融总部的聚集效应，强大的科技创新能力，让深圳成为金融创新的沃土。深交所总市值已经达到上交所的2/3左右，鉴于此，深圳在城市十三五规划中，提出建设"国际化金融科技中心"的蓝图。

香港在粤港澳大湾区规划纲要中明确了国际金融中心、航运中心、贸易中心和国际航空枢纽"三中心，一枢纽"的高度定位，同时香港还是全球离岸人民币业务枢纽，国际资产管理中心及风险管理中心，地位更加巩固，重要性进一步凸现。

毫无疑问，作为全国性的银行中心、金融监管和决策中心，汇聚多数金融机构总部和央企总部，北京具备独具特色的优势和地位；但上海是全球金融要素市场最齐备的城市之一；香港未来既是国际金融中心，也是全球离岸人民币业务枢纽；深圳与香港进行合作融合，则有望成为南中国乃至亚洲最大的金融和科创中心。我们将充分借鉴上述城市金融发展的经验，取长补短，打造具有首都优势的金融中心城市。

三、对标国际一流，大力培养引进金融领军人才，推动首都金融人才队伍稳步发展。

目前，北京金融人才数量居全国第一，高端金融人才数量持续增加，金融人才国际化水平不断提高，首都金融人才集聚效应凸显，已经形成了一支规模较大、门类较全、素质较优的金融人才队伍。据统计，全市金融从业人员约53万人（市统计局口径）；人民银行营业管理部统计，在京中央金融监管部门和地方金融工作部门约1200人，银行系统约21万人，证券系统约6万人，保险系统约26万人。

应该说，北京金融人才队伍建设和发展已经具备较好的基础和优势，但是面对国际国内金融格局新趋势和吸引金融人才新挑战，如何顺应新形势、抓住新机遇、应对新挑战，充分发挥出首都金融的核心竞争优势，加快建成具有国际影响力的金融中心城市，除了完善金融体系结构，优化金融生态环境，提升金融服务国家战略的能力外，充分汲取习总书记人才工作思想精髓，以"聚天下英才而用之"的气魄，树立世界眼光，对标国际一流，大力加强金融领军人才的培养和引进，是推动首都金融人才队伍建设稳步发展的不可或缺因素。要从以下几方面开展工作。

一是加强对金融人才工作的组织引导。目前，在市级层面成立了"促进首都金融人才发展工作联席会"，负责对金融人才发展战略规划和政策标准的制定和实施，对金融人才相关工作进行统筹协调。2018年11月，根据《北京市机构改革实施方案》，北京市地方金融监督管理局正式成立，是市政府直属机构，为正局级，加挂北京市金融工作局牌子。新的三定方案要求我局继续负责指导、协调本市金融人才资源开发管理和金融人才队伍建设工作，进一步加强对首都金融人才队伍建设工作的指导、谋划，完善北京金融系统人才工作体制机制。目前，金融人才队伍建设已纳入全市人才工作范畴。根据市人才工作领导小组、市委组织部和市人才局工作部署，我局承担两项任务，一是培养引进100名金融科技领军人才；二是支持在京金融机构发展"人才投""人才贷""人才保""人才险"业务，为领军人才提供个性化金融服务。在工作中，我们还加强与本市金融机构、社会中介组织、行业协会、研究智库等的沟通联络，切实发挥社会各方作用，共同做好本市金融人才工作。

二是夯实金融领军人才引进的政策基础。这方面，我们已经有了一定的基础。2015年，公安部出台《关于支持北京创新发展有关出入境政策措施的通知》，支持北京吸引更多海外高层次人才和创新人才，外籍金融领军人才相关服务工作由我局负责。2017—2018年我市相继发布《关于优化人才服务促进科技创新推动高精尖产业发展的若干措施》和《北京市引进人才管理办法（试行）》，对于在京设立的金融控股集团、持牌金融机构、金融基础设施平台和金融组织给予重点支持，加大了金融人才的引进力度。2018年，我局出台了《关于加快培育发展首都现代金融服务业的若干意见》（简称金融十条），对金融领军人才的政策支撑进一步强化。2018年，市人才工作领导小组印发《新时代推动首都高质量发展人才支撑行动计划（2018—2022年）》，同时大力推进首都国际人才社区建设，进一步优化了首都人才发展环境。2019年年初，国务院批复的《全面推进北京市服务业扩大开放综合试点工作方案》，标志着我市服务业开放进入新的阶段。新一轮试点期仍为三年，包括9个方面主要任务、177项具体措施目标，将对海外高层次金融人才提供力度更大的政策支持。这些政策措施，都有利于吸引金融领军人才，提高首都金融人才队伍建设水平。下一步，我们将在市委组织部和市人才局的指导下，进一步优化金融人才发展环境，建立广揽全球金融人才而用之的人才聚焦机制、完善高效的金融人才管理体系、多元化的金融人才培养体系、全方位的金融人才评价体系和专业化的金融人才服务体系。

三是集聚海外高层次紧缺金融人才。就金融业发展来讲，在国内我们是第一梯队；在国际北京金融业发展也保持上升态势，地位越来越重要。北京培养引进金融领军人才的目标，就是对标国际一流，吸引集聚一批在国际上具有重大影响力，国内紧缺的金融领军人才。瞄准国际知名金融机构、金融国际组织、国外一流大学和研究机构，加大海外高层次金融人才引进力度，推动引进海外高端金融人才工作常态化进行，招聘海外高端金融人才到北京相关部门和机构工作，不求所有，但求所用。完善市场化引才聚才机制，综合运用多种方式，发挥驻外使（领）馆、海外联络办事处、留学人员联谊会、侨联、华侨华人社团等机构组织的作用，形成海外高层次金融人才发现机制，合作机制和引进工作体系，开辟常态化的海外金融人才引进渠道。

四是加强国内金融人才培养。依托国内外一流大学和研究机构等，打造一批与国际接轨、具有较高培训能级的金融人才培训和实践基地。加强与纽约、伦敦、香港、新加坡等国际金融中心城市的合作，开发金融人才城市间合作培养和交流项目。鼓励本市金融企业与国际知名金融机构、金融国际组织、高校、研究机构等加强合作，探索研发与具有国际影响力的金融中心城市相适应、符合北京金融行业发展实际需求的海外培训项目和课程。支持本市金融人才参加金融认证培训工作。

各位领导、朋友们，我们相信随着北京金融业的高质量发展，随着北京金融开放深入推进，随着金融人才生态环境更加优化，"积土而为山，积水而为海"，必将会有越来越多的金融机构和金融人才汇聚北京，贡献力量、贡献智慧、贡献情怀，共谋发展、共绘蓝图、共创未来。我们也热烈欢迎国际国内的金融英才来京发展，为促进北京金融业的发展做出积极贡献。

以战略思维推动金融人才高质量发展

刘敏华

北京市人才工作局副局长

本次论坛的主题是"培育集聚优秀杰出金融人才，推动金融业高水平开放、高质量发展"我认为，这个主题与当今社会发展趋势相契合、与国家的金融发展理念相一致，很有现实性、针对性。2019年2月，习近平总书记在中央政治局第十三次集体学习时强调"要提升金融业全球竞争能力，扩大金融高水平双向开放，提高开放条件下经济金融管理能力和防控风险能力。"在扩大开放中推动金融业高质量发展，我们需要充分发挥金融人才的引领带动作用，努力建设一支宏大的、德才兼备的高素质金融人才队伍，从而深化金融供给侧结构性改革，统筹金融管理资源，完善金融市场、金融机构、金融产品体系，实现金融业健康发展。

金融是国家重要的核心竞争力，人才是金融的核心资源。近年来，西城作为首都金融主中心区，加快推进世界高端金融人才聚集区建设，创新金融人才政策体系，拓展金融人才事业平台，强化金融人才服务保障，完善金融人才工作格局，形成了良好的金融人才生态环境，有力推动了人才集聚与产业发展深度融合、同频共振。

我认为，首都金融业要实现高水平开放、高质量发展，需要进一步树立战略思维，从大局出发，真正向前展望、提前谋局，不断增强首都金融业发展的系统性、预见性和创造性。借此机会，我就建设世界优秀杰出金融人才聚集区交流三点想法：

一是聚焦产业战略支撑首都发展转型升级。党的十八大以来，习近平总书记四次视察北京，五次对北京发表重要讲话，深刻阐述了"建设一个什么样的首都，怎样建设首都"这个重大时代课题，明确了"四个中心"的首都城市战略定位，提出了建设国际一流和谐宜居之都的战略目标，并要求北京构建高精尖经济结构，加快培育金融、文化创意、商业服务等现代服务业。金融是现代经济的血脉。血脉通，产业发展才有张力。这就要求我们，把加强"四个中心"功能建设作为发展首都金融业的核心目标，通过金融业的发展为"四个服务"提供更丰富、更高质量的保障。2018年北京市委出台了《新时代推动首都高质量发展人才支撑行动计划（2018—2022年）》，为金融人才的发展提供了事业方向。要对标全国科技创新中心建设，特别是围绕十大高精尖产业发展，推动金融与科技深度融合，按照"一业一策""一企一策""一人一策"的方式激励科技领军人才。要推动若干个千亿级、数十个百亿级高精尖产业集群的建设，这就需要一系列金融产品和金融政策的支持。要支持在京金融机构发展，"人才投""人才贷""人才保""人才险"，为科技领军人才提供个性化金融服务，推出更多的个性化金融产品，更好地满足科技创新和成果转化的多元化融资需求。要聚焦全国文化中心建设，增强金融与文化的"黏性"，着力培育文化金融专业人才队伍，进一步完善支持文化产业货币信贷政策，创新金融文化服务模式、探索无形文化资金融资租赁等，重点在文化、版权、旅游、体育等领域打造一批文化金融的重点品牌。希望金融的发展能够和产业的战略结合起来，"才业融合"是人才发展的规律，首先要抓住高精尖产业。

二是依托空间战略保障区域功能定位落地。金融是现代经济的核心，也是支撑区域发展的强力保障。我们要按照北京新一版城市总体规划要求，引导金融人才优化功能布局，服务各类区域发展定位。要注重金融功能区联动，促进金融街和丽泽金融商务区一体化发展，在互联网金融、数字金融、金融信息、金融中介、金融文化等领域互联互通，不断拓宽金融人才发展空间。推动金融与"三城一区"融合互动，围绕"聚焦中关村科学城，突破怀柔科学城，搞活未来科学城"的发展目标和"创新型产业集群和'中国制造2025'创新示范区"建设任务，差异化配置金融资源，健全金融服务体系，促进金融服务"三城一区"主平台的精准化、专业化、规模化。为了优化"三城一区"引才聚才地方品质，我们将朝阳望京、中关村大街、未来科学城和新首钢作为首都国际人才社区首批试点基础上，2019年又将通州、顺义、怀柔和经济技术开发区纳入试点，实现了全覆盖。为了做实国际人才社区，我们会同市金融局与国家开发银行北京分公司、国开金融公司、工商银行北京分行、建设银行北京分行、农业银行北京分行、太平保险、北京银行、北京农商行、华夏银行、北京人寿等10家金融机构筹建创新发展基金，利用综合金融手段，支持人才创新项目落地，保障各类服务配套设施建设。近期，我们将与这10家金融机构签订战略合作框架协议。支持金融服务京津冀协同发展，按照京津冀协同发展规划纲要提出的"强化北京金融管理、天津金融创新运营、河北金融后台服务"的任务分工，支持城市副中心面向京津冀区域重点发展金融增值、财富管理、绿色金融等业务；支持雄安新区建设金融科技中心，设立雄安银行，加大对重大工程项目和疏解到雄安新区企业的投资力度。

三是实施人才战略建设世界优秀杰出金融人才聚集之都。金融街是我市第一个大规模整体定向开发的金融产业功能区。经过20多年的发展，走出了一条"以产业聚人才、以人才促产业"的发展道路。截至2018年年底，金融从业人员总数达到23.3万人，1.6万人具有海外留学经历，50%以上具有硕士以上学历，劳均产出率超过300万元/人，达到全国先进水平。但是与纽约曼哈顿、伦敦金融城等国际知名金融地区相比，金融人才总数不足（按照《北京金融街建设世界高端金融人才聚集区的实施意见》制订的目标，到2020年达到28万人），人才结构不合理（高端顶尖人才少，复合型人才、专业技术人才短缺），人才国际化程度较低，难以满足发展的需要。我们要进一步加大金融人才引进力度，深入实施"千人计划""海聚工程"等人才项目，充分发挥中关村海外联络处等驻外机构及市欧美同学会等各类海内外专业组织渠道，搭建常态化的海外金融人才引进平台，提高人才引进的针对性和实效性。要加大本土金融人才培养力度，充分发挥金融街总部和首都高校资源优势，加强与纽约、伦敦、香港等国际金融中心的合作，开展与国际接轨、具有较高培训能级的金融人才培训，最终打造一支门类齐全、结构合理、素质一流、富于创新的优秀杰出金融人才队伍。

创新经济与创新型人才

张车伟

中国社会科学院人口与劳动经济研究所所长

人类社会发展到现在经历过三次产业革命，现已进入第四次产业革命。前两次产业革命，中国都是"落伍者"，到了第三次产业革命，中国赶上了"末班车"，正赶上改革开放，赶上了中国市场经济的改革，这个时候正式进入了产业革命的中后期。中国在第三次产业革命当中紧追慢赶，融入了世界的潮流中。以人工智能、信息化等技术为代表的第四次产业革命已经开始，中国已经从过去的"落伍者"或者"跟随者"，变成了一个在某种程度上的"引领者"，或者在某一方面的"引领者"。这一段时间华为公司遭到美国大肆打压，根源我们也都清楚，并不是因为我们的贸易顺差问题，更多的是美国对我们在新一次产业革命当中，在某些领域走到前面，产生了嫉妒心理，从而打压中国的发展，这也是大家有目共睹的。新的产业革命到来，应该说每个国家都非常重视。不仅我们国家有"工业2025"的计划，德国也有自己的战略，比如"2020高技术战略"和"工业4.0"等。事实上，世界各个大经济体都在创新领域不遗余力。从这个意义来讲，美国对中国的打压就显得更加毫无道理。

我个人觉得中国人在过去人类两千年以来的文明史当中，大部分时间是领先的，只不过在最近二三百年历史中我们落伍了，现在我们又重新想站起来，看起来面临的压力还是非常大的。我相信美国的打压也不会击溃我们中国人的信心，也阻挡不了中国今后发展的态势。回顾人类社会发展的历史，我想提出来一个概念，到底是什么因素在驱动人类社会的发展。我们一直讲经济增长，我想提出一个概念，什么叫做经济，什么叫做经济的发展，或者什么叫经济学。所谓的经济，我用一个概念来定义的话，就是财富，就是能为人类发展提供真正的福利改善的物质产品。是什么东西造成了财富的不断增加，无疑是创新。只有创新才是创造财富不竭动力的来源。每一次技术革命，都是在创新方面带来了质的飞跃，从而使得人们对财富的创造和财富的增长有一个根本性的变化。农业社会的发展，相对于原始的渔猎社会来讲，技术上有根本性的变化，创造了农业社会的经济。到了工业社会，它的创造财富的方式又发生了变化，以机器工业化的生产创造的物质财富不断增长，与农业社会相比，我认为那是天壤之别。到第三次产业革命或者第四次产业革命，现在我们面临的产业革命，它的重要意义就在于它可能又改变了我们过去创造财富的形式和创造财富的手段。而且经济发展的规律和过去相比也发生了根本性的变化。所以我们要适应新时代的变化，去研究财富创造的规律。

创新是驱动经济发展根本性的动力。一般我们谈创新，我觉得都是指的个人微观的创新活动。比如我有一个小的发明创造，微观的、个体的创新并不足以改变人类社会的面貌，只有当创新的活动从个体升华到一个群体，从个体的活动变成一个产业活动的时候，我觉得创新才会成为推动经济增长的根本动力。从创新到创新经济，也就是从个体的活动上升到产业活动的时候，所带来的新的经济，可以把它理解为创新的经济。

从这个概念可以看到，每一个时代、每一个社会都有自己的创新。在农业社会，与传统的渔猎采集的时代相比，农业技术所带来的生产方式的变化、所创造的产品，那就是创新。到了工业革命以后，机器化的大生产，创造了工业社会，与农业社会产品相比，那也是一种新的创新。第四次产业革命正在改变我们的生产生活方式，它带来的财富的变化，与传统的、正在逝去的工业社会相比，就是一种新的创新经济。创新经济我们也可以把它认为是以创新为基础所形成的新的产业和新业态的经济活动，可以把它定义为两个方面，一个是完全的新技术、创新的技术、过去从来没有过的，所带来的新的产业。比如说我们的很多发明创造，战略新兴产业。5G从这个意义上来讲，恐怕就是一个例子。这个技术过去是没有的，因为技术的发明和创造，产生了一个新的产业活动。我由此想到为什么美国对我们的5G如此忌惮，我想恐怕5G的意义不在于改变了人们通信的方式，给社会通信和个人通信带来了更大的便利，更多地是因为5G可能是今后我们所有生产和生活方式的一个平台。也就是说，今后一些新的发明创造，甚至我们的经济活动、我们的社会活动，都要以5G为基础。5G也就是新一轮技术革命带来的新的基础平台。

特朗普说："我不允许美国在5G的竞争当中落后，我们一定要做5G的领先者。"说明5G是一个基础设施，如果美国不能领先的话，在5G时代它可能就落后了。在新一轮的技术革命中产生了很多新的业态，过去不能实现的经济方式，或者说经济发展的模式现在成为了可能。就是因为不同时代经济活动的特征不一样，所以每一个时代都有每一个时代的经济规律。农业社会有农业社会的经济规律，工业社会有工业社会的经济规律。到了今天也有新时代的经济规律。我虽然是研究经济学的，但是我觉得现在的经济学，无论是国外的还是国内的，经济学的理论大大滞后于我们现在的实际。现在社会当中已经发生的很多改变，并没有被经济学家认真地研究和总结。

举个例子，比如在传统的社会中，也就是在工业时代的时候，我们面临着很多经济学的难题，这些难题可能是没有答案也没有解的，造成了很多传统社会难以克服的矛盾。比如美国在工业革命二三百年的历史当中，发达国家发生了很多次的经济危机，这种经济危机我自己觉得还是植根于工业社会物质生产方式和本质的经济规律当中的，也就是说它是没有办法克服和解决的。这里面有几个重要的矛盾，比如：生产和消费的矛盾、市场和计划的矛盾、标准和差异化的矛盾。这在传统工业社会当中是没有办法去解决的，为什么？因为在传统的工业化社会当中，财富的形式主要是物质产品。物质产品的生产，也就是财富创造的过程。物质财富的生产有什么特点？如果我把财富分为两种形式，一种是物质的形式，一种是服务的形式。这两种形式在货币的表现上是一样的，比如我拿了一件商品值100块钱，我今天做一个演讲或者提供一个服务，你去看一次医生可能也值100块钱，作为钱来说是没有区别的，但是这两种服务从经济学的规律上来讲是有本质区别的。

什么样的本质区别？很显然，物质产品的生产一个重要的区别在于它的生产和消费是分开的。也就是说，我们今天生产的物质财富可以存起来，经过流通可以在异地消费。可以在北京生产，然后在全世界任何一个地方消费。然而，服务产品一个最大的特点是同时进行生产和消费。我在给你做讲座的时候，即我在生产的同时大家也在消费，我生产完了大家也就消费完了。这就是二者本质的不同。

在传统的社会当中，我的财富主要形式是物质产品，而服务产品的生产很少。所以，这个时候经济规律，包括经济学研究的规律都是建立在生产和消费分割的过程当中，研究生产的规律，研究消费的规律，研究流通的规律，由此产生了我们现在的经济学，包括我学的宏观经济学、微观经济学，揭示的规律主要都是物质产品的生产，而很少涉及服务产品，当然金融是典型的服务。所以传统的经济学当中没有人把金融的规律说得很清楚，就是因为我自己觉得从亚当·斯密到现在大牌的经济学家解决的都是物质产品的规律，对服务的规律没有研究得很透。所以这也就造成了传统经济的很多矛盾和问题是凝固的，或者植根于它的经济的本质的属性当中。所以在传统的工业社会当中，经济危机没有办法解决，就是因为生产和消费是脱节的，生产多少和消费多少不知道，最终要靠市场来调控。市场有的时候调节得好，调节不好就变成了产能过剩。现在我们国家就面临着产能过剩，产能过剩就造成价格大幅度的下跌。当跌破成本的时候，生产的企业就会倒闭。这是一个难以克服的问题。

在新一轮产业革命条件下，这些规律因为我们新的技术革命，包括数字化、人工智能，带来革命性变化以后，传统的规律可能也会发生改变。如果你仔细观察的话，在创新经济的条件下，也就是在当下的今天，可能都在发生变化。比如说生产和消费的关系。现在我们物质产品的生产具有服务化的倾向。什么叫服务化的倾向？举个例子，在一个偏远的农村、贫困的地区生产的产品如果是生态有机的，我很早就把定金打过去了，指定这样的产品是农业式的生产，在生产的时候我就已经把钱付给他了。它虽然是一种物质产品的形式，但是它具有服务化的倾向，生产的时候就产生了消费。在工业化的过程中，我知道海尔在若干年前，它的生产就已经做到了差异化，没有规模化的产品，实际上是一种定制化的生产。消费者按照自己的个性化进行定制，这种定制的模式我认为它实际上就是一种物质产品生产的服务化倾向。而且今后这样的倾向是如果创造财富的主体改变了，经济学的规律是不是也要发生改变。我们过去常常讲市场和计划没有办法调和，就是因为不知道需要什么。但是现在由于人工智能，由于大数据，由于5G，虽然是物质产品生产，但是生产的时候也是消费的过程。再想多生产，可能从经济规律上已经不存在了。所以，创新经济和过去人类社会相比开辟了一个崭新的发展时代。5G正是给创新经济提供基础的一个平台，相信随着社会的发展，财富增加的形式也会以一种爆炸式的方式增长。

什么叫金融创新人才，应该怎么发展，我也想发表自己的一点看法。我讲的所有经济都是实体经济，实体经济和老百姓福利的增长密切相关。金融是实体经济的一个衍生物。从金融本身来讲，金融本身的增长是很难体现在它和老百姓的福利的增长是相关联的。传统社会一个最大的问题就在于实体经济和虚拟经济是脱节的。本来金融的来源，所有金融的市场，一开始是和实体经济密切相关的,是因为人类在生产当中有生产、有消费,当生产大于消费有积累的时候才产生了金融,它是来自于实体经济的。问题是后来由于人类的不断进步,金融市场的不断完善,最后发展出一个金融的市场,而且这个金融市场发展到比较发达阶段的时候,比如美国,尤其是一些衍生的金融工具出现以后,在某种程度上它就脱离了实体经济。在传统社会中我们面临的金融危机很大程度上也是由于金融市场太脱离实体经济了,最后造成了金融危机。我认为金融危机和经济危机是两个概念,2008年造成的是金融危机,并没有造成经济危机。所谓的经济危机是指实体经济当中出现的危机,金融危机是造成金融领域中的一些混乱,二者是不一样的。金融领域本来是和实体经济有一个非常密切关系的,这样才能够按照自己的轨道去发展。那么下一步金融企业的人才应该如何去创新,应该如何定义创新型的金融人才,我有一个想法。

在我看来,今后在金融领域要造就大批的复合型人才。今后的金融人才不仅仅应该懂金融,因为我知道在金融街领域,高精尖的金融人才太多了,但是如果专注于只懂金融、只懂金融衍生工具、只懂在金融市场上怎么赚钱,我相信这不是真正的金融人才。当然我们也需要这样的人才,但是更多需要的是既懂金融、又懂实体经济的人才。今后在新经济条件下,我认为金融经济或者虚拟经济和实体经济的关联会进一步加剧。如果脱离了实体经济,在新的技术革命下,金融的运营会变得越来越不可能。因为在物质产品生产中都变得服务化了,本来金融就是为实体经济服务的,再割裂二者之间的关系,这不是一个正常的方向。今后金融的创新,一定是和实体经济密切相关的,这样的金融企业才能做强做大。传统的银行、传统的在资本市场的企业辉煌的时期已经过去了,今后真正创新型的金融企业一定是复合型的,除了做金融,还有一些实体的基础。只有我们的实体经济和虚拟经济之间形成更好的连接的时候,经济增长才会健康,社会进步才会体现到人民群众的福利改善上。

若干年前，我在欧洲访问的时候我们就曾经讨论过，金融企业从业人员的工薪水平大大高于实体经济。这在全世界研究经济的专家领域也没有得到很好的解释。一研究经济学就研究高收入，在实体经济中衡量工资合理不合理，是和你的劳动生产率相关的，那么金融企业有没有对应人类社会福利的增加？没有。所以，今后创新型金融企业的发展应该弥补实体经济和虚拟经济之间的脱节，把二者有机地联系起来，这样金融人才不但有利于金融本身的发展，而且有利于社会的发展，有利于社会的进步，是真正的社会财富的创造者。

金融全球化背景下国际化人才的培养与开发

甄逸秋

中国银行国际金融研修院院长

今天我就金融全球化背景下国际化人才的培养和开发问题与各位嘉宾做个交流。

我想先介绍一下中国银行目前国际化发展的总体态势。随着经济全球化的发展，金融领域的跨国合作非常迅猛，全球化趋势已经成为世界经济的主要特点。经济全球化过去传统认为就是贸易全球化，但是随着社会政治经济的发展、随着人类社会的进步，经济全球化主要表现为科技的全球化和金融全球化。在这个趋势发展过程当中，遇到了很多问题，如贸易保护主义、单边主义，我想它阻碍不了科技的全球化和金融全球化。中国银行这些年来，立足于完善全球化布局，以自建为主，灵活运用并购、战略合作的方式。中国银行是1912年成立的，到现在已经是百年老店，这期间在海外发展形成了比较好的势态，我们追求逐步提高全球化营销能力，为我国走出去的企业提供金融服务。

刚才张教授讲到，经过改革开放40周年，我们国家已经积累了很多的财富和经验，但也遇到一些困难，如存在着一些产能过剩、资本过剩的问题。中央提出"三去一降一补"，消化生产的过剩产能，这个产能必须要消化，要么减产停产、工人失业，要么把过剩产能转移到其他需要这些产能的地方。在这个过程当中，金融服务是必不可少的服务环节，为了推动"一带一路"建设的伟大事业，中国银行始终把"一带一路"建设作为业务全球化的重点，努力为走出去的企业提供金融服务。比如说华为现在在全球140个国家有合作项目，中国银行正是通过为华为以及若干个国有企业、民营企业提供金融服务走向世界的。这同时也推动了人民币国际化的业务，随着国家的产品走出去、企业走出去，人民币也要走出去。美国将美元国际化的时间也不长，才五六十年。我们国家改革开放四十年当中人民币国际化的路程是近十几年的事情。人民币国际化从经济学来说意义非常重大，它不仅仅可以促进中国制造的产品走向世界，可以从另外一个角度减缓国内通胀压力。中国银行一共有34万多名员工，其中我们在海外的员工有2万多人，在海外的2万名员工对中国银行的利润贡献度超过25%，说明我们在海外的金融服务和金融业务发展的效率是比较好的。

中国银行紧紧围绕建设新时代全球一流银行的战略目标，坚定不移地推进全球化发展，我们实施了一系列人才工程，就是要着眼培养一大批具有全球视野和国际化思维，具有较强国际化管理能力和优秀跨文化沟通能力、专业能力突出的全球化人才，培养一批有较高交叉销售和一体化协同服务能力的综合化经营管理人才。习近平总书记讲："发展是第一要务，人才是第一资源，创新是第一动力。"我们在实践当中深深感受到制约和影响发展速度和质量的就是人才不足，所以中国银行对人才十分渴望，将人才的培养和开发放在第一重要的位置。

中国银行所确定的战略目标是建设新时代全球一流银行。现在世界上前十大银行，中国的银行占前四位。我们力图做好中行事情，讲好中行故事。做好事情关键靠人才，我们追求品牌建设，人才是关键，人才建设中实施重视人才、关心人才、爱护人才、服务人才、依靠人才、凝聚人才的战略。中国银行专门出台制定了《中国银行2018—2020年人才发展规划》，对不同门类、不同条线、不同岗位、不同专业的人才做了规划和计划。全球化人才主要指在境外工作的人才，还包括在境内从事全球化业务服务的人才。综合化人才主要还是综合经营公司的人才，包括在商业银行从事经营化管理相关工作的人才。

人才的来源无非就是几个渠道：国家教育提供的人才、社会招聘、内部培养。现在从我们国家来看，国家教育提供的人才的现实实用程度还比较低，所以我们国家的教育还面临深化改革的重任。在国内招聘人才面临巨大的压力，人家不挖你就不错了。我们把力量更多用于加强内部人才的培养，利用国内国际环境培养专门的人才。我们的渠道基本上是根据实际工作岗位的需要和实际工作岗位的数量来确立我们自己培养的目标和方向。这些年来我们在培养人才方面也做出了一些尝试，比如说伦敦分行目前实行了专业化、全球化、市场化、本地化的人才培养战略，重视专才培养和海内外联动人才培养，有着市场化的职位体系和薪酬福利体系，注重在关键岗位充实外派队伍，依托本地人才拓展和维护本地客户，打入本地主流社会。伦敦分行667名员工，来自全球23个国家，其中本地员工580人，占比87%，本地市场专才集中在与国际市场接轨、增长潜力大的业务及风险合规队伍；管理层本地员工3人，占比33%。

为了推进金融人才国际化的方法和途径，2018年召开的中国银行员工工作会议提出全球化、综合化是中国银行的特色，要特别关注海外员工的工作，将海外员工变成中国银行的国际化人才。大家觉得海外工作很风光，收入很高，可以到世界各地走一走、看一看，实现了世界旅游的目标。其实完全不这样，在海外工作很辛苦，生活也很单一。我们这几年也加大了海外员工的交流和培养，基本上是两类：一类把海外员工调到国内参加集中培训；一类在海外分行的驻在地进行员工培训。通过培训，在思想上、业务上、文化上帮助他们具备中国银行所需要的知识和能力。

我们在实践过程当中也采取了一些办法，比如说采取引进机制，中国银行在总行层面也招聘了一些外国员工，比如说上海国际金融研修院院长就是从英国招聘过来的，是英国人。内部招聘了很多海外员工，中国银行力争全球范围选人才、用人才、留住人才。同时，也完善了人才的保留机制。人才招进来,还要留得住。现在员工流失率对于银行也是巨大的挑战,时代发展到今天,金融科技的发展日新月异,银行的经营模式和经营方式发生了根本的转变,年轻人已经不去银行网点了。最近流行一本书《银行4.0》,封面上就写着:"金融服务无处不在,就是不在银行网点。"在手机上已经完全能解决到银行网点去办理业务的问题,银行面临巨大的转型,转型过程当中一部分银行员工会流失,而且流失的都是骨干。人员流失的压力是非常大的,流失的原因当然很多了,有个人原因,有其他各种原因。另外还有人才开发机制,还是要加强人才内部的培养和训练,中国银行每年从总行到分行都有一个上下交流计划,交流交叉和轮岗交流,这种交流制度是常态化的。

我们也完善培养机制,主要是以提高核心胜任力为中心,在选用培训方面相结合,我们确定了"1+5+5+5"的培训模式,把总行打造成高层经营管理、专业技术人才培养基地,把北京、上海、江苏、广东、深圳等5家境内分行打造成中基层经营管理、专业技术人才培养基地,把中银香港、新加坡、伦敦、纽约、悉尼等5家境外机构打造成全球化人才培养基地,把中银国际、中银投、中银基金、中银集团保险、中银航空租赁等5家综合经营公司打造成综合化人才培养基地。

同时,我们建立完善的激励机制,还要建设好内部文化,增加内部团队的吸引力和凝聚力。同时,在内部开展比进步、比贡献、比优势的活动。同时也建立和优化薪酬机制,近十年来我们劳动力成本上升很快,劳动力价格上升过快有利有弊,有利的方面有利于吸收和引进各类人才,但也增加了企业运营成本。我们在薪酬方面力争要为员工提供最佳的服务。

银行面临着巨大的挑战,这个挑战对银行的转型是巨大的帮助,对银行的发展也是巨大的机会。我们相信在全球化新的形势下,银行一定会在转型过程当中获得巨大的成功,国际化人才的培养也会在实践过程当中获得巨大的人力资源。

银行向金融科技转型中的人才培养和转化
——人力资源赋能金融产业高质量发展

边亚宁

平安银行总行人力资源部副总经理

首先做一个简单自我介绍。我的工作经历非常简单,18年在平安,18年做人力资源。先后在平安寿险、平安集团和平安银行工作,在平安银行12年的工作期间历经了两次银行的整合,所以在过程当中参与了很多重大的项目,对银行的转型有一些心得。

大会给我规定的题目叫《人力资源赋能金融产业高质量的发展》,也就是说整个银行在金融科技转型过程当中人力资源到底是怎么做的。和前面几位嘉宾分享的内容有所不同,我更多地是从人力资源管理本身谈一点我的感受和想法。

我的报告分成几个部分。第一,人力资源管理到底是什么?第二,人力资源管理到底要做什么,尤其是在企业转型阶段,破局的点在哪儿?第三,过往两年在平安银行业务转型过程当中我们都已经做了哪些工作?第四,未来我们要去哪里,还要做什么工作?

首先,看看人力资源管理是什么。刚才张所长在报告当中也提到了工业革命的一些变化,之前我们整个人力资源管理的理念也是随着工业革命的变化而在不断地发展。比如说在第一次工业革命的时候,是没有人力资源概念的。后面的第二次工业革命,向整个电气化革命转换的时候,更多研究的是人力资源在整个节点上的计件,也就是做了这些工作之后怎么去付薪,非常简单的计件计价。第三次工业革命，更多的是研究技术、人的心理学、领导艺术。第四次工业革命给我们提供了更多的挑战，包含两个：一是人力资源如何通过人工智能赋能自己。二是随着科技的发展，未来我们的员工有可能除了人之外，还有机器人，那么我们的人力资源怎么去管机器人，一个优秀的HR是不是也包含去管理机器人。

平安的人力资源随着战略的发展经历了四个阶段。第一个十年是简单的人事操作，更多地偏向于事务性的管理和服务。第二个十年我们更多强调的是人力资源管理，但更多强调流程管理清晰的授权。第三个十年，随着"金融+科技"的发展，我们更多地研究人力资源到底怎么去经营，怎么把人力资源放入到投入—产出模块中去。第四个十年，从2018年开始，我们更多地要研究怎么去赋能直线，让直线经理更多地去做人力资源管理，提高我们自己科技化的力量。所以人力资源管理到底是什么？其实兵无常势，水无常形。人力资源管理并不是一个固定的概念，它在不同的时期和不同的企业发展阶段以及不同的企业家可能对人力资源管理的定义都是不一样的。

人力资源管理到底要做什么？传统的理念认为就是简单的几个模块，薪酬、绩效、培训，等等。但是我认为人力资源管理不仅仅是这些。在企业转型期间，人力资源管理的工作我认为主要是三大方面。一是围绕核心团队及公司战略树立核心的企业文化精神。二是明确人力定位，明晰规划。三是敢做破局者，敢为天下先。下面我逐一介绍一下。

首先是核心企业文化精神。为什么先讲核心企业文化精神，这是所有的精髓，所有的人力资源管理动作都是围绕着这些东西去做的。"二战"后美国面临着日本企业的一些挑战，当时在汽车、电器、影像方面日本企业都快速发展，美国这些企业家都很着急。他们专门做了大量的研究，用四本书揭示了美国企业和日本企业在人力资源管理方面的差异性。美国企业更注重的是组织架构，包括组织制度，而日本企业家关注的内容是不一样的，他更强调的是以人为本、团队精神，还有一些情感的氛围。这就是日本企业和美国企业的重大差异。

如果用一句话来解释核心的企业文化精神，也就是企业内所有员工的道德规范、行为准则和做事的风格。这些是看不见、摸不着的，它是长期形成的。核心企业文化的精神是怎么来的？其实有个7/3定律，70%属于企业核心团队的价值观，在企业初创期，所有的核心团队要形成高度一致，而且是从内心当中去接受的。这是最根本的。30%是由企业的长期发展战略目标所决定的。比如这个企业长期发展的战略目标是什么，现状是什么，存在的差异是什么，企业家就会根据这些差异来决定员工在下一步过程当中所要遵循的道德规范、行为准则和行为模式。平安银行的核心企业文化是怎么形成的，也是根据7/3定律来的。平安银行的70%的核心管理团队的价值观是非常简单的，诚信守法、简单务实、团结进取、迎难而上、追求卓越、服务领先、创造价值、回馈社会。30%是怎么来的？是由我们的现状和战略产生的差异所引出的。

首先是我们的战略目标，平安银行力争打造中国最卓越、全球领先的智能化的零售银行。所以我们在三个模块去发力，科技引领、零售突破和对公做精。基于这个战略我们也解释了在转型初期企业的现状，转型初期公司存在大量的问题，比如经营基础薄弱、风险意识薄弱、业务结构跟不上时代的要求，人员结构失衡以及其他一系列的问题。所以，基于7/3定律我们导出平安银行的核心文化精神，两个词，危机和包容。这里面涵盖的内容很多。比如危机，一是我们始终有一种危机意识，不管是公司和个人，还是短期和长期，我们都会有危机意识。二是强调永远在创业，用一种创业精神来做所有的事情。三是以前取得再多的成绩，从下一步开始，今天就是零。四是赛马制，这也是其他公司耳闻对于平安公司的7/3文化听到的最多的词。在平安银行不是达标制，而是赛马制，也就是说你虽然优秀，但是要比其他人更优秀，这样保证所有人不断向前发展、快速发展。最后是四新四能。"四新"就是新业绩、新贡献、新创新和新提升。也就是说，每个员工在每年工作检视的时候都要强调"四新"，有没有新的变化。什么叫"四能"，就是能上能下、能进能出、能高能低和能左能右。

关于包容部分，平安银行的构成非常复杂，经历过两次银行的整合，有来自于深商行的，有来自于深圳发展银行的，同时我们从其他国有商业银行也引进了一批先进人才，有来自于国际的领先人才，还有这两年引进的高科技互联网人才。这么多的人才在平安银行环境下，到底怎么样去共处，到底怎么样去发展，会不会产生一些不适应或者隔阂，我们就通过以下这几点来达到所有人的快速融合。

我们会包容整个文化差异，认可不同人的理念。不拘一格去用人，而且充分地授权，用人不疑，疑人不用。我们鼓励创新，鼓励去提意见，鼓励去改革。最后一点非常重要，简单的绩效文化。在平安银行我们强调的是做事，没有复杂的人际关系，所有的人都是把事做好。

核心文化精神确定之后，我们如何贯彻和落实。我个人认为有五项原则。一是言传身教，上行下效，一切从高管做起，就是树标杆。二是文化精神和经营活动相结合。三是文化精神和团建活动相结合。四是核心人才梯队要做好文化传承。在我们的组织培训里会从上到下所有的东西都会贯穿下来。五是文化精神和员工的行为规范结合，这样来保证我们核心企业文化的落实。

企业转型过程当中的第二点人力资源管理要做的事情是明确人力资源管理的定位，也就是明晰我们的规则。

什么是定位，我个人的理解就是明确你做什么和不做什么。往往做什么是非常容易的，但是不做什么是非常难的。我们在明确做什么的时候，是从几个步骤来看的。先看企业战略目标在哪里，我们现在目前的现状在哪里，找出差距。针对这些差距，我们会确定出来企业中长期十项最需要解决的重要问题，最后根据这十项重要问题提炼出来我们做什么和不做什么的定位。

平安银行的人力资源定位非常简单，就是三个词：设计师、分析师和催化师。一是所谓设计师，就是我们的人力资源不仅仅是人事行政，还要懂战略、懂如何促进战略的达成。二是数据化人力经营的"分析师"。在资源有限的情况下，我们的资源到底用在哪儿才能产生更大的效率，投入产出是最合适的。这些是需要看报表、看数据的，而且是需要直线经理去做业务决策、去提示的。三是做组织能力提升的"催化师"。一个企业有清晰的战略是非常重要的，但是战略如何落地，组织能力也是非常关键的。所以人力资源在组织能力的推行过程当中发挥着至关重要的作用。

围绕这些定位，就要敢于破局。在转型过程当中，到底要从哪几个点破局，打破局面。我们当时是从四个关键点入手。一是寻找领军人才。二是打造员工的执行力。三是共破转型困局。四是全面助力创新。

破局之一：根据战略寻找领军人才，知人善任。比如我们有来自硅谷著名的科技企业的高管，也有来自于国内著名股份制银行的高管以及一些领域的专家，同时还有来自于华尔街著名的投资银行家，等等。可能在座各位会问你们到底从哪儿找到的这些人，而且怎么吸引他们来。这里面的关键点在于四个词。

1. 开诚相见。我们在引进人才的时候一定是开诚布公地去沟通企业面临的发展阶段是什么，有什么困难，他来了之后需要做什么，挑战在哪里。因为不谈清楚这些问题，他过来之后，他的融入意识就会非常难，有可能会造成后面人员的流失。

2. 进门要严。在跟候选人沟通的时候，要判断候选人是不是跟企业价值观一样，是不是来做事的。而且他在过往当中有没有过成功经验，有没有成熟的方法论来做下一步的深层次的培养。

3. 舍得花钱。因为资源有限，我们吸引这些优秀人才、领军人物的时候一定要舍得花钱，但是我们这个舍得花钱不是盲目的花钱，他的薪酬和他的产出是要强挂钩的，他的绩效目标是要非常清晰的。

4. 充分授权。也就是充分地信任。我们有相应的授权体系，而且多做战略检讨、业务检视、少做管理干涉，对他们合理的需求我们给予强有力的支持。

破局之二：打造组织强大的执行力。核心的组织能力是支持业务战略落地的非常关键的因素，平安银行的组织能力是创新、效率和协同。在创新、效率和协同落地过程中我们也做了很多管理动作。比如创新，我们成立了产业创新委员会，营造创新氛围。效率是事不拖、话不多、人不作。建立PMO的机制，事事有追踪，开短会、讲短话、行短文，而且提拔艰苦奋斗的员工。协同方面主要是通过我们的培训体系去开展工作，我们的培训体系是"三战"，战神、战狼和战英，分别针对我们的高级管理干部、中级管理干部和普通员工。在整个培训过程当中贯穿着我们协同方面的强调。所以从核心组织能力出发，我们会发展出来多个有利于企业发展的人力资源管理动作。

平安银行的组织能力是创新、效率和协同，围绕这三个领域。比如员工能力，我们由原来传统的人海战术变为转向精兵强将，我们招的都是核心人才。在员工意愿方面我们强调由员工的外在驱动变为他们的内在驱动，鼓励创新，鼓励员工自我的发展与考核。员工治理方面我们会有清晰的授权和信息共享的平台，所以不同的行业、不同的企业它的核心的组织能力不同，采取的管理策略也不同。

破局之三：共破转型困局，上下同欲者胜。我用了四个词来形容平安银行绩效管理的过程，全员、聚焦、检视和兑现。所谓全员就是所有人上到董事长下到员工，每个人身上都有清晰的考核指标，而且这些指标都是保证无遗漏、无重复、简单清晰有效的。同时人力资源和财务资源的系统是打通的，便于我们后面进行分析。聚焦实行的是"3+5+X"的模式,所谓"3"就是有核心定量的指标,是数字化可以去评价的。所谓"5"就是关键的定性指标,所谓"X"就是我们所有的重点关注的项目,重点关注的项目支撑了上面两个定性指标和定量指标的达成。检视是我们有一个专门的系统,每个月都会追踪,及时反馈,半年和年度都有一个绩效评价。最后是兑现,我们所有的绩效结果都要兑现。

破局三最重要的核心点我觉得在于兑现这个环节。我们在同业交流过程当中,很多公司都说前面的三项都做过。比如关于质量的制定、质量的分解,包括检视,但是最最难的是兑现环节。而在平安银行我们是把兑现切切实实落实到地的。比如所有的绩效结果都是和我们的晋升、晋级、加薪强关联的。我们在整个管理考核过程当中,正是有前面清晰的绩效管理考核的体系,所以才保证了更多地兑现到个人。同时我们也对团队长、对管理者、对客户经理赋予一定的权限,保证我们团队达成上下协同。同时不断加大优差之间的差距,正是体现出这种差异,我们才能够鼓励员工往绩优的方向去发展。

破局之四:全面助力创新,实现新老融合。我们是在四个方面去做的。一是引入新人。我们充分支持银行科技引领的战略目标,引入了大量的互联网科技化的人才和领军人物。二是提升老人。我们对现有员工也不放弃,通过各种各样培训的方式、模式来促进老员工向新的业务领域去发展。三是新老融合。怎么样保证我们引入的人才和传统型的人才进行结合,我们采取的方式很简单。比如科技人才,IT人员,他和零售业务的同事怎么去融合。我们在一起办公,实现敏捷团队,与绩效考核强挂钩,加强他们的联动和互相理解。四是实现创新。我们成立了创新委员会,来促进整个创新的发展。

以上介绍的是我们已经做了哪些,下面介绍我们未来会去做什么。我们觉得未来的人力资源管理不是说我们自己去管,因为随着员工不断壮大,我们更多地是希望直线经理能够成为HR者。我们有几个工具。

第一，知鸟，这是我们非常强大的培训系统。通过这个系统可以让经理学习基本的管理理念，掌握管理技能。

第二，HR—X。X代表的是无限可能。这个不是人力资源管理者用的工具，而是我们做出来给直线经理用的人力资源管理的工具，我们的客户对象是直线经理。HR—X在设计过程中有一套顶层设计，一系列的定制化产品和底层数据平台。所谓一套顶层设计就是所谓的新，就是刚才介绍的我们的组织能力和创新能力，也就是企业文化精神核心所在。所谓的形就是我们的五大人力经营模块，包括绩效、培训、招聘、员服和薪酬。所谓脑就是所有的大数据平台，我们有一个人才全景的数据平台。

下面我就五大模块的具体内容向各位做个介绍。

第一，智慧绩效。人力资源管理者面临的困难都是非常一样的，比如我们面临的有战略目标无法落地、绩效管理缺乏支持、执行效果两极分化比较严重，而且绩效的辅导流于形式，绩效的结果无从应用。随着新时代的发展，我们可能面临的挑战会更大。比如市场环境变化了，我们的战略战术部分可能要随时调整，尤其是战术。那么我们在人力资源管理过程当中怎么去调整。业务创新需要跨部门去联动，但是大家都习惯了各自为政，不愿意去协同。现在的员工趋于多元化。以前主观判断员工绩效的好坏，先那么怎么做到客观的公平，这是我们新的智慧绩效要解决的问题。

在目标制定上我们有一个承上启下，也就是"3+5+X"。而且我们的绩效追踪有一套体系，在这个数据平台上，所有的员工都会反馈关键工作计划、指标达成怎么样，直线经理会给一些评价和指导。考评管理是通过绩效管理的仪表盘，有一个横向对比和上下对比，个人发展的前后对比，通过这些数据来进行分析。最后我们会把员工个人能力和目标要求存在的差距，结合主管的评价，和我们的培训系统相联，推送定制化的课程。

第二，智能培训。培训面临的困难是不知道员工缺什么，员工想学什么又学不到，还有有学习的机会，但是没有时间，以及我们投入了很多资源在培训上，但是好像产出的效果不强，不知道怎么去评价。而且随着时代的发展，我们还遇到了一些新的问题。现在大部分员工是90后、00后，他们喜欢的是短平快的培训模式，还有岗位要求不一样，怎么达到千人千面，商业模式也在不断变化。我们的培训怎么做？我们实行的是千人千面的模式。首先是进行岗位画像和人员画像。就是这个岗位要求是什么，员工现在的能力怎么样，二者找差异。二是强大的培训数据库，上面有很多培训课程，还有智能AI的培训、智能通关，达到相应的培训岗位的匹配性。

第三，智能招聘。我们面临的最大问题是招人不多，直线经理却对我们提出来的需求越来越多。我们的智能招聘怎么去做？一是先和直线经理去做岗位画像，清楚到底要招怎样的人，便于后续去筛选人才。二是我们有强大的数据库和招聘渠道的管理。三是我们有一键式的简历筛选。四是保证优中选优。最后做到人岗匹配。我们所有的直线经理可以在系统上看到所有招聘岗位的进程，包括所有人员招聘的实际的状况和前后面试的评价。

第四，员工服务。员工服务是人力资源管理耗时最长，产出效果不太理想的过程。因为员工的需求和个性化服务的要求会越来越多。我们怎么做到员工服务更加科技化、智能化和人性化，从员工的入职到离职各个模块我们都有做工作。有一些是基础的平台，有一些是员工在系统上自己去做就OK了，减少HR后续流程的流转。我们把员工关怀的东西也放在系统上去。

第五，智慧薪酬是目前我们正在开发的模块。简单地讲是怎么样把有限的资源投入到关键领域上去，让直线经理决定员工的薪酬，同时看最后的投入产出，加大对直线经理的考核授权。

第六，员工的全景数据平台也是我们目前在做的一个大数据分析工具。我们是基于岗位画像和员工画像来做的，底层数据包括能力标签、行为标签和性格标签的,我们做了大量的基础性工作,而且也请了一些科学家帮我们做数据的抓取。

这是我们的3S+PA—Bloomberg平台,期望我们所建的系统也能成为平安银行整个HR的数据库。以上是我关于平安银行人力资源在转型过程当中所做的工作的分享。平安银行的人力资源不是最完美、最优秀的,但是我们希望平安银行的人力资源是最努力、最具创新的。

金融汇聚人才,人才助推金融,形成海纳百川、开放多元的金融人才新格局

刘 鹏

银保监会公司治理监管部治理处处长

北京金融从业人员超过20万,半数以上拥有硕士及以上学历,大量金融人才拥有海外工作和留学经历。人力资本和金融的关系很密切,十九大报告里指出,人力资源是战略资源,是实现民族复兴,赢得国际竞争主动的战略资源,借鉴国际金融中心经验来看,就要继续强化金融人才的聚集效应,为金融人才提供广阔平台,这其实已经是共识了。

我们从监管角度来说对风险关注比较多,金融风险防范与化解的过程,也是从业人员不断反思、不断检讨、不断改进的过程。2008年金融危机到现在11年,到底是什么造成的金融危机,金融危机现在还没有过去,在2008年危机爆发之后,金融机构有一些不当行为导致流动性危机,导致金融危机,社会动荡。美国当时有一个占领华尔街的运动,因为政府拿纳税人的钱拯救一些私有的金融机构。

对于出现金融危机的根源有很多理论解读,一个很重要的原因是公司治理不健全,风险管理不完善。另一个重要的原因是人的因素,公司引进什么样的人会影响一个机构的稳定性,一个机构的稳定性最后还会影响到一个地区的稳定,我们是希望多纳税、多就业,但是也会有潜在的危险。危机爆发前,金融机构高级管理层重业务、轻风险,突出短期绩效,忽视长期的可持续发展。我们讲经济周期,经济下行期的时候大肆扩张、并购,对

潜在风险有些麻痹大意，风险管理和业务有所脱节。还有些机构决策层、执行层人员盲目激进，大量高杠杆业务潮流，缺乏有效的内部制衡和风险管控，导致国际金融机构出现重大损失。危机不仅仅是市场、机构危机，更多是人的危机，不管多么庞大的网络，多么健全的体系，每单业务，每一笔业务都是由一个个人做的，每个内控、风险管理环节也是由一个个具体人来执行的。

危机爆发后，全球各国政府、国际组织反思危机经验教训，更强调金融从业人员职业操守，强化董事会、董事、高管人员的责任，加强金融机构全员培训。十九大报告指出三大攻坚战第一个就是全面化解重大金融风险的攻坚战，现在正在深化整治银行、保险业，如何推动金融业实现主业，实现金融业高质量发展转变，如何整治市场乱象，人的因素至关重要。

个人认为北京要引入高端人才，优化人才结构，海内海外本土国际，择天下英才而用之。这里有五个角度可供参考：

1. 国际化人才。刚才几位专家领导都讲了国际化，金融业需要国际化人才是因为金融业是高度国际化的行业，要求有全球视野，要有创新意识，要有专业素质，还要熟悉全球的游戏规则，国际保险监督的规则，现在我们很多银行保险业机构的高管都是全球化人才。

2. 复合型人才。复合型人才源于复合型经营业务的客观需要。

3. 创新型人才。大家都讲创新，创新是引领发展的第一动力，是推进经济发展方式转变，结构调整的驱动力。所谓金融创新也不是一个噱头，也不是规避结构，脱实向虚的伪创新，而是服务于实体经济，降低融资成本，推动经济结构调整，产业转型升级的创新。应当致力于发展普惠金融、绿色金融，支持小微，支持三农扎扎实实的创新。

4. 科技型人才。最近在读一本《今日简史》，讲了很有意思的观点，AI和大数据算法正在颠覆我们现在社会结构和分配方式，跟刚才几位专家讲的很像，彻底改变我们生活方式。具体到金融来说正在发生的东西，比如云计算、大数据、区块链、AI、快速迭代，对传统经济确实造成很大冲击。这些在金融科技领域的竞争本质上也是金融科技型人才的竞争，这是确保金融科技能长远发展的关键所在。

5. 审慎型人才。习近平总书记明确指出防止发生系统性金融风险是金融工作的永恒主题，要把主动防范化解系统性金融风险放在更加重要的位置。金融业的行稳致远，离不开具有稳健、审慎特质的金融从业者，离不开具有经历过大风大浪洗礼，依然稳立船头的金融从业者。2008年金融危机以后，培育稳健、审慎的金融从业者是成为共识的。

2017年召开的全国金融工作会议明确指出："要大力培养选拔使用政治过硬、作风优良、业务精通的金融人才，特别是要注意培养金融高端人才，努力建设一支德才兼备的高素质金融人才队伍。"2018年4月，刘鹤副总理在中国银保监会揭牌仪式上强调"监管队伍要努力做到忠、专、实"的要求。在当前防范化解金融风险背景下，对精通金融风险治理的人才提出了更高要求，也提供了更广阔的平台。前期银保监会专门发布了《银行业金融机构行为管理制度》，对银行业金融机构从业人员管理的组织架构、制度建设、监督管理提出了具体要求，明确提出了诚实守信、勤勉尽责、依法经营、合规操作的职业操守。人才在确保复合型、国际型、创新型、科技型之外，还需要行稳致远的考虑。

有几点具体建议：

1. 持续优化营商环境，简化行政审批程序，优化业务流程，进一步提高政府服务的质量和效率，挖渠饮水，筑巢引凤，进一步完善办公、交通、通信等基础设施条件，加强配套设施建设。

2. 持续优化政策环境，充分考虑高端金融人才对落户、子女教育、医疗、居住等方面的现实需求，切实提升可获得性，增强境外金融人才在北京工作生活的便利性，加大国内外金融机构高端金融人才税收优惠倾斜，建立和完善奖励和补贴政策。

3. 持续优化人才机制，立足国家金融管理中心的定位，大力引进和培养在金融监管、风险管理、行业研究、信息管理等领域具有国际影响力的人才。

对话交流

主 持 人：中央财经大学经济学院副教授徐翔

对话嘉宾：北京市地方金融监督管理局党组成员、副局长张幼林；中国证券业协会秘书长张冀华；深圳前海金融管理学院副院长兼猎头事业部总经理桂穗湘；清科集团创始人、董事长倪正东

主持人：本次核心问题在我国经济逐步从高速发展期向高质量发展过渡阶段，我国金融体系不断完善健全，新一轮金融改革开放不断深化大背景下，如何构建人才评价体系。围绕这个主题请各位嘉宾从不同角度给出有针对性的建议。第一轮问题围绕如何科学地评价金融人才。张幼林局长，请您谈一谈对于评价金融科技领军人才的看法，以及您觉得当前中国金融发展的人才需要什么素质、如何甄选跟引进这些人才？

张幼林：最近金融科技发展确实比较热，国内外都非常关注，包括我们所在地北京市委市政府也是下了很大决心来发展金融科技这个产业，也准备出台一系列的政策，最近按照市里面统一安排，北京市委组织部，特别新成立的人才工作局也是专门给我们，给全市这个领域的人才出了一道题，就是怎么样解决金融科技领军型人才问题。今天也算给大家做一个初步的汇报。

我看了一些材料，也到一些企业做了一些实地的调研，包括2019年年初还到香港参加了亚洲金融论坛，这个论坛其中一个主要的议题就是全球上下非常关注的金融科技的发展。通过跟大家交流，我们认为金融科技作为北京新的增长点，能不能真正发展起来，最大的困难之一是金融科技领军型人才高度短缺。什么层次的人做什么层次的事儿，真正的领军型的金融科技的人

才实际是金融科技的领军型企业的灵魂。目前来看，大家的积极性都很高，比如说很多原来的科技公司纷纷涉足金融科技的领域，现在传统的金融机构（银行、证券、保险），也感觉有压力，有紧迫感，也纷纷在部署自己的金融科技的板块。我觉得金融科技它的兴起不是偶然，金融科技为什么会热起来？是因为传统金融机构目前存在着比较明显的服务缺位，焦虑偏低，创新滞后，以及动力不足，从而催生了金融科技这个新兴行业。

金融科技的本质是什么大家有很多探讨，我觉得金融科技的核心还是科技，它的服务对象和服务领域是金融行业。它是服务金融产业发展，弥补金融短板的一个科技，同时也是聚焦服务金融领域的一种工具和手段，是将现代信息技术为代表的高科技与传统金融业务有机融合后衍生出来的新的业态。

它的作用和价值是什么？一是能提高金融效率，降低金融业务的成本。提高金融风险防控的水平，促进金融产业的发展和金融监管的科学化，从而不断推动整个社会经济发展环境的优化。我认为金融科技未来有比较好的发展前景，北京市下决心推动金融科技的发展，包括西城区政府和海淀区政府正在加速打造金融科技聚集区，这个趋势是判断得非常准的。我认为，随着金融科技公司的壮大和对传统金融的深度认知，极有可能从这批科技公司里产生出一批科技驱动型的新型金融企业，金融业的转型和洗牌将是不可逆转地加速进行。北京金融未来新的增长点和新的引擎有可能从这个领域里诞生。例如：大家都喜欢说什么端，如果从B端来看，在运用金融科技服务中小微企业等方面存在巨大空间。从C端来看，比如理财、消费信贷等方面存在着巨大的空间。从G（政府）端来看，金融监管系统和监管科技方面也是存在巨大发展空间。

目前已经涌现出一些热点的金融科技里，比如移动支付、供应链金融、互联网类的一些金融科技的公司，包括征信、监管科技，这些领域里已经涌现出了一批公司，我感觉将来还会加快发展。

金融科技未来的发展大家都看好，为什么会存在着比较严重的人才短缺呢？我个人认为，一方面现在的高校人才培养没有相应的专业院系；另一方面，传统金融机构原来的技术人员对金融科技的理解这方面有待于提升；第三，金融科技的技术发展非常快，金融科技的热度非常高，成立的公司比较多，就会面临核心骨干人才的欠缺，互相重金挖、从海外引进等都表现出了人才极度短缺。如果这个问题得不到很好的解决，对于我们这个行业的健康发展还是会产生一定的影响。

第二个观点，跟大家汇报分享一下关于金融科技的领军人才怎么评价，什么样的人算，什么样的人不算。我个人看了材料做了研究，我觉得金融科技领军型人才应该有这么样一些特征：一是要懂科技；二是要懂金融；三是应该有比较强的创新欲望；四是应该有比较开阔的国内外的视野，能够引领追踪最新科技发展，具有交叉学科的思维能力；五是应该有比较强的解决实际问题的能力，对于需求有深刻的敏锐的认知；六是要有比较强的沟通能力和团队协作能力；七是应该有比较显著的业绩。作为领军人才，比如说显著的业绩就是在国内外大型或知名金融机构、科技公司从事过高层次管理工作，负责过比较大型的或者尖端前沿金融业务系统研发、实施。主持过知名金融科技领域里的研发项目，创业成功，取得了显著的国内外的影响和行业的认同。再具体来说，他能够创立一些金融科技方面的标准，创新算法，在有关的行业里得到有效的应用，推出了比较好的金融科技产品，取得了一定的经济效果。不在于出多少论文，也不在于获得多少奖。基本条件要从专业角度来把握，目前来看可能需要这么几个专业，比如数学、统计学、计算机技术、信息科学、软件工程、电子工程、通信工程、神经与脑科学、金融工程、计量经济学的领域里可能会涌现出一大批，而不是我们说的传统人文学科。

来自细分领域，现在金融科技领域确实比较多，千军万马。细分领域产生会比较多的，一个是金融大数据，一个是金融云，一个是金融人工智能应用，金融区块链，第三方支付，跨境支付，信用评估与征信，智能营销，智能决策，互联网金融平台，银行、证券保险机构的2B付费，消费金融、供应链金融、财富管理这些领域金融科技人才会比较聚集，涌现比较多。

主持人问的评价金融科技领军型人才有什么见解，要注意几个问题。在招募遴选、使用、激励金融科技人才方面要注意这几个问题。

金融科技领军型人才主要从实战当中成长起来的，所以要特别重视看结果，比如说他主持参与的项目是不是得到业界的认可，是不是独创型的产品，技术专利、行业认可度怎么样，用技术来解决实际问题的能力如何。金融科技的领军型人才应该是能够跨界的复合型人才，懂得新的技术能够为金融带来什么，能够懂得结合各种金融应用场景，懂得金融科技底层技术设施的搭建，这都是我们在评价的时候需要把握的。

同时，在培养、激励、使用金融科技领军型人才方面要关注这批人才自身的需求，这我也做了一点调研。比如这些人比较看重是不是具有大型的高端的研究工作平台，比较看重荣誉，比较看重是不是得到高度的尊重，比较看重有没有比较大的自由度，因为这些人都是跨国流动的，有没有比较大的成长空间。同时他们也在关注家庭需求的满足，生活的便利，包括医疗问题，如果是外籍人才还关注解决绿卡、工作居留这些方面的问题。

从北京的实际情况来看，金融科技领军人才的聚集和成长，我觉得是需要不断地打造环境。这种环境如果从全球来看，这里边也是有规律性的。一是金融中心城市；二是科技发达的城市；三是人才密集的城市。比较有前途的城市就是北京、纽约、伦敦。香港算不算呢？我个人认为香港可能不算，香港的金融很发达，但是香港是专业驱动型的城市，比如它的法律、会计专业人士很聚集、很发达。但是它科技创新的氛围，科技驱动的力度比不上北京。比如说硅谷算不算？我个人认为也不算，因为硅谷不是金融中心，硅谷的作用是在发挥为这些金融科技企业提供技术支撑，所以我们北京要抓住这个历史性的机遇。

而且在营造环境的时候，要给金融科技领军型人才创造更为宽松的环境，帮助他们组建能够实现互补，能够实现共同成长的团队，提供强有力的需求刺激。

基于这些理解，我们也在与市委组织部人才工作局研究关于进一步怎么加强金融科技领军型人才队伍建设。

主持人：非常感谢张局长精彩的分享。金融科技人才应该思考如何用技术为金融发展所服务，分析得非常准确。对于金融科技人才具体的评判标准，在座的人力资源部门的相关领导都在做笔记，估计以后会作为他们甄选领军人才的标准。张秘书长，您去年就参加了我们这个论坛，是第二次参加论坛。您去年对于我国证券业人才的介绍讲得很深刻，针对您的长期以来的工作经验和您自己的观感，请您谈一谈如何科学地评价证券业的金融人才。尤其是在我国金融改革开放的大背景下，优秀的证券人才有哪些关键的素质、个性特征，以及他是不是具有一些统一的业界履历。

张翼华：证券行业有它自身的特点。证券业作为现代金融服务业的重要支柱之一，人才对于推动资本市场发展和证券行业的发展发挥着非常重要的作用。当前，随着资本市场各项制度体系的不断改革完善，证券行业对于人才的要求也是越来越高了。我个人理解，优秀的证券业人才至少要具备以下几个方面的素质和特征。

第一，需要具备专业化和系统化的知识结构和专业的素养。证券市场是一个信息密集、知识密集的场所，证券业的相关业务专业化的要求非常高，对于优秀的证券人才而言，不管是对他的知识结构的要求，还是专业经验的要求，既需要精，也需要全，这样才能符合证券业发展的基本需要。

第二，证券业人才还需要准确地理解和把握国家有关政策，比如经济与金融政策大的方向。因为证券行业主要服务于资本市场，对于实体经济融资需求和经营的财富管理方面发挥着非常重要的作用。证券业的人才只有在牢牢把握大的政策方向的前提下才能发挥出金融对于经济血脉的作用。

第三，证券业的人才还需要具备非常强的学习能力和创新能力。我们国家的证券市场，从发展历程上来看，相对于境外发达的资本市场100多年的历史，我们发展的时间是非常短的，但是这个市场又发展得非常快，需要不断地总结经验，改革完善。对于证券业的人才而言就更加需要与时俱进，跟得上市场的各种发展变化，尤其是要加强对各项制度规则、制度体系的学习和研究。

比如当前正在推进的科创板和注册制的试点工作，就是一个很好的证明。科创板不同于主板和创业板，对于发行定价交易机制各个方面都做了重大的改革。原有的投行业务人员如果不加强学习，不加强对这项业务的研究，我相信一定不可能发挥他应有的专业优势，也不可能挖掘出真正具有科技创新能力和创新实力的科技型企业。

第四，证券人才要具有良好的职业操守和较强的合规风险意识。证券业有一个比较显著的特征，对外传导的外溢效力是非常明显的。这种外溢效力会影响到投资者、影响到整个市场。作为一个证券业的人才，如果他不具备良好的职业操守和较强的合规风控意识，他就会给所在的企业，乃至给证券市场造成比较大的风险。

总的来说，证券业人才所具备的素质特征应该是综合性的素质特征，同时这些素质特征也是跟证券行业本身发展的特点息息相关的。对于如何能够甄选出具有高潜能和创新型的人才，我的个人观点是这样的。中央经济工作会议曾经作出很明确的说明，资本市场在金融运行当中起到了牵一发而动全身的作用，当前需要通过深化改革，打造一个规范、透明、开放、有活力、有韧性的资本市场。证券行业证券公司在甄选创新型人才的时候，首先就要围绕这样一个总体的目标定位。具体在甄选的过程当中可以考虑从以下几个方面来判断有关的人员是否具备了相应的标准。

1. 相关的人员是否能够准确地理解和把握国家的宏观政策和经济金融政策大的方向。金融始终是要为实体经济服务的，只有对大的政策有准确的理解和把握，才能保证证券业务和金融业务在正确的轨道上运行，不会发生偏离。

2. 需要判断相关的人员是否对市场的变化、客户的需求有一个相对敏锐的洞察力和前瞻性。资本市场瞬息万变，证券机构作为资本市场重要的金融服务中介，必须紧跟市场，及时地关注内外部环境和投融资需求的变化，才能给市场上各类机构和各类投资人提供及时有效的金融服务。对此，我觉得证券业的创新型人才必须要具有比较敏锐的洞察力，才能把握住市场上的各种机会和业务需求。

3. 不管你是专业型的人才，还是创新型的人才，要把防控金融风险作为一个最根本的工作原则。在开展业务过程中，要对法律规则、业务规则有深刻的认知和根本的遵循。我们也很清楚，不少金融机构在选择人才的时候，可能容易忽视相关人员的合规意识，往往关心他是不是具备足够的业务资源、足够的业务经验。在各个金融机构选择人才的时候这是尤其需要注意的一点，防止合规问题带来的风险。

4. 创新型人才必须具有跨界思维和跨界能力。我相信这一点应该是大家的一个共识，在当今社会的各个业务部门和经济活动当中，各行各业之间的联系日益密切，甚至是相互渗透的，最为典型的是科技在金融领域的运用。如果没有科技手段，未来金融的发展应该会受到极大的限制。证券业的创新型人才应该是复合型的人才，就需要具备跨界的业务视野，跨界的业务知识结构和跨界的工作能力。

主持人：非常感谢张秘书长。您刚才说的这些我都完全同意，但其中有三点我个人印象是非常深刻的。

第一，您强调金融本质上是实体经济的血脉，不仅实体经济参与者要意识到这一点，我们的金融从业人员，尤其是证券从业人员也要意识到这一点，他们需要理解如何能够为实体经济，尤其是小微企业提供更好的服务。第二，您讲到的合规意识应该并不比他所能带来的业务资源弱。第三，现在的金融业人才，包括证券人才，需要有很强的学习能力。去年看起来比较新的金融现象，可能过了一年之后就成了明日黄花，已经被人研究透了。如何让自己不过时，对于当今的金融从业人员来说，只有不断地去学习，学习新的知识、新的技术带来的监管的要求，这样才能保证现在的这些金融从业人员能够不断地适应新时代。

下一个问题是问桂院长的。您长期以来一直从事人力资源管理和猎头相关的工作，同时与具有海外背景的国际化金融人才有很多接触。您也在香港等地国际金融中心工作过，因此对您提出两个问题：一是谈一谈如何科学地评价具有海外背景的国际化的金融人才。二是在聚集金融人才这方面，香港等其他国际金融中心有哪些好的经验我们可以吸取，还有哪些教训我们应该尽量地去避免。

桂穗湘：今天主要讲人才，最重要一点是本地化+国际化。过去几年我们更侧重于找国际化人才，向外看。但是这几年我自己在找人的过程中，发现企业最大的需求其实是接地气。仅有国外工作背景的人，是不能满足我们目前发展阶段的需要的。所以现在有很多机构他们非常需要的是本地化的人才。但是要培养本地化的人才是不太容易的，这需要多方面的配合，包括政府层面，包括机构层面，甚至是个人层面。

刚才甄院长讲到了一个非常好的点，中国银行有30万的从业人士，但是在4000家下属机构都没有很强大的力量去培养人。其实这个现象是非常明显的，不仅在金融行业，而且全行业都面临这个问题。我们就认为在人才的培养方面，像甄院长所在的单位就承担着黄埔军校这样的责任。因为今天我们不能把教育的工作都放给学校。企业里面的大学或者做培训的同事更像是一位老师，因为他们非常具备实干经验，所以现在企业跟学校的结合是非常重要的。我们找人才不能因为这些人在海外有很好的背景就把他招过来。

今天如果单独看香港，香港的发展确实是受到了很大的限制，但是今天国家的战略是粤港澳大湾区的发展战略。结合这一发展战略，我们就必须认可香港的软性要求还是非常强的。人的职业度、敬业度、专业性，国内还是有很大差距的。当然国内也在快速成长当中。我们一直认为香港的创新是不够的，在国内拿一部手机出门，不用带钱就可以出行了，在香港不行。今天国内的银行已经没有人去了，但是香港的银行还是很多人去的，而且都是排着队在那里办业务。看上去香港已经没有国内那么先进了，但是反过来我们看到的是另外一个点，香港刚刚批了八张虚拟银行的牌照。这是香港迈出的很重要的步伐，但是香港虚拟银行的人才是非常匮乏的。有八家银行拿到了牌照，但是只有一家是纯外资的，即渣打。所以我们能够感受到中国的科技力量是非常强大的，香港这个时候反过来也需要结合大陆的优势，科技创新的优势，再来帮助香港做一些突破。我觉得今天的发展不是单独的谁强谁不强的问题，而是一个融合的发展，需要复合型人才的帮助。香港的优势，加上中国大陆目前快速的发展优势，如果能够把两个优势相互共融，做一个补充，可能我们在人才培养方面会走出更好的路子。

我们自己做人才猎聘，我们知道什么样的人是好人，无非是企业愿意给他付高薪，企业愿意给他很好待遇的人，而这样的人才我们评价他的时候一般有两个点，一个是人才本身，一个是平台本身。人重要，还是平台重要，关键是要把这两者放在一起来看，只有把两者因素综合起来做很好的评价，那这个人才是确确实实能够被我们发掘出他的价值的人。

主持人：非常感谢桂院长，您的描述让我想到了蚂蚁金服这家公司，他们的发展目标是无现金社会。从你的出行、饮食各个方面可以说都不需要现金了，但是想发展好无现金社会，毫无疑问需要更多的金融科技人才，而且需要有生活质感，对生活有了解的金融科技人才，他能够把无现金的便捷、日常的金融服务提供到最好，让每一个消费者、每一个人出门的时候都不需要带着现金。下一个问题请问倪正东董事长。想问您的问题是创投行业对于金融人才，尤其是一些年轻的金融人才会有什么样的要求？结合您的经验谈谈以PE/VC人才为例，什么样的机制才能更好激励、培养和驱动创新型金融人才不断涌现？

倪正东：感谢金融街论坛给我机会参加，第一次参加人才论坛，以前都是投资论坛。创投行业是相对金融比较年轻的行业，差不多20年时间从一个非常小的群体，当时全中国可能就100多人从事这个行业，现在行业从业人员超过10万人，大概有两三万只基金，管理资本超过10万亿，过去20年增长了500倍。现在行业对人才要求也越来越多，我们的行业人才要求也具有独特性，因为行业拥有美元基金、人民币基金、美元+人民币基金，还有外资基金、民营基金、国有基金、混合制基金。20年前是外资主导，创业板推出人民币基金变成重要力量，美元基金、人民币基金都在发展，现在人民币基金超过美元基金。最近两三年在我们行业特别明显募资困难情况下，央企、国企大量加入，现在这个行业国进民退现象特别严重，但不是坏事。

这样情况下，我们行业每年要投1万家公司，1万亿资金，1万家公司就要看50万家公司甚至100万家公司，对人才的要求还是比较高的。而典型的创投又是负责投资、管理、退出的人，对人才的要求很高。按照分类又有前台负责投资团队，还有中后台负责法务、财务、人事、投后管理各方面的，每种人才要求又不一样。我们这个行业是跨年纪的，比如50后的人还有活跃在第一线的，60年代、70年代的人也活跃着，80年代又有新的人出来，90年代的人也加入了，这个行业是跨行业、跨区域、跨币种、跨年龄的，所以整个行业还是很大的。我们这个行业没有什么东西，一个是钱，一个是人才，一个是项目。有人就能拿到钱，拿到项目。

对人才来说最核心的还是投资人才，在我们行业因为基金规模不一样，回报也不一样，导致行业待遇也差别很大。天使基金跟大的PE基金，国有PE跟外资PE收入差别量级有的是十倍，甚至几十倍。一位员工在A公司被B公司挖走，薪水就能涨三五倍。

一个典型投资总监的经历，选人才第一是看教育，要良好的教育，国内或者国际上比较一流的学校毕业的。专业跨越很大，有的学金融的，有的学计算机的，有的是学其他的。从学校来说，从业人员背景，清华、北大、复旦、南开的特别多。看这个行业人才，特别是年轻人是看以前的受教育经历和工作经历。是不是在靠谱的公司工作的，在一个公司里待的时间比较长，至少两三年或者更长时间。

创投这个行业非常简单，怎么激励呢？前台你要投成功的项目，就可以得到提升。很多人经过20年投了很多案例之后，就变成了合伙人。很多人做的业绩特别好，自己就创立自己的基金。在这个行业他的绩效，激励首先就是投资成功公司，参与投资成功公司，主导投资成功公司，获得很好的回报。创投管理公司非常简单，主要是管理费的收入，2%或者2.5%，每年收入多少钱非常清楚，管10亿2%每年就2000万，如果管100亿2%每年差不多2亿收入，如果管500亿2%就是10亿。一个基金1亿美元，最后变成3亿美元，赚了2亿美元，2亿美元中的20%用于激励团队。你做的好就能被猎头公司猎住，跳一次激励一次。

主持人：我给各位提出的第一个问题是，无论在座的还是在网上看直播的，不光有人力资源相关工作人员，也有年轻的金融人才，甚至有一些在校的大学生，他们希望成为金融人才，他们希望能够成为金融的领军人才，请四位嘉宾从自己观点来看，给金融人才，尤其是年轻金融人才提1—2个建议。

第二个问题请各位专家帮我们一起想想，有哪些指标跟方法可以帮助大家判断金融人才的诚信问题和责任意识。这是金融人才相对其他行业，比如新经济行业非常重要的，金融人才一定要有诚信，要有责任意识。

张幼林：关于金融人才成长的问题。前些年，一些高校请我做实习老师带一带研究生，都是学金融专业的，他们关心毕业之后怎么找工作，有没有很好的职业生涯发展前景。本着对学生负责，也是对大学负责，访谈了一些金融企业的HR，访谈了一些行长，包括跟平安银行鞠行长也交流过，向他们请教什么样的学生在他们那里能够得到很好的成长，能够脱颖而出。择其要点主要有以下几点：

第一，金融不同于其他专业，它是一个实战型、应用型的行业，要求有比较强的解决问题的能力，也就是动手能力。特别是对于读了名牌大学，不管是硕士，还是博士，到了金融机构想发展得比较好，就不能着急，可能先得从柜员干起。比如我愿意到商业银行，不管是中资还是外资，都得先从柜员干起，先做对私业务，再做对公业务，再做客户经理，这个环节是不能跳过去的。说我一步当支行行长、部门经理，不管你念多少书，恐怕一步是到不了位的。步子可以快一点，但是这个台阶一定要有。现在的90后、00后他们一开始听起来可能不太容易接受，他们总是希望起点高一点，别输在起跑线上，但是我觉得在起步的时候应该有负责任的老师、负责任的家长提醒他们，说你该吃的苦你还是要吃。基层的业务一定要打好基础，然后才是加速起步。

第二，要有风险防范合规的意识，遵规守纪的意识。因为金融行业是一个风险管理的行业，发展赚钱当然没错，但是前提是你要首先掌控住风险。好几个行长也跟我纷纷提到，银行靠什么赚钱？银行是靠拿储户的钱放给企业、放给用钱的人去赚钱。如果放贷没有风险，成功了，如期地收回本金和利息，银行就能得到很好的发展。如果急功近利，碰到风险，碰到经济下行、道德风险、操作风险，等等各种各样的风险，贷款业务本金损失掉了，对于银行来说是很大的风险，那就意味着你要拿自己的资本金，拿其他很多笔贷款的利息收入去来填这个洞。所以要成为一个真正合格的金融人才，首先要有很强的风险意识、合规意识，要把控住风险，才能考虑收益。特别是在证券行业、基金行业，市场比较好的时候就想赌一把，我们要能够经受住人性的挑战，贪婪的挑战。

主持人：张局长的回答可以说把两个问题结合在一起了，既谈了金融人才发展需要什么，给他们提出了建议，同时也谈了用什么方法准确地判断或者提升他们的诚信水平。下面有请张秘书长。

张冀华：刚才张局长谈的很多观点我是非常认同的，对于主持人刚才问的这个问题，我感觉在我回答第一个问题的时候也是有所涉及了。为了节约时间，再简要地总结一下我个人对于金融人才需要提醒和注意的几个点。

第一，强调学习能力。不管你在哪个机构工作，从事什么行业，金融行业也有很多细分领域，比如你是在证券、银行，还是基金、保险，包括创投企业，企业不管有怎么样的细分，但是金融业一个很大的特点就是市场和行业发展变化是非常迅速的。所以对于金融人才而言，要在飞速发展变化的市场环境当中始终保持对于学习的饥饿感和紧迫感，你才能适应外部环境的各种变化。

第二，对于金融从业人员还是要有一个比较宽的业务发展视野。金融的发展有一个越来越明显的特征，各个业务领域，我指的是细分领域，它的融合是越来越明显的。以资管业务为例，现在证券公司、基金公司、商业银行、保险资管都可以从事资管业务。对于金融业务人员而言，你不管从事什么样的具体岗位，都要把自己放在金融发展的大的格局下考虑你的未来职业发展所应当具备的业务视野和业务能力。

第三，我始终认为要坚持基本的职业操守和具备最基本的风险合规意识。

对于金融从业人员来讲这两点要求是最基本的底线要求。

主持人：非常感谢张秘书长的回答。下面有请桂院长。

桂穗湘：前海管理学院本身就有培训的业务，对于学生来说，确确实实在金融这个行业动手能力是要很强的。所以我们在选择学生的时候就希望把银行里面应知应会的部分，希望学生进入到企业之前就做好灌输。未来能够做到定向的培养到定向的输送，可以给他更好的平台去实习，过程中找到他理想的工作，我们希望在这个链条上做一些尝试。现在我们也在跟一些金融机构做配合，但是现在量很少，不过我们希望在这个领域尝试一下把学生的培养工作前置化。

说到风险防控问题，金融本质的工作就是风控，这是肯定的。对人的道德评价，其实对人的评价是很难的，哪怕是面试的时候我也很难判断这个人是好是坏。所以我认为在防控风险的时候，公司要做的事情是不断地强化，在我们的体系能够让这样的思想根深蒂固。同时，我们确实要有更强大的考核体系和贯通的体系，这是对我们管理上的要求。当然很重要的从政府层面来说，要给他们一个只要触碰红线就会有很严格的处罚的机制。没有人天生是坏人，但确实需要我们长时期做一个多方的维度。

主持人：与人相关的环境的变化是非常重要的，所以如何塑造一个金融人才培养的环境也是重点。下面有请倪董事长。

倪正东：我说两个方面：一是对于新人来说，一些年轻人想进金融行业，首先他要定好自己的职业方向。方向定好之后，还要做很多的研究。比如他要进投资机构，他就要对这个行业有更多的了解。大学生想进什么行业，建议暑假寒假时期找一些实习的机会。

二是对于行业人才来说，他们应该具备一些基本的素养：1. 契约精神。投资行业，契约精神是核心的核心。2. 职业操守。金融行业是离钱最近的人群之一，没有职业操守，没有红线，赚不该赚的钱，不管你有多高的职位，是多大的老板，都很容易进去，每周都有这样的消息。3. 对于年轻人来说，特别是对于90后、00后来说，自我激励非常重要。

主持人：非常感谢四位嘉宾，至此对话交流圆满结束。2019金融街论坛——金融人才发展分论坛已经接近了尾声。通观整个下午的论坛，我感觉非常成功。各位嘉宾围绕金融改革与扩大开放的背景下，金融科技人才、金融监管人才和国际化金融人才的集聚和培养进行了深入的探讨，提出了许多有见地的意见和建议。同时我们也围绕金融人才评价这个难题，也是当前金融人才培养的重点进行了非常热烈的讨论。会后，我们将进一步梳理和汇集各位嘉宾的意见观点，形成指导北京金融人才集聚培养的工作思路，共同推进北京金融街世界优秀杰出金融人才的集聚区建设，为国家金融管理中心功能提升加油助力。也希望各位嘉宾能够继续关注北京金融街的发展和世界优秀杰出人才集聚区建设。

图书在版编目（CIP）数据

2019金融街论坛年会文集/北京金融街研究院，金融街论坛组委会编写.—北京：世界知识出版社，2019.9
ISBN 978-7-5012-6122-2

Ⅰ.①2… Ⅱ.①北…②金… Ⅲ.①国际金融—文集 Ⅳ.①F831-53

中国版本图书馆CIP数据核字（2019）第239316号

书　名	2019金融街论坛年会文集
	2019 Jinrongjie Luntan Nianhui Wenji
作　者	金融街论坛组委会　北京金融街研究院　编
责任编辑	车胜春
责任出版	王勇刚
责任校对	张　琨
出版发行	世界知识出版社
地址邮编	北京市东城区干面胡同51号（100010）
网　址	www.ishizhi.cn
电　话	010-65265923（发行）　010-85119023（邮购）
经　销	新华书店
印　刷	北京九州迅驰传媒文化有限公司
开本印张	787×1092毫米　1/16　22印张
字　数	290千字
版次印次	2019年11月第1版　2019年11月第1次印刷
标准书号	ISBN 978-7-5012-6122-2
定　价	69.00元

版权所有　侵权必究